Regine Kölpin (Hrsg.)
Wellengang und Wattenmorde

Wellhöfer Verlag
Ulrich Wellhöfer
Weinbergstraße 26
68259 Mannheim
Tel. 0621/7188167

info@wellhoefer-verlag.de
www.wellhoefer-verlag.de

Titelgestaltung: Uwe Schnieders, Fa. Pixelhall, Mühlhausen
Satz: FFW Verlagsdienstleistungen, Mannheim
    www.ffw-verlagsdienstleistungen.de

Die Erzählungen sind frei erfunden. Ähnlichkeiten mit wirklichen Personen oder tatsächlichen Ereignissen sind nicht beabsichtigt und somit rein zufällig.

Das vorliegende Buch einschließlich aller seiner Teile ist urheberrechtlich geschützt. Jede Verwertung ist ohne schriftliche Zustimmung des Verlages unzulässig.

© 2015 Wellhöfer Verlag, Mannheim

ISBN 978-3-95428-163-3

Regine Kölpin (Hrsg.)

WELLENGANG UND WATTENMORDE

Die mörderische Vergangenheit
der Nordfriesischen Inseln

Inhalt

Mischa Bach und Arnd Federspiel
Der Unhold von Rungholt … 9

Hannelore Höfkes
Pharisäer … 24

Andreas Schmidt
Der Deichgraf von Nordstrand … 38

Jennifer B. Wind
Der Geruch des Glücks … 50

Philipp Bobrowski
Insel der Jungen … 66

Anja Balschun
Das achte Kind … 75

Evelyn Barenbrügge
Geister der Vergangenheit … 89

Ulrike Bliefert
Samuel Zwei … 103

Anja Marschall
Die Hallig entlässt ihre Kinder nicht … 118

Dieter Beckmann
Leuchtfeuer … 135

Anne Grießer
Er geht wieder um! … 144

Ella Theiss
Gauner und Geister … 155

Christian Jaschinski
Das fünfte Gebot … 166

Angelika Waitschies
Weiß ist eine schöne Farbe … 184

Claudia Schmid
Föhrer Bildersturm 200

Sabine Prilop
Der Fremde im Mantel 211

Monika Buttler
Schatten im Sand 240

Gitta Edelmann
Das Mädchen und das Meer 249

Sabine Reins
Mordfall Ziegenstall 254

Regine Kölpin
Er ist mein 263

Gitta Edelmann
Die Farben von Helgoland 275

Mirjam Phillips
Land in Sicht 286

Wolfgang Schüler
Rüm Hart
Helgoland 1890 300

Heidi Ramlow
Der Grinner 324

Vorwort

Ich liebe die Nordseeinseln. Sowohl in Nordfriesland als auch in Ostfriesland. Und ich liebe die Historie, gepaart mit Mysterien und kriminellen Handlungen.

So wuchs in mir die Idee, zwei Geschichtensammlungen herauszugeben, die genau diese Dinge vereinen. Wahre Historie, gepaart mit fiktiven Kriminalfällen, die sich vor diesen Hintergründen genauso zugetragen haben könnten. Herausgekommen sind zwei Anthologien über die mörderische Vergangenheit der Ostfriesischen und Nordfriesischen Inseln. Hier nun »Möwenschrei und Meuchelmorde« aus Ostfriesland.

Die Nordfriesischen Inseln mit Halligen

Sie liegen allesamt vor der westlichen Küste Schleswig-Holsteins und es sind, mit den Halligen, fünfzehn an der Zahl. In diesem Band kommen in erster Linie die großen Inseln, Sylt, Föhr, Amrum, Pellworm und Nordstrand mit zwei der Halligen, Nordmarsch und Südfall, vor. Auch wenn Helgoland nicht dazugehört, habe ich sie dennoch mit in dieses Buch aufgenommen. Zu viele schöne Geschichten und Legenden ranken sich um Helgoland.

Viele engagierte Kollegen haben sich auf die Suche gemacht, in der Historie gewühlt und sind fündig geworden. Entstanden ist ein bunter Mix von Krimis mit historischem Hintergrund, der nach den Texten stets offengelegt wird. Immer wieder wird ein kurzes Blitzlicht auf Begebenheiten in einer Epoche gelegt und eine Geschichte darum gewoben. Sie werden von gestrandeten Schiffen lesen, von Sturmfluten und den ersten Besiedlungen der Inseln. Sie erfahren vom Besuch Hans Christians Andersens auf Föhr, von der mondänen Zeit auf Sylt, aber auch von Sherlock Holmes auf Helgoland.

Lassen Sie sich in längst vergangene Zeiten entführen, erleben Sie Geschichte einmal anders. Mörderischer …

Regine Kölpin, Schriftstellerin und Herausgeberin

Nordstrand

Nordstrand ist wegen des Dammes, der die Insel mit dem Festland verbindet, eine Halbinsel und liegt vor Husum. Sie ist über diesen Damm tideunabhängig zu erreichen.

Um 1200 gehörte Nordstrand zu einer großen, eingedeichten Halbinsel, zu der damals auch Rungholt, ein von der Flut überspülter und untergegangener Hafenort, zählte. Sagenumwoben und sehr bekannt. Er lag nördlich von Nordstrand, vermutlich auf der heutigen Hallig Südfall.

Die Sturmfluten sind für die Form der heutigen Insel verantwortlich. Bei der Burchardiflut wurde Nordstrand von Pellworm endgültig getrennt und über 6000 Menschen ertranken. Viele Überlebende verließen Nordstrand und bauten sich anderswo eine neue Existenz auf. Aufgrund wechselnder Besitzverhältnisse verloren die übrigen Nordstrander schließlich ihr Hab und Gut und ein weiterer großer Teil emigrierte. Leider starb so auch ihre Sprache, das Strander Friesisch, aus.

Obwohl sich nach der Reformation die lutheranische Kirche durchsetzte, wurde auch eine niederländische katholische Gemeinde gegründet, weil die Holländer am Deichbau beteiligt waren.

Auf Nordstrand verkehren regelmäßig Busse, die über den Damm auch eine gute Verbindung zum Festland möglich machen. Man sagt der Insel nach, dass dort das Getränk *Pharisäer* aus der Taufe gehoben wurde. Das ist Rum in heißem Kaffee mit Sahnehaube. Laut Legende wurde es im 19. Jahrhundert kreiert.

Mischa Bach und Arnd Federspiel

Der Unhold von Rungholt

Schuld an allem war der Nebel. Und dieses eigenartige Licht. Hätte er das Licht nicht gesehen, er wäre nie hier gelandet. Korrekterweise hätte er wohl »angelandet« sagen müssen, denn vielleicht zwanzig Yards den Strand hinunter lag das kleine Ruderboot, mit dem er versucht hatte, sich zum Festland vorzuarbeiten. Doch dann war der Nebel, dessen Schutz ihm das Stehlen des Bootes erleichtert hatte, dichter geworden und hatte ihn orientierungslos auf der Nordsee zurückgelassen.

In seiner P51 Mustang wäre er spielend mit den Wetterverhältnissen klargekommen, aber in einem undichten Bötchen, noch dazu ohne Instrumente, auf dem Meer …

Flight Lieutenant Laurie Tallack zuckte die Achseln. Daheim in England würden sie nicht glücklich sein, wenn er ohne das Flugzeug heimkam. Schließlich war es eines von nur ein paar Handvoll, die die Amerikaner der Royal Air Force überlassen hatten. Das Oberkommando hatte eine Menge vor mit den Maschinen, die endlich Langstreckenflüge bewältigen und damit den Geleitschutz für die Bomberverbände übernehmen konnten, die man im weiteren Verlauf des Jahres 1943 zum Feind schicken wollte. Da zählte jede Maschine, doch seine, mit der er einen simplen Erkundungsflug hatte durchführen sollen, lag mittlerweile auf dem Grund des Meeres.

Triebwerkschaden. Irgendwo westlich von Husum waren auf einmal Flammen aus der Nase der P51 geschlagen, bevor der Motor und mit ihm der Propeller einfach stehen geblieben war.

Nur mit Müh' und Not hatte er das Flugzeug nach längerem Gleitflug im Dämmerlicht wassern können und war zu einem nahe gelegenen Inselchen geschwommen, auf dem zwei, drei einsame Fischerkaten gestanden hatten. Die Bewohner hatten offenbar weder seinen Absturz noch seine anschließende Schwimmtour zu ihrem Eiland bemerkt. Also hatte er sich das hölzerne Boot geschnappt und war nach Osten gerudert, Richtung Festland. Wie es von dort weitergehen sollte, wusste er selbst noch nicht. Entweder konnte er versuchen, sich irgendwie in die Heimat durchzuschlagen, oder er konnte sich den Deutschen ergeben, wenn er ihnen nicht ohnehin in die Hände fiel. In Anbetracht der Tatsache, dass er sich mitten in Feindesland befand, war Option eins fast unmöglich zu erfüllen, Option zwei dafür umso wahrscheinlicher.

Nun, man würde sehen, was sich ergab.

Leise pfiff er *It's a Long Way to Tipperary*, während er sich in die Riemen legte. Die Wellen schwappten gegen den Bootskörper, die Ruder platschten im Wasser. Wenigstens war die See einigermaßen ruhig. So hatte er schnell seinen Rhythmus gefunden.

Er kam gut voran. Doch dann verdichtete sich der Nebel und verbarg die Sterne, anhand derer er bisher navigiert hatte, vor ihm. Verzweiflung überkam ihn. Bis er das Licht sah.

Das Festland, hatte er gedacht, und sich verstärkt in die Riemen gelegt, trotz der Erschöpfung. Dennoch dauerte es mindestens eine Viertelstunde, bis der Kiel des Bootes auf Sand lief.

Schwer atmend war Laurie in sich zusammengesunken und hatte den Kopf hängen lassen, bis sich das Heben und Senken seines Brustkorbs wieder beruhigt hatte.

Jetzt blickte er auf und sah sich um: Ein ganzes Stück rechts von seinem »Landeplatz« ließ das gelbe Leuchten die Nebelschwaden noch unheimlicher wirken.

Laurie hatte bewusst nicht direkt auf das Licht zugehalten, denn er legte keinen Wert auf Feindberührung – und sei es nur mit einem Fischer, seiner Frau oder anderen Zivilisten. Trotzdem musste er herausfinden, wo er gelandet war. Ging das Licht von einer Fischerkate aus oder von einer befestigten militärischen Stellung, die die Küste unter Beobachtung hielt?

Einen Moment lang überlegte er, ob er sich vorsichtig zurückziehen sollte, um an anderer Stelle weiter ins Landesinnere vorzudringen, dann entschied er sich dagegen. Schließlich war er zu einem Aufklärungsflug aufgebrochen. Also sollte er auch etwas aufklären. Und wenn hier wirklich eine befestigte Küstenstellung oder ein Wachtposten war, konnte dieses Wissen interessant sein.

»Ist ja nur ein kurzer Blick«, sagte er sich und machte sich auf den Weg.

Hier und da lösten sich einzelne Fäden aus dem dichten Wabern und streckten sich ihm, Fingern gleich, entgegen.

Laurie ignorierte sie und schlich weiter. Das Leuchten nahm an Kraft zu, je näher er ihm kam. Leise knirschte der Sand unter seinen Füßen, die er kaum sehen konnte. Was sicher ein Grund dafür war, dass er sich unerwartet bäuchlings auf dem Boden wiederfand.

»What the heck?«, knurrte er kaum hörbar und sah sich um. Allerdings gab es nicht viel zu sehen: Nebel, schlierig und weiß. Nebel, der ihn einhüllte.

Kurz schaute er nach dem gelben Licht. Er war ihm näher gekommen, aber noch weit genug entfernt, dass er in Ruhe untersuchen konnte, was ihn zu Fall gebracht hatte. Ein Stolperdraht oder eine ähnliche Abwehrvorrichtung war es nicht gewesen, da war er sich sicher. Aber was dann?

Immer noch auf dem Bauch liegend, drehte er sich in die Richtung, aus der er gekommen war, und tastete den Boden ab. Seine Hand stieß auf einen Stein. Keinen natürlichen, sondern einen regelmäßig geformten, wie ein … Ziegel. Er schob sich näher an seinen Fund und konnte im schwachen Schein, der von dem intensiven gelben Leuchten zu ihm hinüberreichte, tatsächlich einen Ziegelstein erkennen, der, wie ihm sein nächster Blick zeigte, aus einer nicht einmal kniehohen, zerklüfteten Mauer gebrochen war. Zuerst dachte er, es wären die Überreste eines alten Stalles, doch dann sah er etwas anderes aus dem Sand aufragen. Einen Tonkrug und ein paar irdene Teller, allesamt zerbrochen und sichtlich vom Zahn der Zeit angenagt.

Eigenartig. Das, worauf er hier gestoßen war, erinnerte ihn eher an einen Ausgrabungsort als an eine aufgegebene Stallung oder was immer hier am Strand gestanden haben mochte.

Er drehte den Kopf und folgte dem Lauf der Mauer mit seinem Blick. Nicht weit von ihm knickte sie im rechten Winkel ab und verlief weiter in die Richtung, aus der der schwefelige Lichtschein kam.

Ideal, dachte Laurie. Die Mauer würde ihm Deckung bieten. Er kroch los und hatte nach ein paar Minuten die Stelle erreicht, an der das Licht am hellsten schien. Jetzt musste er nur noch den Kopf heben und würde die Lichtquelle samt denjenigen, die dafür verantwortlich waren, ausmachen.

Gedacht, getan. Vorsichtig spähte er über die niedrige Mauerkrone. Dahinter, vielleicht sechs oder sieben Yards entfernt, brannte ein Feuer. Davor, Laurie den Rücken halb zugewandt, hockte eine einzelne Gestalt. Ein Mann, groß und kräftig gebaut, das Haar wild und bis zu den Schultern fallend, die Züge wettergegerbt.

Definitiv kein Soldat, dachte Laurie. Ein Fischer vielleicht. Aber wieso saß er hier und war nicht, wenn er nicht seiner Arbeit nachging, zu Hause? An einem solchen Abend, an dem ein knisterndes Feuer im Kamin viel angenehmer gewesen wäre, als eines draußen am nebelig-feuchten Strand?

Hätte Laurie die Wahl gehabt, er wäre sicher nicht hier herumgekrochen und hätte die nasskalte Luft auf seinen Wangen kondensieren lassen. Ganz bestimmt nicht.

In diesem Moment regte sich der Mann. Er legte den Kopf schief, als lausche er angestrengt. Ein oder zwei Atemzüge lang geschah nichts, dann schüttelte er den Kopf und stieß ein tiefes Knurren aus.

»Nichts«, sagte er. »Es wird wohl wieder eine dieser Nächte sein.«

Die Worte klangen gut verständlich zu Laurie herüber. Doch irgendetwas stimmte nicht mit ihnen. Sie hörten sich nicht wie das Deutsch an, das er in der Schule gelernt und anschließend in Cambridge zu studieren begonnen hatte, damals, vor dem Krieg. Wie lange das her zu sein schien!

Wahrscheinlich irgendein lokaler Dialekt, dachte er.

»Eine dieser Nächte«, fuhr der Mann fort und unterbrach sich wieder. Nur das Plätschern der Wellen war zu hören. Es schien von der anderen Seite des Feuers zu kommen. Vielleicht waren sie auf einer schmalen Landzunge, überlegte Laurie. Oder doch auf einer weiteren kleinen Insel und nicht auf dem Festland?

Wieder knurrte der Mann.

»Wieso tust du das?«, brüllte er plötzlich, das Gesicht zum Himmel gewandt. »Schickst eine Flut, die alles verschlingt – Menschen, Tiere, Häuser, ganze Städte und Inseln – und lässt einen hilf- und mittellos zurück. Warum? Was haben wir getan?« Er schwieg einen Moment.

»Dachtest wohl, das würde die Sünde ausmerzen, würde uns zu Grunde richten, was?«, fragte er, ruhiger werdend. Nachdenklich nickte er vor sich hin. »Und die, die nicht in den Fluten verreckt sind, hat es das auch. Die meisten.« Er lachte. »Aber nicht mich. Mich hast du nicht zu Grunde gerichtet, ich bin nicht hilflos. Nicht mehr. Erst war ich wie die anderen, aber dann ... dann hast du mich zu dem gemacht, was du doch vernichten wolltest.«

Er lehnte sich zurück, hob wieder den Kopf gen Himmel.

»Was blieb mir übrig, nachdem du die Stadt, in der ich lebte, auf den Grund des Meeres gespült hattest? Wovon sollte ich leben, wie mein Auskommen finden für die wenigen, die mir von meiner Familie geblieben sind? Sag es mir!«

Erneut legte er lauschend den Kopf schief.

Laurie zog den seinen ein.

»Nichts? Keine Antwort?«, schallte es zu ihm rüber und er blickte wieder über die Mauer. So wie dieser Mann sich gebärdete, war es besser, ihn nicht aus den Augen zu lassen.

»Dann sag ich es dir«, stieß der Mann hervor, die Stimme voller Hass. »Nachts, wenn es nebelig wird, komme ich hier heraus und mache ein Feuer.« Er wies mit der Hand auf die Flammen, die unvermittelt höher aufloderten, deren gelborangener Schein in ein schwefeliges Leuchten umschlug. Blaue und grüne Funken tanzten um die Enden der Äste und des Strandguts, das dort brannte. »Mache ein Feuer und warte. Und dann?«

Wieder erfüllte das Lachen des Mannes die Luft.

»Dann spiele ich Flöte.«

Seine Hand glitt in den Mantel, den er trug und der Laurie eigenartig vorkam. Hatte er richtig gesehen? Waren dort Schnüre anstatt Knöpfen gewesen?

Er schüttelte den Kopf. Sicher ein Trugbild, hervorgerufen durch das Flackern der Flammen.

Mittlerweile hatte der Mann am Feuer die Flöte, von der er gesprochen hatte, an seine Lippen geführt und spielte leise. Eine Melodie, sanft und beruhigend – ganz das Gegenstück zum halbwahnsinnigen Verhalten, welches der, der sie spielte, eben noch an den Tag gelegt hatte.

Laurie ließ sich wieder zu Boden sinken und lehnte sich gegen die Mauer.

Halbwahnsinnig war das Stichwort. Er musste hier weg. Was er hatte wissen wollen, wusste er. Dies war kein zum Schutz der Küste eingerichteter Posten. Hier saß nur ein Mensch, der ganz augenscheinlich nicht mehr Herr seiner Sinne war – und dessen Flötenspiel abrupt abbrach.

Laurie fuhr auf, sein Kopf schoss in die Höhe. Er musste sehen, was der Mann tat. Vielleicht war er ja auf ihn aufmerksam geworden.

Doch er hätte sich keine Gedanken zu machen brauchen.

Der Mann war aufgesprungen und hatte ein paar Schritte auf die andere Seite des Feuers gemacht. Horchte hinaus in die Nacht. Legte die Hand auf den Griff eines kurzen Schwertes, das Lauries Aufmerksamkeit bisher entgangen war.

Ein Schwert?!, schoss es ihm durch den Kopf.

Ein Schwert und die eigenartige Kleidung mit den Schnüren und Klammern, die er bisher als die eines einfachen Mannes abgetan hatte. Doch nun ... dämmerte ihm, dass das nichts war, das irgendjemand in den letzten paar hundert Jahren als schick empfunden hätte. Hier stimmte etwas ganz gewaltig nicht, dachte Laurie. Im nächsten Moment verlor sich der Gedanke in der Nacht, denn von jenseits des Feuers hörte er das Stimmengewirr von zwei oder drei Männern, gedämpft und halb verschluckt vom Nebel, den der Feuerschein in der Zwischenzeit in ein noch giftigeres Licht getaucht zu haben schien.

Der Mann lachte leise, hob die Flöte wieder an die Lippen und begann zu spielen, lauter diesmal. Dabei kehrte er ans Feuer zurück und ließ sich erneut dort nieder. Als er das erste Lied beendet hatte, setzte er zu einer zweiten Melodie an, danach zu einer dritten. Mit dieser war er noch nicht weit gekommen, als ein Mann, nicht weniger eigentümlich gekleidet als er selbst, aus den Nebelschwaden auftauchte.

Der Mann am Feuer nahm die Flöte von den Lippen und sah den anderen an.

»Willkommen, Freund«, sagte er.

Der Neuankömmling warf ihm einen prüfenden Blick zu, dann trat er näher an ihn heran.

»Willkommen?«

Der große Mann erhob sich und machte zwei Schritte auf den Neuankömmling zu. »Natürlich seid Ihr mir willkommen. Doch sagt, was hat Euch hierhergeführt? Ich kenne Euch nicht.«

Der Neuankömmling lachte irritiert. »Woher auch? Ich und meine zwei Begleiter waren auf dem Weg von Pellworm nach Nordstrand, als uns der Nebel einholte. Wir kamen von unserem Kurs ab, sahen Euer Feuer, und schließlich liefen wir auf Sand.« Er deutete hinter sich.

Als er sich wieder umdrehte, hatte der große Mann ein paar Schritte auf ihn zu gemacht.

»Ihr kennt Euch hier nicht aus, nicht wahr?«, fragte er.

»Nein, nicht gut. Aber wir müssen unbedingt unsere Waren nach Nordstrand bringen, und wenn die nicht rechtzeitig geliefert werden, wird unser Kunde ...« Er zog die Augenbrauen zusammen. »Was macht Ihr eigentlich hier zu dieser Stunde? An einem Feuer? Mitten im Nichts?«

Der große Mann lächelte. »Ich spiele Flöte. Gefallen Euch meine Weisen?«

Der andere winkte ab. »Einerlei. Wir sitzen fest und ich hatte gehofft, Hilfe zu finden. Euer Flötenspiel hat mich zu Euch geführt.« Er stockte. »So, wie Euer Feuer unser Boot.«

In diesem Moment machte der große Mann einen schnellen Ausfallschritt, packte den andern an der Schulter und riss ihn zu sich heran.

Aus seinem Versteck hinter dem Mauerrest sah Laurie es kurz aufblitzen, dann gab der Neuankömmling ein Röcheln von sich, sein Kinn sank auf die Schulter des großen Mannes und ein Schwall Blut trat aus seinem Mund.

»Ihr wollt Waren hierherbringen, was?«, sagte der große Mann mit einem leisen Lachen. »Sehr gut. Mal was anderes als Fisch.«

Laurie erstarrte. Ein Klumpen aus Eis machte sich in seinem Magen breit. Bevor er etwas tun konnte, hatte der große Mann sein Opfer zu Boden fallengelassen und war mit wilden Sprüngen im Nebel verschwunden, dorthin, woher der andere Mann gekommen war. Dorthin, wo zwei weitere Männer auf ihr Schicksal warteten.

»Nicht, wenn es nach mir geht«, presste Laurie hervor, setzte über die Mauer und rannte am Feuer vorbei. Im Laufen warf er einen Blick auf den am Boden Liegenden. Er war eindeutig tot. Neben ihm ragte ein längliches Objekt aus Ton aus dem Sand, das Laurie auf den zweiten Blick als die Flöte des Mörders erkannte, die ihm runtergefallen sein musste. Ohne weiter darüber nachzudenken, bückte er sich und hob das kleine Instrument auf, bevor er dem Mörder in den Nebel folgte.

Nicht lange und ihm wurde klar, dass er zu spät kam, denn von irgendwo aus den dichten weißen Schwaden erklangen kurz die Geräusche eines Kampfes, zwei Schreie und dann ... nur noch ein tiefes Lachen, dessen Wildheit Laurie eine Gänsehaut über den Rücken jagte.

Er hetzte weiter, bis seine Stiefel mit lautem Platschen im Wasser landeten. Sein Blick suchte den Strand und das Meer ab, doch außer Nebel und Dunkelheit gab es nichts zu sehen.

Aufgewühlt rannte Laurie den Strand entlang, aber das Ergebnis blieb dasselbe. Weder von dem großen Mann noch von dem aufgelaufenen Boot, von dem der Tote berichtete hatte, war nur die geringste Spur zu entdecken.

Nach einer Weile blieb Laurie stehen und sackte auf die Knie. Kleine Wellen durchnässten seine Hosenbeine, während er darauf wartete, dass das Herz aufhörte, in seinem Hals zu schlagen.

Was war da eben passiert?

Ein Akt von Strandräuberei, wie er ihn nur aus alten Büchern kannte. Stevenson oder Meade Falkner, die Autoren seiner Jugend, hätten ihre Freude an dem gehabt, dessen Zeuge er gerade geworden war. Doch dies war kein Stoff für Abenteuergeschichten gewesen, sondern der blanke Wahnsinn.

Keuchend kam Laurie wieder auf die Beine. Er musste zum Feuer zurück und zu dem armen Mann, der von dem rasenden Strandräuber ermordet worden war.

Und dann?, fragte er sich selbst. Was machst du dann? Die zuständigen Behörden kannst du ja wohl kaum informieren, es sei denn, du willst im nächsten Kriegsgefangenenlager landen.

Trotzdem, zunächst wollte er zum Ort des kaltblütigen Mordes zurück. Danach würde er weitersehen. Er wandte sich um. Und erstarrte.

Das Feuer war verschwunden und mit ihm sein gelblicher Schein.

Strauchelnd rannte er ein paar Schritte in die Richtung, aus der er gekommen war, dann immer schneller, bis er schließlich hilflos stehen blieb. Das Feuer war aus. Obwohl der Nebel sich auf einmal zu lichten begann, sah er keine Chance, es wiederzufinden.

Eine Weile noch irrte er durch die Dunkelheit – wobei ihm klar wurde, dass er keinesfalls das Festland erreicht hatte, sondern auf einer Sandbank gelandet sein musste – dann hatte der Nebel sich endgültig verzogen und der Mond den Himmel zurückerobert. In seinem Licht stieß er auf eine weitere Steinmauer, die sich jedoch bei näherer Betrachtung als alter Brunnen herausstellte.

Mein Gott, dachte er. Ich sitze auf einer Sandbank fest, auf der ein Strandräuber Boote auflaufen lässt, um sie auszuplündern und die Besatzung zu töten. Aber weder das Feuer, das sie und mich herlockte, noch die Boote finde ich wieder in dieser verfluchten Nacht. Alles, was mir bleibt, sind dieser uralte Brunnen und diese merkwürdige Flöte. Ob ich mit ihr den Räuber hierherlocken kann? Oder ist er mit dem Boot seiner Opfer längst aufs Meer hinaus gefahren?

Gedankenverloren ließ er sich gegen den Rand des Brunnens fallen, hob die Flöte an seine Lippen und begann zu spielen.

Weit entfernt, auf der Hallig Südfall, hörte Gräfin von Reventlow-Criminil den Klang der Flöte.

Merkwürdig, dachte sie und trat aus dem Stall, in dem sie nach ihrer Lieblingsstute gesehen hatte, die sich am Morgen eine Fessel verdreht hatte.

Aufmerksam starrte die alte Dame in die Nacht und versuchte auszumachen, woher das Lied kam, das an ihre nunmehr achtzigjährigen Ohren drang. Schließlich nickte sie grimmig und lief zügig zur Warft hinüber, auf der sich die Villa erhob, die sie vor Jahren anstelle des alten Herrenhauses hatte errichten lassen.

Das improvisierte Spiel auf der Flöte beruhigte Lauries Nerven ungemein. Mag sein, ich bin allein und gestrandet, dachte er, aber wenn es hell wird, werde ich ...
»Was denken Sie sich dabei, mitten im Wattenmeer, mitten in der Nacht?«
Laurie blickte auf und sah in das Gesicht einer alten Dame, die Hosen trug, mit Lampe und Stock ausgerüstet war und ihn prüfend anschaute. Er sprang auf, als sei er ein Schulknabe, den man bei einer Untat erwischt hatte.
»Flight Lieutenant Laurie Tallack. Zu Ihren Diensten.« Beinahe hätte er salutiert und Haltung angenommen, doch im letzten Moment entschied er sich für einen knappen Diener.
»Gräfin Reventlow«, antwortete sie, und streckte ihm die Hand entgegen. Ihrer beider Händedruck war kurz, aber kräftig. »Das erklärt aber nicht, was Sie hier tun.«
»Mein Flugzeug ist abgestürzt. Motorschaden. Nahe einer kleinen Insel. Von dort bin ich mit einem Ruderboot hierher – wo auch immer hier ist«, reagierte er ganz automatisch auf die resolute alte Dame wie einst auf seine Gouvernante Miss Sutherland.
»*Hier* ist im Wattenmeer. Und dort hinten die Hallig von Südfall, mein Zuhause. Wenn ich Sie nun bitten dürfte – wir sollten uns nicht länger als nötig aufhalten. Die Flut kommt.« Die Gräfin drehte sich um und begann den Weg zurückzugehen, den sie hergekommen sein musste.
»Aber «, setzte Laurie an, »wohin?«
»In mein Haus.« Sie sah ihn an, wie er immer noch unschlüssig dastand. »Als mein Gast, wenn Ihnen das nach so kurzer Bekanntschaft recht ist«, schob sie nach und ging los.

»Sie wollen mich nicht ... ausliefern?«, fragte er, hinter ihr her stolpernd. Für eine alte Dame legte sie ein ganz schönes Tempo vor auf dem nächtlichen Sand.

»Wieso sollte ich das tun? In meinem Alter hat man keine Zeit für solchen Unfug.«

»Danke – also, das ist sehr freundlich.«

Einen Moment lang liefen sie schweigend. Die Gräfin schritt mit Lampe und Stab voran, und Laurie musste an die viktorianischen Engel denken, die auf grässlichen Schinken in Öl Kinder in nächtlichen Landschaften retteten.

»Darf ich Sie etwas fragen?«

»Wenn wir dabei weitergehen können.«

»Vorhin, als Sie zu mir kamen, haben Sie da noch andere Menschen gesehen?«

»Die Köchin und der Kutscher sind zu Hause, wer sollte hier draußen sein?«

»Männer, eigenartig gekleidete Männer. Einer sehr groß, mit langen Haaren und wilden Augen. Er hatte ein Feuer am Strand. Damit hat er nicht nur mich, sondern auch weitere Männer mit einem Boot hierher gelockt, um sie ... « Laurie verstummte. Wenn er das so aussprach, hörte es sich an, als habe er selbst sich in den Wahnsinnigen verwandelt.

»Ein Strandräuber mit Feuer und Schwert, meinen Sie?« Die Stimme der Gräfin klang neutral, und weil sie immer noch voranschritt, konnte er nicht sehen, ob sie ebenso oder vielleicht eher spöttisch blickte.

»Aber «, setzte Laurie an, als er über etwas stolperte. Das musste die Mauer sein! »Warten Sie«, rief er, »geben Sie mir das Licht! Hier ist es gewesen – hier waren die Überreste einer Mauer, Tonscherben und da hinten das Feuer ... « Doch, obwohl die Gräfin inzwischen neben ihm stand, obwohl sie seinen Armbewegungen folgend mal hierhin, mal dorthin leuchtete, gab es nicht mehr zu sehen, als eine Kuhle im nassen Sand.

»Da ist nichts«, sagte sie, und wandte sich wieder zum Gehen. »Es hätte mich auch gewundert. Manch einer würde sagen: Schon lange nicht mehr, denn es gibt Menschen, die vermuten hier in der Gegend das legendäre Rungholt, das bei der Sturmflut von 1362 versunken ist.«

»Dreizehnhundertzweiundsechzig – the 14th Century«, wiederholte Laurie ungläubig. »Aber das ...«

»Die Sturmflut hat, so glauben die Gottesfürchtigen und Abergläubischen, den größten Teil des alten Nordstrands samt allem, was sich darauf befand, als Strafe Gottes ins Meer gerissen. Bis heute ranken sich darum Legenden, und mancher glaubt sogar, hier irreführenden Feuerschein des Nachts zu sehen. Hauptsächlich Fischer, einfache Leute. Einen Koch musste ich sogar deswegen entlassen, er schwor Stein und Bein, er habe nicht nur ein Licht gesehen, sondern auch Waffengeklirr gehört, und das habe nichts mit dem Grog zu tun, den er zuvor genossen hatte.«

»Die Männer waren da, zwei habe ich gesehen, die anderen immerhin gehört. Und ich bin sicher nicht betrunken, ich wünschte, ich wär's!«

Die Gräfin wandte sich zu ihm um, leuchtete ihm ins Gesicht: »Kann es sein, dass Sie sich beim Absturz den Kopf heftiger angestoßen haben?« Laurie schüttelte Selbigen. Sie wollte sich umdrehen und weitergehen, als ihm etwas einfiel:

»Hier – diese Flöte, auf ihr hat der Räuber gespielt. Er hat sie beim Kampf verloren.«

Die Gräfin nahm das kleine Objekt aus Ton aus seiner Hand. »Eine Okarina, wie sie hierzulande im Mittelalter üblich war«, murmelte sie, »das ist wirklich eigenartig. Schade, dass die Umstände es nicht zulassen, dass ich Sie mit einem der Rungholt-Forscher bekannt mache, der vor dem Krieg gelegentlich hier unterwegs war.« Sie hielt inne, lauschte. »Aber jetzt müssen wir uns beeilen, wenn wir vor der Flut und vor allem vor dem Erwachen der Köchin in meinem Haus sein wollen.«

Schweigend eilte das ungleiche Paar über Sand und Schlick, erreichte dann einen Weg zwischen den Dünen und schließlich den festen Boden, auf dem die Villa samt Stallungen stand.

Gräfin Diana Henriette Adelaïde Charlotte von Reventlow-Criminil versteckte Flight Lieutenant Laurie Tallack noch einige Wochen auf der Hallig Südfall. Eines Nachts jedoch, die einzige Zeit des Tages, zu der er sich hinauswagen konnte, setzte er den Entschluss um, der schon länger in ihm herangereift war. Er schrieb der Gräfin einen Brief, dankte ihr für ihre Güte und Freundschaft und teilte ihr mit, dass er durch das Watt nach Nordstrand gehen würde, um sich dort zu stellen. Was er auch tat.

Noch einmal kehrte er nach Südfall zurück – im Jahre 1953, zum neunzigsten Geburtstag der Gräfin. Auf seine Frage, ob sie jemals herausgefunden habe, was in jener Nacht wirklich geschehen sei, als sie ihn gerettet hatte, erwiderte sie, dass dies wohl ewig ein Rätsel bleiben würde. Die Okarina aber, die er damals gefunden habe, befände sich nun im Museum von Nordstrand.

Eigenartigerweise habe das Licht, das ihn zu der Sandbank geführt und das die Fischer der Gegend seit Jahr und Tag bei starkem Nebel gesichtet hatten, seit jener Nacht jedoch niemand mehr gesehen.

Historischer Hintergrund

Die Insel Rungholt, oft auch als Atlantis der Nordsee bezeichnet, ging im 13. Jahrhundert bei einer Sturmflut unter, die gleichzeitig den kompletten Küstenverlauf Nordfrieslands veränderte. Teile der gleichnamigen Stadt blieben noch bis ins 17. Jahrhundert erhalten und versanken dann bei einer weiteren Sturmflut. Lange Zeit betrachtete man die Insel und ihren als Strafe Gottes interpretierten Untergang als Legende, mittlerweile jedoch gilt ihre Existenz als gesichert.

Auch die in unserer Geschichte erwähnte Okarina hat, wie die Gräfin und der Pilot (dessen Name jedoch nicht überliefert ist), einen realen, historischen Hintergrund:

Die Gräfin von Reventlow-Criminil, die die Rungholt-Forschung unterstützte, lebte bereits seit 1910 auf der Hallig Südfall und rettete 1943 einen abgestürzten Piloten der britischen Royal Air Force. Dieser hatte sich auf eine Sandbank gerettet, wo er besagte Okarina fand, die man bis heute im Nordseemuseum in Husum sehen kann.

Hannelore Höfkes

Pharisäer

Die Schlinge zieht sich immer fester um Arianes Hals. In ihrer Kehle brennt ein Feuer, das sie kaum schlucken kann. Kurz vor Husum hatte sie ihren Mann noch einmal davon zu überzeugen versucht, in dieser niedlichen Stadt zu bleiben und sich dort ein paar schöne Tage zu gönnen. Aber es war vergebens: Kurt war fest entschlossen, den Urlaub auf dieser verflixten Insel Nordstrand zu verbringen. Nicht, dass sie etwas gegen die Insel oder gar ihre Bewohner hat, nein, sie hasst die Nordsee, die sie als grausam empfindet und die sich ohne Gnade nimmt, was sie will.

So, wie sie sich ihre Eltern vor vielen Jahren bei einem Segeltörn vor Norderney nahm. Auch wenn ihr Gemahl immer wieder betont, dass es sich bei Nordstrand um eine Halbinsel handelt, kann das ihre Angst nicht mildern. Einziger Trost ist Arianes langjährige Freundin Irene, die versprochen hat, ihr seelischen Beistand via Handy zu leisten. Überhaupt will es ihr nicht in den Kopf, warum Kurt auf diesen gemeinsamen Trip besteht. Es hat ihn doch sonst auch nicht gestört, ohne sie ans Meer zu fahren. Ihre Ehe ist schon lange nicht mehr harmonisch. Das Wort Scheidung taucht immer öfter auf. Viel verbindet sie beide wirklich nicht mehr, außer der Apotheke ihrer Großeltern, die Ariane geerbt hatte. Kurt aber hatte die Leitung gleich nach ihrer Heirat übernommen. Ariane lässt ihm freie Hand, leistet hin und wieder eine Unterschrift, oder hilft gelegentlich, wenn eine der Angestellten ausfällt. Ansonsten widmet sie sich ihrer Töpferei, mit Stolz und recht erfolgreich, ihre Produkte verkaufen sich fast von alleine.

Kurt reißt sie unsanft aus ihren Gedanken und das treibt ihr gleich wieder den Angstschweiß auf die Stirn. Ein Blick aus dem Autofenster reicht und sie spürt, wie die Wellen versuchen nach ihr zu greifen. Arianes rechte Hand krallt sich an den Haltegriff der Tür, ihre linke in den Autositz. Ihr Herz beginnt zu rasen und beruhigt sich erst, als sie sich mittig von Nordstrand befinden.

Kurt hält am Straßenrand an, legt seine Hand auf ihre und streichelt sie mit leichtem Druck. Seine Stimme klingt fest und ernst, als er ihr klar macht, dass ihre Ehe wohl nicht die beste sei, aber sie es doch wohl verdiene, nach einundzwanzig Jahren einmal zusammen in Urlaub zu fahren. Auch dass es endlich an der Zeit sei, ihre Angst vor dem Wasser zu bekämpfen. Sie solle es einfach als Therapie sehen. Er wartet ihre Antwort gar nicht erst ab und startet den Motor. Schweigend setzen sie die Fahrt zu dem Ferienhaus fort.

Ariane ist alles andere als entzückt über die Lage des Hauses.

Die Straße heißt Norderhafen, und blickt man aus dem Küchenfenster, liegt nur wenige Schritte entfernt der Nordseedeich. Was sich dahinter verbirgt, darüber mag Ariane lieber nicht nachdenken. Alles erinnert an Norderney. Sie hat nur einen Wunsch, sich in eine Ecke mit gutem Empfang zu verkriechen, um mit Irene zu telefonieren.

Irene ist wie immer eine gute Zuhörerin. Sie philosophieren über den Sinneswandel von Kurts neuem Urlaubsplan zu zweit, der ihrer Freundin ebenfalls sehr merkwürdig erscheint. Aber auch über ihre enorme Angst vor dem Meer. Ariane nimmt sich fest vor, daran zu arbeiten.

Irenes Worte besänftigen sie, auch wenn sie durch ihre Arbeit nicht erreichbar ist, solle sie immer eine SMS schreiben, egal, was Ariane gerade durch den Kopf geht. So wäre Irene immer informiert und könne ja auch in ihren Pausen antworten. Mit der Gewissheit, eine starke Freundin an ihrer Seite zu haben, legt sich Ariane mit der Zuversicht ins Bett, dass es vielleicht doch ein guter Urlaub werden könnte.

Der Wind peitscht den Regen ans Fenster, die Angst Ariane durch die Nacht. Kurz vor Morgengrauen fällt sie dann doch noch in einen unruhigen Schlaf. Als sie erwacht, ist das Bett neben ihr leer und kalt. Dann huscht ein Lächeln über ihre Lippen, sie vermutet Kurt in der Küche und beeilt sich in ihren Morgenmantel zu schlüpfen. Frühstück zu zweit ist auch schon lange her, freut sich Ariane, und ist doch ein wenig verwundert, als sie keinen Kaffeeduft wahrnimmt. Die Küche ist so leer wie das Bett neben ihr vor wenigen Minuten. Nur ein großer weißer Zettel liegt auf dem Tisch.

Bin beim Hochseeangeln.
Mach dir einen schönen Tag.
Hab keine Angst vor dem Meer, bleib einfach hinterm Deich.
K

Ariane fegt den Wisch mit einer Handbewegung von der Tischplatte.

Was zur Hölle ist nur in diesen Mistkerl gefahren? Am liebsten würde sie sofort ihren Koffer wieder packen und abreisen. Aber sie hat sich selbst versprochen, die Angst vor der Nordsee zu bekämpfen. Deshalb setzt sie erstmal Irene von der Unverschämtheit Kurts in Kenntnis.

Die Sonne versöhnt Ariane ein wenig mit der grauenvollen Nacht und dem Verschwinden ihres Mannes. Kaum zu glauben, wie schnell sich das Wetter hier ändert. Entspricht ganz dem Verhalten von Kurt. Leider erreicht sie ihre Freundin nicht und schickt eine SMS, die es in sich hat. Es ist gut, die Beschimpfungen gegen Kurt so loszuwerden, Irene hat wie immer recht gehabt. Sie weiß schließlich aus eigener Erfahrung, wovon sie spricht. Hat ihr Ehemann sie doch mit einer anderen betrogen und sie dann auch noch mit Schulden sitzen lassen. Als kleine Angestellte in einer Bäckerei ist das wahrlich kein Zuckerschlecken. Ariane bewundert Irene jeden Tag dafür, wie sie das stemmt. Gottlob haben die beiden wenigstens keine Kinder, die darunter zu leiden haben. Die gibt es in ihrem Leben auch nicht, was Ariane bedauert.

Bei dem Gedanken an eine Backstube verspürt sie einen Mordshunger und beschließt ein Café aufzusuchen. Der Blick auf ihre Armbanduhr sagt ihr, dass es fürs Frühstück wohl zu spät ist. Auf jeden Fall muss sie unter Menschen, um das Meeresrauschen aus den Ohren zu bekommen. Das nächste Restaurant, so weiß ihr Smartphone zu berichten, liegt gerade mal drei Fußweg-Minuten von ihrem Standort. Ariane schnauft entschlossen durch die Nase. »Das Meer bleibt vor dem Deich«, raunt sie sich mutig zu und rennt den kurzen Weg so schnell sie kann.

Ariane stürzt förmlich in den *Halligblick* und kollidiert im Eingangsbereich mit einer älteren Dame, die im Begriff ist, ihre Jacke an die Garderobe zu hängen. »Hoppla, gute Frau, Sie scheinen ja mächtig Hunger zu haben. Ich kann Ihnen versichern, es ist noch genug für uns beide da.« Die Frau lacht und ihre Augen strahlen dabei, was ansteckend wirkt. Beide nehmen an einem der Tische Platz und können sich miteinander unterhalten, wie alte Bekannte, die sich lange nicht gesehen haben. Ariane erzählt ihr von ihrer Angst, ihrer maroden Ehe. Es tut gut, sich alles von der Seele zu reden. Sie erfährt, dass Frau Reuter, wie die Dame heißt, aus der gleichen Stadt kommt wie sie.

Nach einiger Zeit vibriert Arianes Handy. Irene sendet eine SMS und drei stehen noch auf dem Display, die sie gar nicht wahrgenommen hat. Frau Reuter bemerkt ihre Nervosität und zieht ihre Rückschlüsse. Die nette Dame lächelt ihr zu, so wie sie es von ihrer Großmutter kannte, wenn Ariane sich beim Spielen verletzt hatte und Oma ihr tröstend ein Pflaster aufklebte. »Gegen Ihren Ehemann bin ich machtlos, da hilft nur ein guter Scheidungsanwalt, dessen Telefonnummer ich Ihnen gerne geben kann. Aber gegen Schlaflosigkeit und Angst hätte ich ein durchaus wirkungsvolles Mittelchen. Wir gönnen uns jetzt mal einen *Pharisäer*, ich lade Sie ein.«

»Wer oder was ist bitte ein *Pharisäer*?«

Frau Reuter beginnt die Geschichte vom *Pharisäer* zu erzählen.

»Vor etwa einhundertvierzig Jahren wollte ein Bauer, hier auf Nordstrand, die Taufe seines, ich glaube siebten, Kindes feiern. Es sollte ein großes Fest geben mit allen drum und dran.«

»Der Bauer war wohl in jeder Hinsicht eine gute Partie«, meint Ariane und schmunzelt.

»Gut möglich, denn das halbe Dorf, samt Pastor, war eingeladen. Sogar ein Fässchen Rum stand bereit. Aber genau da lag der Hase im Pfeffer.«

»Rum, dürfte doch für einen trinkfesten Nordfriesen kein Problem gewesen sein«, warf Ariane ein.

»Es war auch nicht der Rum, der den Gästen Kopfzerbrechen bereitete, sondern der Pastor! Er war ein Moralapostel hoch drei und hätte niemals Alkohol erlaubt.«

»Einen Spielverderber gibt es eben überall«, seufzt Ariane, und verdrängt schnell den Gedanken an Kurt.

»Sie sagen es, meine Liebe und den galt es zu überlisten«, kichert Frau Reuter. »Jemand kam auf die Idee, den Rum in den Kaffee zu gießen und mit einer Sahnehaube zu versehen, damit dem Pastor der Alkoholduft nicht in die Nase stieg. Der Kirchenmann sollte selbstverständlich nur Kaffee pur mit Sahne erhalten. Das ging einige Zeit gut. Die Gäste freuten sich über ihre Intrige. Bis der Alkohol ihre Sinne vernebelte und sie die Tassen verwechselten. So bekam der Prediger einen Kaffee mit Schuss. Dieser bemerkte den Schwindel sofort und schrie: »Ihr Pharisäer.« Frau Reuter neigte ihren Kopf leicht zur Seite und fragte: »Na, klingelt's?«

»Aha«, ruft Ariane aus: »So kam das Getränk zu seinem Namen.«

»Richtig.« Frau Reuter winkt der Kellnerin und fährt sich mit der Zunge über ihre Lippen.

Ariane ist nun neugierig, wie es schmeckt, vor allem aber, ob der Trick mit der Sahnehaube wirklich funktioniert.

Nach einer Stunde und zwei Pharisäern fühlt sich Ariane tatsächlich gelöster und mutig genug, den Heimweg zu ihrem Feriendomizil wieder anzutreten. Bevor die beiden Frauen sich trennen, verabreden sie sich für den nächsten Tag.

Am Himmel ziehen dunkle Wolken auf, ebenso gewinnt der Wind an Stärke. Das aufgewühlte graue Wasser versetzt Ariane gleich wieder einen Stich ins Herz. Doch plötzlich legt sie den Kopf in den Nacken, atmet tief ein, beugt sich nach vorn und schreit aus voller Brust. »Du verfluchtes Monstrum, meine Eltern hast du schon, aber mich bekommst du nicht, merk dir das!«

Ein Pärchen, das in unmittelbarer Nähe spazieren geht, schüttelt verwundert die Köpfe. Ariane kehrt dem Glucksen der Wellen den Rücken zu und geht schnellen Schrittes nach Hause. Als hinter ihr die Tür ins Schloss fällt, ist sie stolz, dass sie diesmal nicht rennen musste. Frau Reuter hat recht behalten, wozu so ein *Pharisäer* doch gut ist. Als sie ein Rumoren aus der Küche vernimmt, ist ihr klar: Für dieses Problem braucht sie wirklich einen Scheidungsanwalt, wenn nicht sogar etwas Stärkeres!

Der Ärger lässt auch nicht lange auf sich warten. Kurt baut sich breitbeinig vor Ariane auf und will wissen, wo sie war, angeblich aus Sorge. Dann brüllt er nur noch rum und spielt den Eifersüchtigen. Sein hochroter Kopf und die geballten Fäuste machen ihr Angst. Währenddessen tanzt ihr Handy den Vibrationstango und ihr fällt Irene wieder ein. Nun schreien sich beide an, ein Zierteller mit Blumendekor fliegt von der Wand und scheppert zu Boden. Dann hört sie nur noch die Außentür knallen, augenblicklich herrscht wie nach einem Orkan wieder absolute Ruhe.

Ariane begibt sich ins Schlafzimmer und meldet sich bei Irene. Auch diese überschüttet sie mit Vorwürfen, denn ihrer besten Freundin hat sie das Versprechen gegeben, sie über alles zu informieren und jede SMS zu beantworten. Ariane gibt kleinlaut zu bedenken, dass sie viel lieber telefonieren würde. Irene weist sie energisch zurecht. Ihre Argumente sind dann auch plausibel.

»Du musst aus deiner Opferlammrolle raus, dich gegen Kurt zur Wehr setzen!« Sie lamentiert weiter, Ariane solle in den SMS lernen, ihre Wut niederzuschreiben, damit sie später Kurt gegenüber sachlicher diskutieren könne. »So arbeiten Psychologen heutzutage auch«, behauptet Irene und fügt hinzu: »Bei mir ist das allerdings kostenlos.« Ariane erzählt Irene von Kurts Wutausbruch, den sie nicht zu erklären weiß, der alten Dame im Restaurant und vom Pharisäergenuss.

Diese Kaffeegeschichte scheint auch ihre Freundin brennend zu interessieren. Nach sämtlichen Ausführungen fachsimpeln die beiden darüber, zu was sich der *Pharisäer* missbrauchen lässt. Von Rizinusöl bis Gift ist alles dabei und Irene ist nicht mehr zu bremsen. Immer neue Mordtheorien tauchen auf, die nur das Ziel verfolgen, sich des Ehemannes zu entledigen.

»Könntest du nicht auch Kurt umbringen?«, fragt Irene Ariane und setzt hinzu, dass sie doch seit Langem vermutet, Arianes Ehemann habe eine Affäre. »Macht dich das nicht wütend? Willst du nicht endlich Dampf ablassen?« Auch, dass ihre Gutmütigkeit zu nichts führe, muss sie sich noch anhören. Mit den Worten: »Sei kein Lamm und schreib dir endlich die Wut aus dem Leib!«, beenden sie ihr Gespräch für heute.

Ariane hält ihre Freundin für ein wenig überdreht. Den Mann umzubringen, das kann nur ein Scherz sein. Sicher ist Ariane nicht glücklich über ihre Ehesituation. Dass sie die Affäre ihres Mannes nie hinterfragt hat, zeigt ihr aber, wie erloschen ihre Liebe bereits ist. Sie geht ihre Nachrichtenliste vom Smartphone durch, alle neun Meldungen sind von Irene, nicht eine von Kurt. Seltsam, wo er sich doch angeblich Sorgen um sie gemacht hat.

Sicher hat ihre Freundin recht damit, sich den Frust von der Seele zu schreiben. Die Schreiaktion dem Meer gegenüber hatte ihr auch Erleichterung verschafft. Morgen würde sie das auch ernsthaft versuchen. Nun war sie zu müde. Der *Pharisäer* entfaltet seine Wirkung, die fehlende Nachtruhe gibt ihr den Rest. Der Wind hat sich wieder etwas gelegt, so hofft sie auf keine weiteren Störungen.

Nach gerade mal einer Stunde Schlaf vollführt ihr Handy einen wilden Vibrationstanz auf dem Nachtschränkchen. Mühsam rappelt sich Ariane auf und nimmt das Gespräch an. Sie traut ihren Ohren kaum, als sie Kurts Stimme hört, der sie um ein Treffen bittet und sie morgen zum Mittagessen einladen will, als Wiedergutmachung, wie er sagt. Fast will sie ihre Zustimmung geben, als ihr im letzten Moment die Verabredung mit Frau Reuter einfällt. Sie teilt Kurt knapp mit, dass sie zu Mittag bereits im *Halligblick* mit einer Freundin speisen wird. Aber zum Frühstück könne er um 9:30Uhr vorbeikommen. Sich mit ihm in der Öffentlichkeit zu treffen, halte sie für keine gute Idee in Anbetracht seines letzten Wutausbruchs. Er knurrte ein »Ja, okay, aber wer ...« Den Satz lässt sie ihn nicht mehr beenden, kurzerhand drückt sie ihn weg.

Wo Kurt die Nacht verbringen würde, daran verschwendet sie keinen einzigen Gedanken. Da sie ohnehin nicht mehr einschlafen kann, schreibt sie Irene eine wütende SMS über Kurt. *Wehe, wenn er dieses Treffen verbockt! Dann schwöre ich Rache.* Und so weiter. Bis die Müdigkeit wieder von ihr Besitz ergreift.

Später in der Nacht wird Ariane von einem Poltern geweckt, anstrengt horcht sie ins Dunkel, kann aber nichts hören. Nur der Wind streicht ums Haus und spielt mit der Außenjalousie. Das rhythmische Klappern lullt sie ein. Das Meeresrauschen übertönt den Wind. Wasser klatscht gegen die Hauswand. Plötzlich sprengt eine riesige Flutwelle das Schlafzimmerfenster und schießt auf Ariane zu. Vor Angst kneift sie ihre Augen fest zu und hält den Atem an.

Etwas Schweres presst sich gegen ihre Brust, als liege sie unter einem großen Stein. Vorsichtig öffnet Ariane die

Augen und blickt in Kurts hämisch lachendes Gesicht. Sie strampelt mit den Füßen die Bettdecke zurück und trommelt wild mit ihren Fäusten auf ihren Mann ein. Ihre Schläge treffen ins Leere, wie ihr Hilfeschrei, der in der Kehle stecken bleibt. Ein schwarzer Vorhang schiebt sich vor Kurt. Der Stofffetzen schwebt ans Fußende vom Bett. Ariane will aufstehen, aber ihr Körper gehorcht nicht.

Zu ihren Füßen steht ein fremder Mann im Talar, mit einer Bibel unter dem linken Arm, und den rechten Zeigefinger mahnend erhoben. Seine tiefe Stimme dröhnt in ihren Kopf. »Weib, du sollst nicht ehebrechen, widerstehe der Versuchung des Teufels, denn Alkohol ist dein Verderben. Höre meine Worte.«

Die Stimme verhallt, Ariane schreckt aus dem Albtraum hoch und schnappt nach Luft. Da hat wohl gestern Abend in einer der Kaffeetassen der Heilige Geist vom Pastor drin gesteckt. Sie kann sich nicht erinnern, jemals so einen grausigen Traum gehabt zu haben. Eine rote Acht leuchtet hell vom digitalen Wecker zu Ariane herüber. »Gott sei Dank, die Nacht ist vorbei«, stöhnt sie laut. Dann nimmt sie ihr Handy, streicht ein paar Mal mit dem Zeigefinger über das Display, und liest die SMS, die ihr Irene irgendwann in der Nacht zurückgeschickt hat. Leicht amüsiert über deren Antwort, – *weiter so, gib's ihm, du machst das richtig gut* –, legt sie das Telefon zurück, springt aus dem Bett und gleich unter die Dusche.

Fünfzehn Minuten später steht sie in der Küche, um Tomaten aufzuschneiden. Der Griff zum Messerblock lässt sie innehalten, von vier Messern sind noch drei im Block. Ariane versucht sich zu erinnern, ob das auch bei ihrer Ankunft schon gefehlt hat. Aber sie muss passen und hat keine Zeit mehr, darüber nachzugrübeln. Was kümmert sie so ein blödes Messer.

Sie richtet den Frühstückstisch her, schnappt sich einen Einkaufsbeutel und ihre Geldbörse und schwingt sich aufs Fahrrad. Die See ist ruhig, doch Ariane würdigt sie keines

Blickes. Verkrampft drehen ihre Hände am Lenkrad, ihre Füße treten heftig in die Pedale. Sie fühlt die Schweißperlen unter ihrem T-Shirt, die wie Laufmaschen über ihre Haut ziehen. Die Bäckerei ist zum Glück nicht weit, die Brötchen schnell gekauft.

Dass Kurt sie wieder versetzt, hätte sie sich ja denken können. Er hatte bei ihr so was von verschissen. Der sollte sie kennenlernen. Schluss mit lustig. Das schreibt sie auch in der SMS an Irene. Dann räumt sie die Frühstücksutensilien in den Kühlschrank und wamst die Schranktür zu. Dann macht ihr Handy, ping, Irenchen antwortet: – *Klasse, aber ich weiß das geht noch besser.*–

Sind denn jetzt alle durchgeknallt, geht es Ariane durch den Kopf. Ihre Freundin meint es sicherlich gut, aber jetzt übertreibt sie.

Sie tippt die kurze Nachricht, – *Melde mich später*, – und geht an die frische Luft. Der Drahtesel muss noch einmal herhalten. Bevor sie sich mit Frau Reuter zum Essen trifft, will Ariane die Zutaten für den *Pharisäer* besorgen. Zu Hause in Düsseldorf würde sie auf diese Köstlichkeit keineswegs verzichten. Egal, ob es dem Pastor gefällt oder nicht. Sie braucht keinen zweiten Mann, der ihr vorschreibt, was sie zu tun hat, schon gar nicht, wenn es sich um einen Albtraummann handelt.

Ariane kichert leise in den Wind. Langsam scheint sie über sich hinauszuwachsen. Diesmal radelt sie den Weg bedeutend ruhiger als heute Morgen. Vielleicht hat sie sich ja in der Halbinsel getäuscht und sie ist doch eine gute Therapie.

Frau Reuter begrüßt sie herzlich.

Nach dem gebeizten Lachs auf Gemüse mit Kartoffelrösti verschafft sich Ariane über Kurts Verhalten Luft und berichtet Lydia, mittlerweile sind die beiden per du, alles haarklein. Nach dem Dessert sind sich beide einig: Diese Ehe gehört beendet.

Nach dem Verdauungskaffee nimmt Ariane das Angebot von Lydia an, mit ihr heute Abend die Halbinsel zu verlassen. Darauf genehmigen sich beide noch einen *Pharisäer*. Sie prosten sich zu und Lydia kichert: »Mein Gott, und das in meinem Alter, ich bekomm ja noch eher Flügel, als mir lieb ist.« Ihr Lachen klingt Ariane noch in den Ohren, als sie die Haustür öffnet.

Zuerst berichtet sie Irene bis ins Detail von ihrem Plan, dann sendet sie ihr noch eine richtig böse SMS über Kurt. Irene soll auch ihren Spaß haben, anscheinend steckt auch noch jede Menge Wut in ihrer Seele.

– *Kurt, du herzloser Eisblock ich hasse dich.*

Wenn du glaubst, ich lasse so mit mir umspringen, dann hast du dich getäuscht. Ich weiß mich zu wehren, komm her, wenn du Mut hast, dann geht es dir an den Kragen. Wenn ich mit dir fertig bin, stehst du nie wieder auf.

Aufs Briefchen gedrückt und zack weg ist es. Prompt kommt die Antwort.

Bleib ruhig und tu nichts Unüberlegtes.

Ariane schüttelt ungläubig den Kopf, ihr ist klar, Irene muss mit Kaffee und Rum experimentiert haben. Auf so einen Wutausbruch hat sie doch gewartet. Aber was soll sie sich aufregen, dafür hat sie viel zu gute Laune. Zum ersten Mal nach langer Zeit weiß sie, dass sie das Richtige tut. Und es fühlt sich super an.

Ariane legt den kleinen Koffer auf das Bett, klappt den Deckel hoch und verteilt sorgfältig ihre Wäsche darin. Aus den Augenwinkeln heraus sieht sie einen Schatten am Fenster vorbeiziehen. Sie schaut hinaus, außer Möwen, die am Himmel kreisen, kann sie nichts entdecken. Ariane reibt sich die Arme, sie fröstelt ein wenig. Sie stellt fest, dass noch genug Zeit für ein heißes Bad bleibt. Während ihr Körper die wohltuende Wärme aufnimmt, spielt sie mit ihrem Smartphone und dem Gedanken, Kurt doch noch eine letzte Nachricht zukommen zu lassen. Sie tippt ein wenig herum und betrachtet den Text.

Auf 21 Jahre Ehe sollte man doch einen heben.
Wie wäre es mit einem Pharisäer?
In 1ner Stunde bei mir!

Dann sieht sie vor ihrem geistigen Auge Kurts dummes Gesicht, wenn er feststellt, dass sie fort ist. Und schwupps, schon saust das Geschriebene durch den Äther. Zufrieden macht sie sich reisefertig.

Als Ariane die Küche betritt, bleibt sie abrupt stehen und ihr Herz scheint in Richtung Magen zu rutschen. Kurt sitzt auf dem Küchenstuhl und grinst ihr frech ins Gesicht. Auf dem Tisch stehen zwei Becher mit Sahnehauben. Katzenfreundlich dankt er ihr für die Einladung und bittet sie unmissverständlich, sich zu ihm zu setzen. Ariane findet keine Worte und nimmt schweigend Platz.

»Du hast völlig recht, wir sollten noch einmal auf unsere Ehe trinken. Wir wissen ja beide, dass es vorbei ist. Vielleicht bin ich ja deshalb so ausgerastet, wofür ich mich natürlich in aller Form entschuldigen möchte. Also?« Er hebt die Tasse an und prostet ihr zu. Ariane ist baff und weiß nicht, was sie davon halten soll. Dann fällt ihr Lydia ein, die mit dem Taxi auf sie warten würde, zehn Minuten hat sie noch. Sie entscheidet sich für die schnelle Lösung.

»Na dann«, krächzt sie mit trockener Kehle und setzt den Becher an die Lippen. Der Inhalt ist schon reichlich abgekühlt, so leert sie die Tasse schneller, als Kurt gucken kann.

»So, wir haben getrunken, gehab dich wohl, mein Taxi und Lydia warten.«

»Das glaube ich nicht.« Kurt steht auf, geht zur Tür, öffnet sie und Irene steht mitten im Raum. Ariane fühlt sich wie in einem schlechten Traum. Irgendwas läuft hier völlig falsch. Ihre Beine werden schwer und ihre Zunge schwillt an. Die Warnung ihres Albtraums flammt vor ihrem geistigen Auge auf. Nach Wasser heischend schleppt sie sich zur Spüle. Ein blutverschmiertes Messer im Becken verheißt Hoffnung, sie greift danach, lässt es sogleich wieder fallen, weil die Beine ihren Dienst versagen. Am Boden liegend starrt sie die beiden ungläubig an. Irene erhebt ihre schrille Stimme. Sie schmerzt Arianes Ohren.

»Deine Lydia kann leider nicht kommen, das Blut am Messer ist ihres. Die blöde Schnepfe hätte fast unseren Plan durchkreuzt. Aber die Polizei wird glauben, du hast es getan. Genauso, wie du versucht hast, deinen Ehemann zu vergiften. Dank deiner informativen SMS lieferst du inklusive Fingerabdrücke tolle Beweise. Leider hast du die Becher verwechselt und dir selbst das Gift verabreicht. Auch dafür hast du die Vorlage geliefert. Ich werde der Polizei schon glaubhaft versichern, dass es so war.«

Ariane bringt kaum noch ganze Sätze hervor und stöhnt. »Warum?«

»Warum, fragst du, bei einer Scheidung hätte Kurt alles verloren. Die Apotheke gehört schließlich dir. Und es geht ja auch um meine Zukunft. Ich bin nicht bereit, wieder auf alles zu verzichten. Schon gar nicht auf Kurt, wir lieben uns nämlich, falls du das noch nicht kapiert hast.«

Irene, die neben Ariane kniet, richtet sich auf und wendet sich an Kurt. »Wie lange dauert das denn noch?«

»Nicht mehr lange«, hört Ariane Kurt wie aus weiter Ferne sagen.

Ihre letzten Worte kann Ariane nur noch flüstern. »Ihr *Pharisäer*.«

Historischer Hintergrund

Im Jahr 1872 gab es auf dem Hof des Bauern Peter Johannsen eine Kindstaufe, die sechste oder siebte, so genau weiß das keiner mehr zu sagen. Die Gäste wurden geladen, ein Festmahl hergerichtet, es sollte an nichts fehlen. Nun war es zu der Zeit Sitte, dass man sich ordentlich zuprostete, damit dem Täufling ein guter Weg für die Zukunft bereitet wurde. Da lag das Problem. Unter den Gästen war selbstverständ-

lich auch Pastor Georg Bleyer, ein asketischer Moralprediger, der ein Saufgelage niemals geduldet hätte.

Um den Alkohol vor dem Pastor zu verbergen, griffen die Dorfbewohner zu einer List. Sie bereiten Kaffee zu, gaben 4cl hochprozentigen Rum und Zucker in eine Tasse füllten diese mit Kaffee an, und damit der Alkoholgeruch nicht entweiche, setzten sie eine Sahnehaube obendrauf. Der Prediger aber sollte nur Kaffee mit Sahne erhalten. So wurde fröhlich gefeiert und je später der Abend umso lustiger und ausgelassener die Gäste. Bis das Missgeschick passierte, und man dem Pastor einen falschen Kaffee reichte. Als er diesen trank, bemerkte er natürlich den Schwindel. Er stand auf und schrie: »Ihr Pharisäer!«

So kam das Getränk zu seinem Namen.

Quellennachweis: Wikipedia

Andreas Schmidt

Der Deichgraf von Nordstrand

Nordstrand, 5. Oktober 1950

Ein Poltern, das von der niedrigen Decke der Stube kam, ließ Maren Jacobsen zusammenzucken. Die untersetzte Frau legte den Kopf in den Nacken, blickte erst nach oben, dann zu ihrem Mann Piet, der es sich im Ohrensessel mit einer Pfeife gemütlich gemacht hatte, und in der Zeitung las.

Maren deutete unheilvoll nach oben. Dort lag das ehemalige Schlafzimmer, das sie im Frühjahr zum Gästezimmer umfunktioniert hatten, um während der Sommerfrische Touristen aufnehmen zu können.

»Der Graf ist mir unheimlich«, sagte sie nur.

Piet ließ die Zeitung sinken, paffte an seiner Pfeife und zuckte die Schultern. »Was ist unheimlich an einem alleinstehenden Mann, der hier ein paar Tage verbringt, um sich an der würzigen Seeluft von Nordstrand zu erholen?«

Helmut Graf, so der Name des Mannes, war ein stiller und in sich gekehrter Gast Ende dreißig, der den direkten Kontakt zu seinen Gastgebern mied, so gut es ging. Maren behauptete standhaft, er gehe ihnen sogar aus dem Weg – sicherlich habe er etwas zu verbergen.

»Wer reist schon alleine?«, ereiferte sie sich. »Familien sind uns herzlich willkommen. Aber alleinstehende Männer?« Sie zog eine Grimasse.

»Wahrscheinlich ist er ein Mörder, der aus dem Gefängnis getürmt ist«, brummte Piet ironisch und ließ die *Husumer Nachrichten* sinken. »Hier«, sagte er und deutete auf ein handgezeichnetes Phantombild, das einen düster dreinblickenden Mann mit streng zurückgekämmten, kurzen Haaren und einem kantigen Schädel zeigte. »Vor ein paar Tagen hat es in Flensburg einen Mord gegeben. Die Polizei sucht den Täter, und so soll er aussehen.« Mit dem Zeigefinger tippte Piet auf die Abbildung.

»Das ist er«, behauptete Maren tonlos. Der stechende Blick des Gesuchten ließ sie erschaudern. Wie hypnotisiert starrte sie auf das Bild des gesuchten Täters. Die frappierende Ähnlichkeit mit dem unheimlichen Gast machte ihr Angst. »Der Herr Graf ist ein Mörder auf der Flucht«, kam es zitternd über ihre Lippen. »Und ausgerechnet auf unserem Hof versteckt er sich vor der Polizei. Niemand wird ihn hier bei uns auf Nordstrand suchen.«

»Eigentlich habe ich mir einen Scherz erlaubt«, entgegnete Piet. »Er hat, wenn man genau hinguckt, entfernte Ähnlichkeit mit unserem Gast, zugegeben. Aber ich glaube nicht daran, dass er es ist.«

»Wir müssen Fiete Bescheid geben«, flüsterte Maren. Fiete Petersen war der Inselpolizist. Die kleine Wache lag im Erdgeschoss seines Wohnhauses unweit von Süderhafen.

»Ich würd' ihn ja anrufen, wenn wir könnten«, bemerkte Piet mit bierernster Miene. Der Telefonanschluss für den Jacobsen-Hof war beim Fernmeldeamt der Deutschen Post bestellt. Wann sie ihr Telefon bekamen, stand aber noch nicht fest. Wahrscheinlich hatten die Herrschaften im fernen Bonn genug damit zu tun, sich von der DDR-Post abzugrenzen und den althergebrachten Begriff der Reichspost endlich zu den Akten zu legen.

»Und zu Fuß geh ich bei diesem Schietwetter bestimmt nicht los.« Er deutete durch das Fenster hinaus in die Nacht, die sich über Nordstrand gesenkt hatte.

Wie zur Untermalung seiner Worte brandete der Sturm auf und peitschte den Regen in dichten Bahnen gegen das Glas. Das Licht an der Decke flackerte.

»Och, nö«, entfuhr es Maren. »Wenn das so weiterstürmt, fällt bestimmt gleich der Strom aus.«

»Die Elektrizität ist noch nicht so stabil wie am Festland«, erinnerte Piet sie. Nun heulte das Brausen des Sturmes gegen das monotone Ticken der Standuhr an.

Ein schleifendes Geräusch von der Zimmerdecke ließ die Gastwirte zusammenzucken. Maren sah mit einem Blick auf ihren Mann, dass auch ihm das seltsame Verhalten von Helmut Graf Sorgen bereitete. Doch Piet hüllte sich in friesisches Schweigen.

Es klang, als würde der Fremde einen schweren Gegenstand über den Dielenboden zerren.

»Nun hör dir das doch mal an, Piet!«, forderte Maren ihren Mann auf. Ein Schauer rieselte ihren Rücken herunter.

Die Feriengäste scherten Piet nicht – seine Aufgabe war es, sich um den Hof und das Land zu kümmern, während sich Maren um die Bewirtung der Gäste kümmerte. Dass Maren nun Angst vor einem Gast hatte, fand er eher amüsant als beängstigend.

Als es im Zimmer über der Stube laut polterte, verschluckte er sich dennoch an seiner Pfeife und unterlag einem Hustenanfall.

»Ich will wissen, was der da oben treibt«, rief Maren, nachdem er sich wieder beruhigt hatte.

»Frag ihn doch«, brummte Piet und lehnte sich in seinem Sessel zurück, einem Erbstück der Familie, in dem schon sein Vater allabendlich gesessen hatte.

»Es klingt, als würde er eine Leiche über den Boden ziehen«, flüsterte Maren.

»Jetzt übertreibst du es aber, Maren.« Piet schüttelte den massigen Schädel. »Er hat das Zimmer für ganze vier Wochen im Voraus bezahlt, also können wir uns nicht beschweren.«

»Wenn er was auf dem Kerbholz hat, aber schon.«

Bevor Piet antworten konnte, wurde oben die Tür geöffnet. Schritte im Flur, dann polterte der Fremde die Holztreppe herunter. Kurz darauf tauchte seine massige Gestalt im Türrahmen auf.

Maren betrachtete ihn und versuchte vergeblich, ihre Nerven zu beruhigen. Er war groß und drahtig, hatte dunkle Augen und buschige Augenbrauen. Sein Haar war pechschwarz und sorgsam gestutzt. Er trug festes Schuhwerk, hatte die Hosen hochgekrempelt und einen Mantel angezogen. Auf dem Kopf trug er einen Hut.

»Sie wollen bei diesem Unwetter vor die Tür?«, fragte die Gastwirtin besorgt und neugierig zugleich.

Der Fremde nickte und bedachte sie mit einem stechenden Blick. »Ich bin auf Nordstrand, um die Natur mit allen Tücken zu erleben«, brummte er. »Da kann ein Spaziergang zum Deich nicht schaden.« Er zog die Luft tief durch die Nase ein. »Außerdem bin ich ungestört. Ich liebe es, allein zu sein.«

»Wetterfest angezogen sind Sie ja«, bemerkte Piet nun, der hinter seiner Zeitung hervorschielte.

Helmut Graf nickte stumm, dann wandte er sich zum Gehen. Erst, als die schwere Haustür hinter ihm ins Schloss gefallen war, atmete Maren auf.

»Ich weiß nicht, ob das alles gut ist«, jammerte sie. »Tagsüber schließt er sich in seinem Zimmer ein, um mit Einbruch der Dunkelheit aktiv zu werden. Der hat doch was zu verbergen!« Sie stemmte die Hände in die Hüften und baute sich vor ihrem Mann auf. »Och, nun sag du doch auch mal was!«

»Ich glaube, das siehst du falsch oder es kommt dir nur so vor. Aber wenn du Gewissheit haben willst, geh hoch und sieh nach!«, empfahl er ihr. »Du hast den Schlüssel für seine Kammer, also nutz ihn. Ich würde aber nicht allzu lang warten, lange wird er es bei diesem Schietwetter bestimmt nicht am Deich aushalten.«

»Vielleicht ist das eine gute Idee«, nickte Maren. Sie versenkte die rechte Hand in die Tasche ihrer gemusterten Schürze und klimperte mit dem Schlüsselbund. Im Sommer war der Hof gut mit Feriengästen belegt, doch jetzt, im Herbst, herrschte Flaute. Wäre da nicht noch die Landwirtschaft, sähe es in den Wintermonaten schlecht aus.

Der Fremde war zurzeit der einzige Gast auf dem Hof der Jacobsens. Und da er für vier Wochen im Voraus bezahlt hatte, hatte Maren nicht lange überlegt, ihn zu beherbergen. Sie hatten noch viel vor in der nächsten Zeit, wollten den Hof und die Zimmer weiter modernisieren. Und das kostete Geld. Der Fremde zahlte eine Mark fünfzig pro Nacht. Nun übernachteten sie in einer kleinen Kammer, um ihren Gästen den größtmöglichen Luxus und ein bequemes Bett anbieten zu können. Dass nun ein mutmaßlicher Mörder in ihrem Ehebett nächtigte, gefiel Maren nicht. Sie wandte sich zum Gehen. Im Türrahmen blickte sie sich zu Piet um.

»Kommst du mit?«

Piet schüttelte den Kopf. Schließlich faltete er mit einem theatralischen Seufzen die Zeitung zusammen und legte sie auf das kleine Beistelltischchen, bevor er sich erhob und ans Fenster trat.

Dunkelheit und Regen erschwerten die Sicht nach draußen. »Ich bleib hier und steh Schmiere«, brummte er und versenkte die Hände in den Taschen. »Wenn er die Einfahrt hochkommt, rufe ich.«

»Wie du meinst.« Maren zuckte mit den Schultern. Manchmal hätte sie sich ein wenig mehr Unterstützung von ihrem Mann erhofft. So schlurfte sie die Treppen hoch. Der Flur war unbeleuchtet, doch den Weg zum Gästezimmer kannte sie blind. Als sie die Hand auf die Türklinke legte, wunderte sie sich, dass nicht abgeschlossen war.

Marens Herz schlug bis zum Hals. Sie atmete tief durch, dann wischte ihre Hand über die Wand neben dem Türrahmen. Sie fand den Lichtschalter und drehte ihn. Die schwache Lampe an der Decke verbreitete einen gelblichen Lichtschein und tauchte das dunkle Mobiliar in ein unheilvolles Licht.

Die Gastwirtin trat ein und blickte sich um. Auf dem ersten Blick sah alles aus wie immer: Das massive Bett stand zwischen den beiden Fenstern, von denen man aus über den Deich hinweg auf die Nordsee schauen konnte. An klaren Tagen konnte man hinaus bis zur Hallig Südfall blicken, einem kleinen Fleckchen Land im Wattenmeer vor Nordstrand.

In der nächsten Zeit würde sich vieles verändern, denn seitdem Kurt Paulsen im Mai die ersten Schiffsausflüge für Touristen mit einem ausrangierten Fischkutter von Nordstrand zur Hallig Nordstrandischmoor anbot, wuchs das Geschäft mit den Nachkriegsurlaubern, die zur Sommerfrische hierher kamen. Überhaupt hatte sich nach Ende des Krieges einiges getan. Mit einer Gänsehaut dachte Maren an die Kriegsnächte, in denen das *Elfte Jagdgeschwader* Husum seine Luftkämpfe gegen britische Bomber ausgerechnet über Nordstrand ausgetragen hatte, um den Feind vom Festland fernzuhalten.

Maren sah sich um, doch sie konnte nichts Auffälliges entdecken. Sollte sie einen Blick in den großen Schrank hinter der Tür werfen?

Ihr Blick lag auf dem massiven Möbel, doch irgendetwas hielt sie davon ab, die Schranktüren zu öffnen und nach dem Rechten zu sehen.

Er hat einen schweren Gegenstand über den Holzboden geschoben.

Einer der beiden Läufer vor dem Bett war verrutscht, ansonsten deutete nichts auf das seltsame Treiben des unheimlichen Mannes hin.

Was, wenn er eine Leiche in dem Schrank versteckt hat?, durchzuckte es Maren. Dann fiel ihr Blick auf die silberne Armbanduhr des eigenartigen Gastes. Sie lag auf der Nachtkonsole. Offenbar hatte sie der Mann vergessen.

Bevor Maren einen klaren Gedanken fassen konnte, hörte sie ein Geräusch. Piet kam aus der Stube in den unteren Flur gepoltert. »Maren«, raunte er. »Er kommt zurück. Mach schnell!«

Marens Herz klopfte ihr bis zum Hals. Mit angstgeweiteten Augen starrte sie auf den Kleiderschrank, dann wieder auf die Armbanduhr des Fremden. Es muss etwas geschehen, um die Gefahr zu bannen, durchzuckte es die Gastwirtin. Sie war sicher, dass von dem unheimlichen Mann eine schwer zu beschreibende Gefahr ausging. Handelte es sich bei ihm tatsächlich um den in Flensburg gesuchten Mörder?

Plötzlich hatte sie eine Idee. »Halt ihn auf!«, rief sie ins Erdgeschoss, dann erfüllte sie ihre Mission.

»Ist was?«

Plötzlich stand er vor Maren, die Arme lässig in den Hosentaschen versenkt, der Blick finster, die Miene völlig regungslos. Der abweisende Klang seiner Stimme jagte Maren einen Schauer über den Rücken.

Sie versuchte zu lächeln. »Nein«, sagte sie schnell. »Was soll schon sein?«

»Gut.« Er nickte und drückte sich im engen Flur an der zierlichen Gastwirtin vorbei.

Maren nahm einen schwer einzuordnenden Geruch wahr, der in seiner Kleidung hing. Er roch modrig, ja, beinahe nach Verwesung. Sie fröstelte und blickte ihm nach, wie er die Zimmertür aufschloss und ohne sie eines weiteren Blickes zu würdigen verschwand. Eilig schloss er von innen ab, und als würde das nicht genügen, schob er auch noch den schweren Riegel oberhalb des Kastenschlosses vor.

»Was denkt der sich denn?«, kam es empört über Marens Lippen, als sie die Stufen ins Erdgeschoss nahm und die Stube aufsuchte, wo sie von ihrem Mann erwartet wurde.

»Na«, brummte er. »Jetzt zufrieden, oder hast du eine Leiche in seinem Zimmer gefunden?«

»Piet – damit scherzt man nicht«, mahnte sie ihn.

Nordstrand, 7. Oktober 1950

»Er ist nicht da«, sagte Piet mit unheilschwangerer Stimme, als er die Küche betrat. Es war ein nasskalter Herbsttag, und die Insel zeigte sich von ihrer ungemütlichen Seite. Wer nicht unbedingt rausmusste, der setzte keinen Fuß vor die Tür. Doch Piet musste sich um den Hof kümmern.

Maren, die gerade am gusseisernen Küchenofen stand und das Mittagessen vorbereitete, wischte sich die Hände an einem Tuch ab, dann blickte sie sich zu ihrem Mann um.

»Wer ist nicht da?«

»Na, der Gast. Herr Graf. Er ist nicht da.«

»Wahrscheinlich ist er wieder mit dem Rad weggefahren.« Maren zuckte unbekümmert die Schultern. Sie hatte nicht lange gezögert, als Helmut Graf sie fragte, ob sie ihm ihr Fahrrad leihen könnte. So hatte sie den alten Drahtesel aus der Scheune geholt.

Graf hatte sogar eine silberne Klammer, mit der er sich das Hosenbein hochschob, um nicht mit dem Stoff der Hose in die ölige Kette zu geraten.

Fast, als habe er alles, was er tat, bis ins kleinste Detail vorbereitet.

»Das ist jetzt schon der zweite Tag, an dem er wegbleibt«, stellte Piet fest. Er zog sich einen der wackligen Stühle heran und setzte sich an den weiß gestrichenen Küchentisch.

»Vielleicht hat er jemanden getroffen«, murmelte Maren und rührte im Topf.

»Oder es ist ihm etwas zugestoßen«, brummte Piet, während er seiner Frau bei der Arbeit zusah.

»Das glaube ich nicht«, sagte sie schnell.

»Ich war heute bei Fiete.«

Maren hätte um ein Haar den Kochlöffel fallen lassen, dann hatte sie sich wieder unter Kontrolle und sah sich mit hochrotem Kopf zu Piet um.

»Und?«

»Man hat eine Leiche im Watt gefunden. Gestern Abend.« Eine steile Falte stand zwischen seinen buschigen Augenbrauen.

»Es ist aber doch nicht …«, wisperte Maren.

»Doch.« Piet nickte. »Fiete war mit mir beim Bestatter. Ich habe den Toten gesehen – kein Zweifel: Bei ihm handelt es sich um den Grafen.«

»Um … unseren Grafen?« Marens Stimme war nur ein Hauch. Sie spürte, wie ihre Knie zitterten und setzte sich zu ihrem Mann an den Tisch.

»Ja, so ist es.« Er blickte auf, als draußen ein Wagen vorfuhr. Durch das Küchenfenster konnten die Jacobsens sehen, dass es sich um den Polizei-Dienstwagen von Fiete Petersen handelte. Er stieg aus und zog den Kopf zwischen die Schultern, als er auf das Bauernhaus zu stapfte.

»Moin«, sagte er, als er wenig später in der Küche stand.

»Moin«, nickte Maren. »Piet hat mir eben erzählt, dass …«

»Ja ja«, Fiete nickte mit verschlossener Miene. »Schreckliche Sache.« Er tauschte einen Blick mit Piet Jacobsen, der stumm mit den Schultern zuckte.

»Was ist passiert?«, fragte Maren mit tränenerstickter Stimme.

»Er ist von der Flut überrascht worden, als er durch das Watt gewandert ist.«

»Wie konnte das passieren?«

»Hier«, sagte Fiete und zog zwei Gegenstände aus der Uniformtasche. Er legte eine Armbanduhr und einen völlig durchweichten und fast unlesbaren Zeitungsausschnitt auf den Küchentisch.

»Das haben wir bei dem Toten gefunden. Übrigens handelt es sich bei ihm nicht um den gesuchten Mörder aus Flensburg.« Fiete blickte Maren eindringlich an. »Piet hat mir erzählt, dass du gefürchtet hast, einen Mörder zu beherbergen.«

»Er war es nicht?« Tränen traten in ihre Augen.

»Nein. Helmut Graf war hier, um nach seinem verschollenen Bruder zu suchen. Er war im Krieg beim Husumer Jagdgeschwader stationiert und ist nicht mehr nach Hause gekommen. Sein Flugzeug ist nicht weit weg von hier ins Meer gestürzt. Graf hat die Hoffnung nicht aufgegeben und war auf einer Spurensuche unterwegs.«

»Dabei hat er ein Teil der abgestürzten Maschine, die sein Bruder flog, aus dem Watt geborgen und in seinem Gästezimmer aufbewahrt«, fügte Piet hinzu. »Ich habe im Kleiderschrank nachgesehen und das Wrackteil gefunden. Das war also der schwere Gegenstand, den er über den Boden geschleift hat.«

»Das ist nicht wahr, es muss ein Albtraum sein«, flüsterte Maren.

»Interessanter ist aber, wie Helmut Graf zu Tode kam«, schaltete sich Fiete Petersen nun ein. »Alles deutet darauf hin, dass man seine Uhr verstellt hat. Und um sicherzugehen, dass er der nahenden Flut nicht entkommt, wurde ihm auch noch der Gezeitenkalender aus dem Vorjahr untergejubelt.« Nun tippte er auf den Zeitungsausschnitt. »Es dürfte also feststehen, dass man Helmut Graf absichtlich zur falschen Zeit ins Watt gelockt hat. So starb er hinter dem Deich und hatte keine Chance, als das Wasser kam.« Petersen erhob sich und zog Handschellen vom Gürtel. »Und nun komm, Maren. Ich muss dich mitnehmen. Du stehst unter dem dringenden Tatverdacht, den Tod von Helmut Graf in Kauf genommen zu haben, als du ihn auf die falsche Fährte gelockt hast.«

»Aber ... aber ...« Marens Stimme war nur ein Hauch. Sie leistete keine Gegenwehr, als Petersen ihr die Handschellen anlegte. »Woher willst du wissen, dass ich ...«

»Piet war mir behilflich. Er hatte Angst, selber unter Mordverdacht zu stehen.« Der Inselpolizist nickte Piet Jacobsen zu. Der Landwirt verließ ohne ein weiteres Wort die Küche. Durch das kleine Küchenfenster konnte Maren sehen, wie er über den Hof stapfte. Als Piet in dem kleinen Schuppen verschwand, bekam Maren weiche Knie. Sie sank auf den klapprigen Küchenstuhl und schüttelte stumm den Kopf.

Als Piet wieder in die Küche trat, hielt er eine vergilbte Zeitung in der Hand. Er nickte Fiete Petersen zu und breitete die Husumer Nachrichten auf dem Küchentisch aus.

»Hier«, sagte er an den Polizisten gewandt. »Das ist die Ausgabe vom 5. Oktober 1949.« Dann blickte er Maren mit unverwandter Miene an. »Ich habe sie zufällig im Holzschuppen gefunden. Wir bewahren dort die alten Zeitungen auf, aber die hier«, er tippte auf die vor ihnen liegende Ausgabe, »die hier lag ganz oben auf dem Stapel, und zwar so, dass ich gleich gesehen habe, dass etwas rausgerissen wurde.«

»Nein!«, gellte Maren aufgebracht. »Bitte tu das nicht, Piet! Wir müssen doch zusammenhalten!«

Fiete Petersen beugte sich über die alte Zeitung. Dann legte er das verwitterte Stück Papier, das man bei dem Toten gefunden hatte, in den fehlenden Teil. Er fügte sich fast nahtlos hinein. »Hier«, brummte Petersen. »Das ist dann wohl der fehlende Tidekalender.« Er betrachtete Maren. »Willst du was dazu sagen?«

Maren schüttelte den Kopf und hoffte, bald aus diesem Albtraum zu erwachen. Mit tränenverschleiertem Blick starrte sie ihren Mann an. »Warum lieferst du mich der Polizei ans Messer?«, flüsterte sie.

»Weil du einen unschuldigen Mann auf dem Gewissen hast, Maren.«

»Aber er ist... er war doch ein Mörder!«

»Nein«, entgegnete Petersen kopfschüttelnd. »Der entflohene Mörder aus Flensburg sitzt längst wieder hinter Gittern.«

»Das darf nicht wahr sein«, wisperte Maren und blickte mit tränenverschleiertem Blick auf die Husumer Nachrichten. Dann legte sie den Kopf in den Nacken und blickte Piet an. »Warum tust du das alles?«

»Weil ich nicht damit leben kann, mein Haus mit einer Mörderin zu teilen«, brummte Piet und hielt ihrem Blick stand. »Sag, warum hast du das getan?«

»Ich hatte einfach Angst vor ihm«, jammerte Maren. »Ich hatte Angst, dass der Graf uns gefährlich werden könnte.« Sie schüttelte den Kopf. »Was wird denn jetzt nur aus uns?«

Piet zuckte die Schultern. »Ich werde den Hof verkaufen und in Husum ein neues Leben anfangen. Hier kann ich nicht mehr leben, und die Schuld, die du begangen hast, mit mir herumtragen, nein, Maren, das konnte ich nicht. So ist der Deichgraf zu unserem Verhängnis geworden.«

Historischer Hintergrund

Schon ihrem Wörterbuch prägten die Brüder Grimm den Begriff der »Sommerfrische« als »Erholungsaufenthalt der Städter zur Sommerzeit auf dem Lande«. In der Nachkriegszeit erlebte die »Sommerfrische« neue Popularität, als zahlreiche Menschen die zerbombten Städte verließen, um auf dem Lande zur Ruhe kommen zu können.

Tatsächlich führte das Elfte Jagdgeschwader in Husum vor der Küste von Nordstrand ihre Abwehrluftkämpfe gegen Großbritannien durch. So staunte ein Heimatforscher im letzten Jahr nicht schlecht, als ihm ein Surfer das Wrackteil einer im Watt abgestürzten Maschine präsentierte – hatte der Forscher doch als junger Mann selber an den Luftkämpfen teilgenommen. Durch den Fund erhofft man sich jetzt, das Schicksal des Piloten aus der abgestürzten Maschine aufklären zu können.

Jennifer B. Wind

Der Geruch des Glücks

*Insel Nordstrand, Pohnshaaligkoog, Nordfriesland,
Frühsommer 1907*

Fisch! Seit Jahren ging das so, tagein, tagaus. Fisch war sein Leben. Täglich fuhr Lian hinaus, warf die Netze aus, kam mit dem Fang zurück, schrubbte die Schuppen ab, nahm die Tiere aus und verkaufte sie am Hafen.

Abends, wenn er nach Hause kam, stank alles nach Fisch. Der Geruch hatte sich längst auf den Möbeln abgelagert, sich in seinen Kleidern festgesetzt, haftete am Haar, im Bart, fraß sich durch die Haut und klebte an seinen Schleimhäuten. Egal was er aß, der Fischgeschmack war allgegenwärtig. Schnupperte er frisch gewaschen an einer Rose, oder an einer Frau, wurde dieser zarte Geruch der Schönheit von einem Hauch toten Fisches überlagert. Ach, die Frauen. Nach wenigen Treffen hatten die meisten genug von ihm. Offensichtlich stank auch sein Schwanz nach vergammeltem Fisch.

Wie hatte seine Mutter es bloß jemals ertragen, seinen Vater zu umarmen oder zu küssen? Kein Wunder, dass sie die Familie verlassen hatte, mitten in der Nacht, ohne sich zu verabschieden. Die Erinnerung daran schnürte ihm das Herz zu, – immer noch. Natürlich war in seinen Augen Vater schuld daran, dass er und seine Schwester ohne Mutter aufwachsen mussten. Einmal hatte Lian sie weinend vor dem Schrank ertappt, ihr Sonntagskleid an die Nase gedrückt. Sekunden später hatte sie es auf den Boden geworfen und geschrien: »Fisch! Fisch! Fisch! Werde ich mein Leben lang nach Fisch riechen?«

Genau diese Frage stellte sich Lian nun täglich. Angeekelt blickte er auf seine blutverschmierten Hände. Das

Messer glitt geschmeidig durch das Fleisch des Hornhechts. Mit gezieltem Griff zog Lian die Innereien heraus und warf sie in hohem Bogen wieder in die See zurück, die an dieser Stelle bereits rot leuchtete. Die Wasseroberfläche kräuselte sich um den Abfall. Dutzende Sprotten zupften an den Innereien. Der Kreislauf des Lebens. Heute war ein guter Tag. Zwei Eimer bis zum Rand gefüllt mit Makrelen und Sprotten, einige Meerforellen, vier Dutzend Schollen und sogar einen Stör hatte er gefangen. Morgen würde er nach Nordseeschnäpel, Heringen und Seezunge Ausschau halten, denn danach gelüstete es den *Wattenwirt*. Seine Gäste mochten vor allem diese Fische, wobei auch Kabeljau willkommen war und ab und an ein Knurrhahn.

Mit dem Handrücken wischte Lian sich den Schweiß von der Stirn und blinzelte ins Sonnenlicht. Am Ende des Strandes herrschte reger Betrieb. Die Dammbauer hatten nach den Tagen des Unwetters ihre Arbeit wieder aufgenommen. An vielen Stellen war der Damm durch den sintflutartigen Regen aufgebrochen und Geröll und Sand waren ins Meer geschwemmt worden. Der Dammbau hatte 1903 begonnen und würde sich über 2,6 Kilometer Länge erstrecken. Nordstrand sollte damit ans Festland angeschlossen werden, wobei der Damm nur bei Niedrigwasser für Fußgänger passierbar sein würde. Später wollte man den Damm vergrößern und befahrbar machen. Vieles würde dadurch einfacher werden, der Handel sollte aufblühen.

Lian machte sich eher Sorgen. Wenn es all die Güter leichter hätten hierherzukommen, wer würde dann seinen Fisch noch kaufen? Sein Freund Jens-Erik hingegen meinte, dass Lian seinen Fisch dann auch problemloser am Festland verkaufen könne und Fisch ohnehin weiter gegessen werden würde.

In den 24 Jahren, die Lian lebte, war er immer nur auf Nordstrand gewesen. Die Leute auf dem Festland waren bestimmt sehr modern und schick angezogen und würden die Nase über ihn rümpfen. Jens-Erik hatte nur gelacht und gemeint, am Festland würden sie endlich beide ein strammes Weib finden. Lian war nicht so sicher. Die Mädchen auf Nordstrand wollten nicht mit ihm ausgehen, warum sollten es die Weibsbilder auf dem Festland wollen?

Für Jens-Erik war es einfach, er baute am Damm mit, musste sich dabei allerdings die Hände nicht schmutzig machen, denn er hatte die Pläne gezeichnet. Als angesehener und reicher Bürger Nordstrands und Sohn des Vogts würde er bestimmt auch an der Eindeichung des Pohnshalligkoogs beteiligt sein.

Unter normalen Umständen wäre es nie zu einem Kontakt der ungleichen Männer gekommen. Vor sechs Jahren hatte Jens-Erik die Flut überrascht. Zufällig war Lian in der Nähe, hatte ihn wie einen Wattaal aus dem Brack gezogen, und ihm damit das Leben gerettet. Seitdem waren sie unzertrennlich, meistens jedenfalls. Manchmal schien es Lian so, als ob sich Jens-Erik seiner schämte. Einmal hatte er ihn zum Schneider mitgenommen und ihm einen Anzug machen lassen. Der hing immer noch ungetragen in Lians Schrank, denn für einen einfachen Fischer gab es keine Anlässe, teuren Zwirn zu tragen. In die Kirche ging er schon lange nicht mehr, denn Gott hatte ihn vor Jahren verlassen.

Im Sommer 1903 war seine Schwester verschwunden. Die ganze Insel half damals bei der Suche, Taucher trieben tagelang im Meer, seine Schwester blieb verschollen. Man fand keine Leiche, keine Hinweise, keine Spuren. Vater war daran zerbrochen. Er begann zu trinken, lag wochenlang im Bett, schrie in der Nacht auf, lief halb nackt auf der Insel herum, nur um am Ende beim *Wattenwirt* einzukehren und so lange zu saufen, bis er nicht mehr wusste, wie er hieß. Sein Bauch wurde zu einer runden Kugel. Die Äderchen auf Nase und Wangen platzten. In den letzten Monaten leuchtete die Knolle mitten in seinem Gesicht regelrecht. Und zum ersten Mal übertünchte ein Geruch den penetranten Gestank nach Fisch: Alkohol. Den dünstete sein Vater 24 Stunden am Tag aus.

Damit etwas zu essen auf dem Tisch stand, hatte Lian angefangen, die Fischerei zu übernehmen. Anfangs war sein Fang noch mager gewesen und das Geld reichte gerade für das Notwendigste. Doch er stellte sich geschickt an und schaffte es, Makrelen, ja sogar Seezungen und Seeteufel aus dem Meer zu ziehen. Und immer war da die Hoffnung auf eine Genesung des Vaters. Lian tat alles, damit er wieder an Lebensfreude gewann und aufhörte, sich sein Leben schön zu trinken.

Vaters Gesundheitszustand verschlechterte sich hingegen rapide. Vor einem Jahr spuckte er Blut, keine Tröpfchen, kein dünnes Rinnsaal beim Hustenanfall, wie Lian es schon öfter bei Lungenkranken gesehen hatte. Nein, Vater hatte schwallartig Blut ausgestoßen, es war bis zur Decke gespritzt. Das konnte man immer noch an den Wänden sehen, obwohl Lian die Flecken schon dreimal übermalt hatte. Das Blut kam immer wieder durch.

Wie der Fischgeruch. Binnen Minuten hatte Vater damals zuckend am Boden gelegen. Bei der Betrachtung des sich im Blut windenden und japsenden Körpers musste Lian an die Fische denken, die genauso am Holzboden des Kutters zappelten, bevor sie starben. Vater wachte nie wieder auf. Die Ärzte meinten, dass der Alkohol ihn umgebracht hatte. Eine Krampfader hatte sich angeblich in der Speiseröhre gebildet und war aufgeplatzt. Lian wusste es besser. Vater war schon tot gewesen an dem Tag, als seine Schwester verschwunden war.

Was war das für ein Lärm? Die Arbeiter am Damm schrien auf einmal wild durcheinander. Alle standen an einer Stelle. Rasch ließ Lian den Hecht in den Korb gleiten, bückte sich, rieb seine Hände mit Sand ein, wusch sie mit Meerwasser ab und trocknete sie an seiner Hose. Von Weitem sah er den Arzt, den anscheinend zwei Arbeiter geholt hatten, auf den Damm zueilen.

Immer mehr Inselbewohner strömten auf den Damm zu. Lian kämpfte sich durch die Menschentraube. Groß und kräftig, wie er war, fiel ihm das nicht schwer.

»Hebt die Steine runter!«, schrie einer der Männer den anderen zu. »Aber vorsichtig!«

Lian schielte zwischen zwei Arbeitern hindurch. Zwischen den Steinen des Damms klaffte ein Loch, aus dem ein Büschel mit lehmigem Sand verklebter Haare ragte. Lian hielt den Atem an. Ganz deutlich konnte er ein Ohr zwischen all dem Haar sehen, das definitiv nicht zu einem Tier gehörte. Hier lag ein Mensch im Wall. Schicht um Schicht trugen die Arbeiter Geröll und Sand an dieser Stelle ab. Ein Raunen ging durch die Bürger von Nordstrand, als ein weißer Spitzenkragen sichtbar wurde. »Eine Frau!«, rief die Menge.

»Sinje«, flüsterte jemand neben ihm. Abrupt wandte sich Lian dem Sprecher zu. Es war Jens-Erik.

»Wie kommst du darauf, dass es Sinje ist?«

Jens-Erik wich seinem Blick aus. »Nur eine Vermutung.«

»Sinje lebt, sie ist nur weggegangen. Sie hat die Insel gehasst.«

Mit zusammengekniffenen Augen beobachtete Jens-Erik die Arbeiter. »Klar, deine Schwester hat euch im Stich gelassen, wie deine Mutter.«

Lians Hände ballten sich wie von selbst. »Pass auf, was du sagst.«

»Du hast mich einst nicht gerettet, um mich zu verprügeln.«

»Aber ich würde es tun.«

»Deine Schwester hat nicht die Insel gehasst, genauso wenig wie deine Mutter.«

»Was weißt du schon über Sinje?«

»Eine Menge. Mehr als du. Ich hab sie geliebt.«

Das war neu. Jens-Erik und Sinje? Natürlich! Sinje hatte sich ihnen, so oft es ging, angeschlossen. Wie blind war er gewesen? »Warum hast du mir das nie erzählt?«

»Das zwischen mir und Sinje war kompliziert.«

Lian beließ es dabei. Mittlerweile hatten die Arbeiter den Körper ganz freigelegt. Die Frau war mit einem schlammfarbenen Stoff bedeckt. Die Arme waren nicht komplett verwest. Die Polizei hielt die Menge zurück, damit der Arzt seine Arbeit tun konnte.

»Die Leiche ist relativ gut erhalten, vermutlich weil kaum Sauerstoffaustausch stattgefunden hat. Natürlich ist das Verhältnis hier nicht so konservierend wie in einem Moor. Das Gesicht ist nicht mehr zu erkennen.«

Aber Lian erkannte die Schuhe. Das Kleid. Den Spitzenkragen und das Silberband am rechten Handgelenk. Denn das hatte ihr Jens-Erik geschenkt. Auf einmal begriff er den wahren Wert dieses Geschenks. Es war ein Liebesbeweis gewesen, eine Hoffnung, ein Sehnen. Er bedachte seinen Freund mit einem Seitenblick. Jegliche Farbe war aus seinem Gesicht gewichen, dessen Züge angespannt. Seine Augen waren glasig, der Blick starr. Die Hände hatte er in seinen Hosentaschen vergraben, die sich wölbten.

Lian erkannte seinen Freund kaum wieder.

»Wollen wir einmal sehen, ob ein Gewaltverbrechen vorliegt«, sagte der Arzt, hob den Rock hoch und verschwand mit dem Kopf zwischen Sinjes Beinen.

Lian würgte Galle hoch und spuckte aus. Musste der Arzt seine Schwester hier vor all den Leuten bloßstellen? Er wollte es verhindern. Doch er war wie erstarrt. All die Jahre hatte Sinje im Damm gelegen, ganz in seiner Nähe. Er blinzelte die Tränen weg. Zur Bewegungslosigkeit verdammt beobachtete er Jens-Erik. Selten hatte er seinen Freund wütend erlebt, geschweige denn aggressiv. Jetzt sah er aus, als wollte er dem Arzt an die Gurgel gehen. Noch bevor Lian ihn zurückhalten konnte, sprang Jens-Erik auf den Damm, hob Sinjes Rock hoch, riss den Arzt an den Haaren und rammte ihm die Faust ans Kinn. Der Polizist Piet reagierte sofort und hielt ihn fest. »Was fällt Ihnen ein?«

»Er darf meine Sinje nicht berühren.« Mit verzerrtem Gesicht rieb er seine Fingerknöchel. »Er darf ihr nicht die Unschuld rauben mit seinen Dreckfingern.«

»Hören Sie, junger Mann ...« Der Arzt hielt sich ein Taschentuch ans Kinn, sah erstaunlicherweise fit aus. »Ich hab jetzt nicht alles gesehen, aber eines weiß ich mit Bestimmtheit: Diese Frau hier«, er zeigte auf Sinje, »war nicht mehr unberührt. Im Gegenteil. Sie trägt eine Frucht in ihrem Leib.«

Jetzt war es an Lian, zornig zu werden. Mit einem Satz sprang er auf den Damm und gab Jens-Erik eine schallende Ohrfeige.

»Du verdammter Mistkerl! Glaubst wohl, weil du aus bürgerlichem Hause kommst, kannst du dir alles erlauben. Du hast ihr deinen Samen noch vor der Ehe eingepflanzt. Wolltest du sie überhaupt heiraten?«

»Ich habe nicht bei ihr gelegen. Niemals!«

»Du Stück Dreck. Bezichtigst du sie jetzt auch noch, mit einem anderen zusammen gewesen zu sein?«

»Ich hab sie geliebt!«

»Wolltest du sie loswerden? War es das? Hast du sie umgebracht und dann in den Damm eingeschlossen?«

»Nein!«

»Ich glaube dir gar nichts mehr.«

»Kennen Sie das Fräulein, das hier liegt?«, warf Tjark Hansen, der Polizeipräsident ein.

»Ja, das ist meine Schwester Sinje, die vor Jahren verschwunden ist.«

»Sind Sie sicher?« Tjark Hansen sah überrascht von einem Mann zum anderen.

»Sie trägt ihr Kleid, ihre Schuhe ...« Zaghaft zog er den Spitzenkragen zur Seite, um den Hals freizugeben. »... und hier ist das Muttermal. Wenn Sie genau schauen, dann können Sie es noch erkennen, und das hier ...« Mit einem Ruck riss er das Silberband vom Handgelenk Sinjes und schmiss es Jens-Erik gegen die Brust. »... hat er ihr geschenkt. Fragen Sie ihn, was er mit ihr gemacht hat?«

Sein Freund fing das Armband auf. »Lian, bitte. Was soll das?«

Tjark Hansen drehte die Arme von Jens-Erik auf den Rücken und legte ihm Handschellen an. »Wir nehmen Sie erstmal mit. Das alles klingt wahrlich verdächtig.«

»Ich hab sie nicht umgebracht!«, schrie Jens-Erik als sie ihn abführten. »Ich hab sie geliebt!«

»Das sagen sie alle.« Der Polizist strich sich mit Daumen und Zeigefinger über den Spitzbart.

Nun kniete Lian zusammengekrümmt neben seiner Schwester im Wattschlamm. Vorsichtig strich er ihr übers Haar. Die Tränen hatten sich längst ihren Weg gebahnt. Ein Schütteln ergriff seinen Körper, das so stark war, dass er sich hinsetzen musste. Er verstand die Welt nicht mehr. Niemand war ihm mehr von seiner Familie geblieben. Heiner Andresen, der Bäcker, ein ehemaliger Freund seines Vaters, hockte sich zu ihm und legte ihm tröstend die Hand auf die Schulter. »Komm schon, Junge, hier kannst du nichts mehr tun.«

»Lass mich, Andresen.«

»Vielleicht hast du deinem Freund unrecht getan. Es könnte ein Unfall gewesen sein.«

»Ach ja? Dann versteh ich nicht, wie das passieren konnte, warum es niemand gemerkt hat. Glaub mir, Sinje wurde mit Absicht hier vergraben! Von jemandem, der sehr genau gewusst hat, was er tut.«

»Quäl dich nicht. Die Polizei wird alles herausfinden, aber behalte deine Schwester in Erinnerung, wie du sie zuletzt gesehen hast.«

Das ging nicht mehr, denn er hatte sie zuletzt als Leiche gesehen. Für immer würde sich dieses Bild in sein Gedächtnis eingraben. Nicht die lachende und tanzende Sinje, nur die tote Sinje. An sie würde er sich immer erinnern.

Träge wie ein alter Mann erhob er sich, klopfte sich den Schmutz von der Hose und strich sich die Locken aus der Stirn. Seiner Trauer schämte er sich nicht, deshalb machte er sich nicht die Umstände, seine Wangen zu trocknen. Heiner Andresen drückte seine Hand und strich ihm über den Kopf, als wäre er immer noch ein kleiner Junge.

Die Menschenmenge teilte sich und ließ ihn ungehindert nach Hause gehen. Vereinzelt hörte er Frauen schluchzen und Männer fluchen. Das alles half Sinje nicht mehr. Am Pier angekommen nahm er die restlichen Hechte aus und stellte den vollen Eimer vor das Haus der Familie Jessen. Die Jessens hatten acht Kinder, das Familienoberhaupt hatte sich vor zwei Tagen schwer verletzt, dabei brachten sie die Kinder kaum durch. Anna Jessen litt an Lungentuberkulose und würde wohl nicht mehr lange leben. Angst, Krankheit und Tod umwehten das Haus.

Marthe sah aus einem Fensterspalt hinaus. Die Haare standen ihr wirr vom Kopf ab, ihre Mundwinkel waren mit eitrigen Pusteln übersät, ihre Wangen schwarz von Ruß und Schmutz. Vermutlich hatte die Kleine beim Anheizen des Kamins geholfen. Das Leid war überall, nicht nur in seinem Heim. Die Armut war allgegenwärtig, Krankheit, Siechtum, Tod, er würde dem nicht entkommen. Schlagartig fühlte er Hitze aufsteigen. Er entledigte sich seiner Kleider und lief in die See. Das tat gut. Das Schwimmen machte seinen Kopf frei, die Tränen durften hier ungehindert fließen. Lange blieb er im Wasser, bis seine Haut schmerzte.

Als er nach Stunden zu seinem Haus zurückkam, stand die Polizei mit Jens-Erik vor der Tür.

»Was wollt ihr?«

Tjark Hansen nahm die Mütze ab. »Können wir hineingehen?«

»Ich will ihn nicht in meinem Haus haben.« Mit dem Zeigefinger stieß er Jens-Erik in die Brust.

»Er hat Ihnen aber etwas zu sagen.«

»Interessiert mich nicht.« Lian öffnete die Tür.

»Glauben Sie mir«, versuchte es der Polizist erneut. »Das wird Sie interessieren.«

»Lian, bitte, lass mich wenigstens erklären.«

Der Ausdruck in Jens-Eriks Augen ließ ihn verstummen. Mit der Hand wies er die Gruppe an, einzutreten. Drinnen war es bereits duster, also entzündete er die Öllampen, während sich die drei Männer hinsetzten. Lian stellte einen Tonkrug mit Wasser und vier Zinnbecher auf den Tisch. Doch niemand rührte etwas an. Dann hockte er sich auf den verbliebenen Holzschemel und seufzte.

»Los, reden Sie«, forderte Tjark Hansen Jens-Erik auf.

»Ich habe Sinje vergraben.«

»Duuuu!« Blitzschnell beugte sich Lian zu Jens-Erik, doch seine Faust wurde Hansen abgefangen.

»Jetzt hören Sie ihm zu!«

»Soll ich mir jetzt alle Schweinereien anhören, die er mit meiner Schwester gemacht hat? Danke, nein!«

»Lian, die Schweinereien hab nicht ich gemacht, sondern dein Vater!«

»Wie bitte?«

»Ich wollte nie, dass du es auf diese Art erfährst. Eigentlich solltest du es nie erfahren.«

»Was willst du damit sagen?«

»Sinjes Kind war nicht von mir. Die Wahrheit ist schlimmer.« Jens-Erik schüttelte den Kopf und sah hilfesuchend zu den Polizisten. Hansen räusperte sich: »Ihr Vater hatte eine inzestuöse Beziehung zu Ihrer Schwester, vermutlich nicht einvernehmlich.«

»Was soll das heißen? Welch famose Anschuldigungen bringt ihr da gegen meinen Vater vor, der sich nicht mehr wehren kann. Er ist tot! Herrgottnochmal!«

»Genau, er hat bekommen, was er verdient. Deshalb dachte ich, dass wir dieses schreckliche Kapitel für immer ruhen lassen können. Aber die Wahrheit kommt ja doch ans Licht. Lian, du musst mir glauben, ich wollte nur das Beste für Sinje.«

»Und du dachtest, das wäre der Tod?«

»Nein, du verstehst immer noch nicht. Dein Vater ...« Lian konnte sehen, dass es seinem Freund nicht leicht fiel, nach all den Jahren sein Schweigen zu brechen, »... hat sie umgebracht, nachdem er erfahren hat, dass sie schwan ...«

»Hört auf, ich will das nicht hören!« Lian presste die Hände auf beide Ohren. Jens-Erik legte ihm tröstend die Hand auf die Schulter.

»Ich habe mitangesehen, wie er sie erwürgt hat. Ich wollte sie retten, es war zu spät. Sie hat nicht mehr geatmet.«

Lian schüttelte seine Hand ab, als wäre sie ein lästiges Insekt. »Warum hast du damals nicht die Polizei geholt?«

»Ich wollte nicht, dass alle Sinje so in Erinnerung behalten. Diese Schande. Das hat sie nicht verdient.«

»Aber den Damm hat sie verdient?«

»Es ist mein Damm, jeden Tag habe ich dort verbracht. Da war sie mir nah.«

»Ich muss das nicht verstehen. Ich will das gar nicht verstehen. Du hast mich all die Jahre angelogen.«

»Nein, ich hab dir bloß nicht gesagt, was mit Sinje passiert ist.«

»Vater hat deshalb getrunken!«

»Er war immer schon ein Säufer und nachdem deine Mutter ihn verlassen hat, hat er sich Sinje als Ersatz geholt. Sie sehen sich ähnlich ...« Er verstummte. »Tut mir leid.«

»Ich habe niemanden mehr. Und dir kann ich nie wieder vertrauen!«

»Vielleicht verstehst du mich, irgendwann. Du bist mein bester Freund, vielleicht der einzige echte Freund, den ich habe.«

»Hattest.«

»Habe. Und deshalb muss ich dir noch etwas gestehen.«

»Lass mich das machen, mein Lieber.« Eine Frauenstimme.

Lian drehte sich um. Dort stand sie, im Türrahmen, wie ein Engel von einem anderen Stern oder eher wie eine nächtliche Illusion. Seine Erinnerung an sie mochte verschwommen sein, doch auf der Türschwelle stand eindeutig seine Mutter. Eingehüllt in blaues Tuch. Ihre Haare fielen offen bis zur Taille. Ihre Augen strahlten.

Das war zu viel für Lian. Er mochte muskulös und groß sein, aber beim Anblick seiner Mutter fühlte er sich wieder wie ein Kleinkind. Das Sehnen in seiner Brust brannte, alles schrie danach, von ihr berührt zu werden. Dennoch ging er nicht auf sie zu.

Als sie näher kam und ihn umarmen wollte, wehrte er sie ab. »Mutter, was machst du hier?«

»Die Polizisten haben mich geholt. Ich hab draußen gewartet, sonst wäre es zu viel auf einmal für dich gewesen.«

Kaum hörbar, als würde sie schweben, ging sie um den Tisch herum und fuhr Jens-Erik über den Unterarm. Eine Geste, die seltsam vertraut wirkte. Dabei fiel ihm auf, dass Jens-Erik seinen Blick senkte und seine Wangen augenblicklich von einer Röte überzogen wurden. Die Hand seiner Mutter strich weiter über den Arm seines Freundes, bis sich die Fingerspitzen der beiden berührten und die Hände, wie von selbst, ineinander glitten. Hier war keine Erklärung mehr von Nöten. Aber Jens-Erik räusperte sich. »Versteh doch. Alles, was in Sinje war, ist irgendwie auch in ihr.«

Lian schüttelte den Kopf. Er hatte es satt, dass ihm ständig gesagt wurde, er sollte verstehen.

»Ihr habt mich angelogen! Mutter, wie konntest du nur. Wir haben um dich geweint.« Seine Stimme hörte sich rau an und zitterte.

»Ich musste da raus«, hob seine Mutter zu einer Erklärung an, die Lian nicht hören wollte. »Dein Vater war nie der Mensch, für den du ihn gehalten hast.«

»Wenn du das wusstest, wie konntest du uns Kinder bei ihm lassen? Wie konntest du Sinje dem aussetzen ...«, weinend brach er ab.

»Versteh doch, Hilke war nicht mehr glücklich.« Sein Freund drückte die Hand seiner Mutter.

»Niemand war glücklich in diesem Haus, Lian. Ich weiß, ich hätte euch mitnehmen sollen, aber das hab ich nicht gekonnt. Ich wusste nicht wohin und wie ich euch durchbringen sollte.«

»Seit wann geht das mit euch?« Lian straffte seine Schultern und schlug die Hemdsärmel um.

»Seit Sinjes Tod. Jens-Erik wusste, wo ich war. Er hat mir alles erzählt. Gemeinsam haben wir beschlossen, niemandem etwas zu sagen. Aber es hat mir das Herz gebrochen zu wissen, wie sehr du um sie trauerst. Aber du hattest Jens. Und ich auch. Er macht mich glücklich.«

»Ich musste die Schule abbrechen, musste die Fischerei übernehmen und du? Du hast einfach zugesehen und dein Leben genossen, und das alles mit meinem besten Freund. Geht mir aus den Augen. Beide!«

Mit einem Satz war er bei der Tür und riss sie auf. Sowohl seine Mutter als auch Jens versuchten ihn zu beschwichtigen, aber er konnte sie nicht einmal mehr ansehen. »Versteh doch, jeder muss sein Glück finden.« Seine Mutter drückte ihm zum Abschied die Hand. »Meines ist Jens und das Theater. Und ich wünsche mir sehr, dass du deines findest. Eines Tages.«

Am Horizont verschwand die Sonne hinter dem Wattenmeer. Lian zog die Schuhe aus und stapfte durch den Schlick. In einer Wattrinne bewegte sich ein Sternrochen. Ohne zu zögern, warf sich Lian auf ihn. Ein gezielter Griff, ein fester Hieb, und der Rochen rollte sich zu einer Kugel zusammen und zuckte. Lian drosch weiterhin schreiend auf ihn ein, während ihm die Tränen über die Wangen liefen. Irgendwann hörte das Zappeln unter ihm auf und er konnte den 20-Pfünder loslassen.

Nach einer Weile rollte Lian sich erschöpft auf den Rücken, starrte in den Himmel und sog den Geruch des Watts ein. Sanftes Wellenspiel kitzelte seine Füße. Die Flut kam. Er bewegte sich nicht, hielt die Luft an und ließ das Wasser kommen. Bald war er von Hunderten Baby-Schollen umgeben, die zu dieser Zeit im seichten Wattwasser lebten, bis sie etwa drei Jahre alt waren. Sie umtanzten, umspielten, streichelten, kitzelten und umwarben ihn.

Tief in seinem Inneren regte sich etwas. Prustend tauchte er auf. Ein hysterisches Lachen erklang, das in ein befreiendes Kichern überging. Es kam aus ihm selbst. Er watete ans Ufer, setzte sich in den Sand, beobachtete das Spiel des Meeres und fühlte sich mit einem Mal wunderbar geborgen und gleichzeitig frei.

Grete von gegenüber winkte ihm zu. Das tat sie öfter. Aber zum ersten Mal winkte er zurück und sah mit Erstaunen, dass sich ihre Wangen röteten, während sie eine Scholle würzte und ihm zurief, ob er zum Essen kommen möchte.

Und da wurde es ihm endlich klar: Fisch war sein Leben.

Historischer Hintergrund

Nordstrand ist eine Insel im Kreis Nordfriesland, gehört zu Schleswig-Holstein, liegt vor Husum und war bis 1987 eine Marschinsel.

Noch um das Jahr 1200 gehörte Nordstrand zu einer großen eingedeichten Halbinsel, deren Hauptort Rungholt hieß. Die Fluten des 14. und 15. Jahrhunderts und zuletzt die Burchadiflut 1634 führten dazu, dass Nordstrand abgetrennt wurde. Nach der letzten Flut wanderten die meisten Bewohner auf das Festland ab, da die Insel auch wirtschaftlich ruiniert war. Deiche und Warften zerfielen. Aus Kulturland wurde Watt.

1652 unterschrieb Herzog Friedrich III. einen Freibrief, damit Nordstrand wieder eingedeicht werde. Die Deiche wurden von katholischen Einwanderern errichtet, die besonderen Status genossen. Der erste fertig gestellte Koog war der Christianskoog (1771; heute Elisabeth-Sofien-Koog), der letzte der Beltringharder Koog (1987).

1906/1907 wurde Nordstrand erstmals mit einem 2,6 Kilometer langen Damm mit dem Festland verbunden, der allerdings nur für Fußgänger bei Niedrigwasser passierbar war und ausschließlich dem Küstenschutz diente.

1933/1935 wurde der Damm hochwassergerecht ausgebaut und befahrbar gemacht. Die Straße ist 4,3 Kilometer lang. Seit 1987 ist Nordstrand nur noch eine Halbinsel, da sie durch den Beltringharder Koog eine wesentlich größere Festlandanbindung hat als früher.

Pellworm

Pellworm hat im Laufe seiner Geschichte eine Menge Sturmfluten erfahren, die der Insel arg zugesetzt haben. Fakt ist, dass die Allerheiligenflut 1447 Pellworm von der Insel Nordstrand abtrennte und sie zu zwei Gebieten machte. Dreiunddreißig Jahre später brach Pellworm komplett bei einer weiteren Sturmflut durch. Erst 1550 fügten sich die beiden Inseln Nordstrand und Pellworm wieder zusammen.

Doch diese Zusammenfügung war erneut nicht von Dauer, weil die Burchardiflut für eine endgültige Trennung der beiden Inseln sorgte. Diese Flut kostete auf Pellworm weit über 1000 Menschen das Leben. Es ist nicht auszuschließen, dass der massive Torfabbau seinen Teil zu der Katastrophe beitrug.

Weitere Sturmfluten suchten Pellworm heim, die Bevölkerung verarmte, das Leben auf der Insel war schwer.

Erst die Erhöhung des Deiches machte die Insel sicherer. Auf Pellworm gibt es bis heute nur wenig Tourismus. Sie verfügt über keinen Sandstrand und zeigt sich auch sonst eher von einer ruhigen und verschlafenen Seite, ist eher von der Landwirtschaft geprägt und besteht zu zwei Dritteln aus Grasland.

Philipp Bobrowski

Insel der Jungen

Er trug die Uniform im Gesicht. Wirkte selbst in kurzen Hosen und barfuß noch steif. Wie einer, der seinen Urlaub genießt, sah Joseph Heimler jedenfalls nicht aus. Geschweige denn wie jemand, der sich auf eine Wattwanderung freut. Beinahe glaubte Fiete, das kurzärmelige Hemd, das Heimler zu diesem Anlass gewählt hatte, zierten noch immer die Schulterstücke, die ihn sonst als SS-Hauptsturmführer auswiesen. Dennoch war es Heimlers Wunsch gewesen, ihn ins Watt zu begleiten. *Das Äußere kann eben täuschen*, dachte Fiete, derweil er den Hitlergruß erwiderte, als wäre er für ihn eine alltägliche Geste.

»Sehen Sie, ich habe all Ihre Befehle befolgt.« Ein Lächeln kratzte am SS-Gesicht Heimlers, der auf seine nackten Füße deutete.

»Moin!«, antwortete Fiete.

Heimler schaute auf die protzige Uhr an seinem Handgelenk. Sein Lächeln mutierte zu einem schiefen Grinsen. »Guten Tag. Sind die Bedingungen so, wie Sie sich das gedacht haben?«

Fiete blickte zum Himmel. Endlich hatten sich die Wolken der letzten Tage verzogen und der Nachmittagssonne das Feld überlassen. Für Ende August ordentlich warm. Der Wind, der das Blau freigepustet hatte, war abgeflaut. Allerdings durfte man später noch mit Abkühlung durch eine Brise rechnen, was Fiete durchaus begrüßte. »Gehen wir«, sagte er.

Sie überquerten den Deich, indem sie den Angelteich links liegen ließen. Hinter ihnen ragte der Leuchtturm über die grasenden Schafe. Von der anderen Seite verabschiedete sie die Turmruine der *Alten Kirche*. Dort, wo die Heimat- und

Namenlosen ruhten. Vor ihnen wartete das Ziel auf sie: Süderoog.

»Wie weit ist es?«, fragte Heimler.

»Etwa fünf Kilometer. Luftlinie.«

»Na, dann mal geradeaus.«

»Das wird nicht gehen. Der gerade Weg könnte tödlich sein.« Fiete bekam eine Gänsehaut und ärgerte sich darüber.

»Wie dann?«

»Folgen Sie mir einfach.« Fiete war nicht allzu sehr nach Reden zumute. Als gesprächig galt er wahrscheinlich ohnehin nicht. Heute wäre Schweigen für ihn Gold.

Das sah Heimler wohl anders. »Gut. Parteigenosse Mühler hat mir gesagt, ich könne mich voll und ganz auf Sie verlassen. Niemand auf Pellworm kenne sich im Watt so gut aus wie Sie.« Er erwartete offenbar eine Bestätigung.

Fiete schwieg.

»Wie oft bringen Sie denn die Post zur … Wie heißt das noch?«

»Hallig.« Fietes Gedanken hielten sich nach wie vor bei Mühler auf. Was der NSDAPler über den SS-Mann aus Berlin berichtet hatte, war mehr als beunruhigend.

»Genau. Also, wie oft?«

»Zweimal die Woche.«

Heimler, den Fietes brummige Verfassung nicht zu stören schien, so sie ihm denn überhaupt auffiel, führte die Rechte zur Stirn.

Fiete tat es ihm einem Reflex folgend nach, kratzte sich verärgert, als er bemerkte, dass der zweifelhafte Gehorsam vorauseilend gewesen war, da sein Begleiter lediglich die Augen gegen die Sonne abschirmte.

»Kaum zu glauben, das Meer ist vollkommen verschwunden!«

Die Bewunderung, die in Heimlers Stimme mitschwang, schien echt. Das verstimmte Fiete noch mehr. Normalerweise freute es ihn, wenn Fremde mit offenen Mündern das

Watt bestaunten und so ihre Achtung bezeugten. Aber heute war alles anders. Und ja, heute war das Wasser bereits abgelaufen.

Von seinem Gegenüber hieß es, er sei ein fanatischer Anhänger dieses verbrecherischen Systems. Und damit für Fiete selbst ein Verbrecher. Ein Mörder! Mühler hatte ihm außerdem erzählt, er habe es mit einem Mann zu tun, dem es auf der Karriereleiter viel zu langsam aufwärts ging. Das konnte manche Menschen skrupellos machen. Doch so sehr Fiete ein solches Wesen verachtete, er spürte auch, dass er diesen Mann fürchtete. Damit hatte er nicht gerechnet, war er doch bisher davon ausgegangen, von Angst weitgehend befreit zu sein. Wie auch immer ... Sich ganz allein mit Heimler ins Watt zu begeben, gehörte sicher nicht zu seinen klügsten Entscheidungen.

Jetzt erst bemerkte er, dass der Hauptsturmführer nicht mehr neben ihm war. *Wir sind doch erst ein paar Schritte gelaufen.* Fiete drehte sich um.

Heimler betrachtete den Boden, beugte sich hinunter und befühlte ihn. »Beinahe schwarz!«

»Hm«, bestätigte Fiete, abgelenkt durch den Griff der Pistole, der dem SS-Mann am Rücken aus dem Gürtel ragte. Wenn er wider besseren Wissens gehofft hatte, Heimler begebe sich unbewaffnet auf diese Wanderung, wurde er nun bitter enttäuscht.

»Aber es stinkt!«, stellte Heimler fest, richtete sich auf und setzte sich wieder in Bewegung. »Nach faulen Eiern.«

»Hm«, wiederholte Fiete, wobei ihm der Gedanke kam, es wäre möglicherweise besser, dem Mann nicht die Stimmung zu verderben, indem er sich so kurz angebunden zeigte. »Schwefelwasserstoff«, ergänzte er daher, und weil ihm das immer noch recht dürftig vorkam, fügte er noch »Bakterien« hinzu. Was war nur mit ihm los? Er fuhr mit der Hand in seine Hosentasche. Ja, er hatte den Kompass dabei. Er brauchte ihn selten. Heute war er froh, dass er ihn bei sich trug. Nur beruhigte es ihn wenig.

»Davon haben Sie mir aber nichts gesagt.« Heimler rieb sich die Arme, die schon jetzt eine kräftig rote Farbe angenommen hatten.

»Hab nicht gedacht, dass es so heiß wird.«

»Ihnen scheint es ja nichts auszumachen«, knurrte der SS-Mann.

Fiete zuckte mit den Schultern. Nach fast 22 Jahren nicht mehr. Er konzentrierte sich aufs Watt. Auf sein Watt. Hörte es atmen. Gab sich seinem Knistern hin. Lauschte, wie es mit ihm sprach. Über die Muster, die das verbliebene Wasser so kunstvoll und jedes Mal aufs Neue in den Schlick zeichnete, krabbelten Krebse. Die Wattwürmer schauten aus ihren Röhren und machten ihre allgegenwärtigen Haufen. Das Watt war voller Leben. Die meisten Menschen sahen hier nur Schlick, Pfützen und Priele. Leere bis zum Horizont. Den weiten Himmel. Dort oben war es tatsächlich ruhiger geworden. Die Arbeiten am neuen Deich, der ihnen den Bupheverkoog im Nordosten der Insel gebracht hatte, und neue Siedler aus dem Herzen der Partei – Mühler war nur einer von ihnen –, hatten die meisten Seevögel vertrieben. Jedenfalls war Fiete davon überzeugt.

»Bekommen Sie hier oben überhaupt etwas mit von den großen Dingen, die im Reich vor sich gehen?« Heimler schien es nicht lange schweigend auszuhalten.

»Na ja, hier tut sich schon einiges.« Fiete zwang sich zu Normalität. »Die Landgewinnung durch den neuen Deich, entsprechend neue Bewohner, ...«

»Ja, jeder im Reich bekommt den frischen Wind zu spüren. Es geht weit Größeres vor sich. Der Führer zählt auf jeden von uns.«

Tatsächlich fühlte Fiete einen ersten Windhauch auf der Haut. Es würde nicht mehr lange dauern. »Die Volkszählung hatten wir hier oben auch.«

»Natürlich. Sollte ja wohl schon im letzten Jahr kommen. Aber man hat dann doch auf den Anschluss Österreichs gewartet.« Heimlers Gesicht nahm einen Ausdruck an, den man beinahe als verträumt bezeichnen konnte. »Dem deutschen Volke stehen große Schlachten bevor!«

»Krieg?« Man sprach auch auf Pellworm oft darüber, dass es Krieg geben würde. Aber obwohl die Zeichen längst nicht mehr zu verleugnen waren, und es jeden Tag so weit sein konnte, schob Fiete solche Gedanken gern weit von sich.

»Das deutsche Volk braucht Raum. Auch bei den Juden wird jetzt aufgeräumt.«

Fiete änderte die Richtung. »Sie werden sehen, Paulsen ist ein guter Mann.«

Die Miene des Offiziers verfinsterte sich. »Soso.«

Oh Gott! Was soll das? Bist du lebensmüde? Es war ihm rausgerutscht! Er wusste doch genau, dass Heimler nicht gut auf Paulsen zu sprechen war.

»Wie gut kennen Sie ihn?« Der SS-Mann schien sich zusammenzureißen. Er wirkte schon wieder ganz fröhlich. Aber war da nicht ein Lauern in seinem Blick?

»Nun, ich sehe ihn zweimal in der Woche.« Fiete empfand seine Antwort selbst als ausweichend. »Natürlich nur, wenn er da ist, wenn ich die Post bringe.« Er schaute zur Hallig hinüber.

Heimler blieb stehen. »Liegt Süderoog nicht da vorn?« Er deutete ebenfalls zur Hallig.

»Ich sagte ja, wir können nicht geradeaus gehen. Die Priele. Und der Schlick. Würden wir weiter schnurstracks nach Südwesten wandern, kämen wir auf weichen Boden und könnten einsinken.«

»Federsen, Sie sind mein Mann!«, sagte Heimler, und sein Lob schmeckte seltsam fad auf Fietes trockenen Lippen. Merkwürdig auch, dass sich die Laune des SS-Mannes mit jedem Schritt zu heben schien. *Wie kann das sein? Ist er denn ein Tier? Nein, eher ein Monster!*

»Wissen Sie übrigens, dass mein Sohn mir schon von Ihnen erzählt hat?«

»Ihr Sohn?« Fiete tat überrascht. Zum Teil war er es auch, denn er hätte nicht gedacht, dass Heimler dieses Thema anschneiden würde.

»Er war in der ersten Ferienwoche auf Süderoog.« Jetzt verfinsterte sich Heimlers Miene doch. »Meine Frau hat mich überredet. Ich finde ja, er hätte in diesen Tagen Sinnvolleres tun können. Sie können sich denken, dass ich derzeit mit anderen Dingen beschäftigt bin. Mir jetzt freizunehmen, konnte ich mir eigentlich gar nicht leisten. Aber es ...« Er unterbrach sich.

Ja, ich weiß! Fiete beobachtete das Watt, aus dem sich die Dunstwolken erhoben. Inzwischen umspielte eine beständige Brise seine Haut. *Angenehm!*

Fiete spürte eine Unruhe, die ihm völlig unbekannt war. Jedenfalls im Watt. Das Wasser kehrte zurück. Langsam, aber stetig. Die Priele füllten sich. Schnell würde die Strömung sie undurchquerbar machen. Und bald würde man die Hand kaum noch vor Augen sehen. Sie bewegten sich bereits durch Nebelschwaden. Die Abkühlung ließ das verdunstete Wasser kondensieren. Ganz so, wie er es sich gewünscht hatte.

Seit er von seinem Jungen angefangen hatte, war Heimler still geworden. Mit hängenden Schultern stapfte er neben Fiete her, den Blick meist stur vor sich auf den Boden gerichtet. Jetzt blickte er auf, schien sich über den Nebel zu wundern. »Wo kommt der her?«, fragte er.

»Wir sollten uns beeilen«, antwortete Fiete nur.

Der Hauptsturmführer schaute wieder auf die Uhr. »Wir sind ja auch schon seit fast zwei Stunden unterwegs. Wie lange denn noch?«

Süderoog war nicht mehr zu sehen. Dabei war es nur wenige hundert Meter entfernt. »Nicht mehr weit.« Fiete holte den Kompass hervor und zeigte in eine Richtung. »Vielleicht geben Sie mir besser Ihre Hand.«

Heimler wollte widersprechen, fügte sich aber, nachdem er sich einmal nach allen Seiten umgesehen hatte.

Fiete achtete jetzt sehr auf seine Füße. Während ihm der Nebel in Tröpfchen das Gesicht benetzte, lauschte er dem immer deutlicheren Patschen. Der Boden wurde weich. Er sank mit jedem Schritt tiefer ein. Schlick! Er schaute auf, betrachtete Heimler neben sich, der durch die silbergrauen Schwaden nur noch als Schemen erkennbar war, atmete dreimal tief ein und aus. Dann ließ er die Hand los.

Sofort wollte er sich umdrehen, doch seine Füße steckten im Schlamm und er schlug der Länge nach hin.

»Federsen?«

Der Kompass!

»Federsen! Wo sind Sie?«

Verdammt!

»Warum sagen Sie nichts?«

Seine Hände patschten im Schlick herum.

»Federsen! Wollen Sie mir Angst einjagen? Da sind Sie aber an den Falschen geraten!«

Da! Nein, nur eine Muschel.

»Ich höre Sie doch.«

Fiete stoppte seine panischen Hände, lag ganz still, um sich nicht zu verraten. Unter ihm sammelte sich Wasser. Das Patschen neben ihm hörte nicht auf. Vielleicht würde Heimler sich auf der Suche nach ihm entfernen.

»Schluss mit dem Versteckspiel!«

Sein Finger schmerzte. Die Muschel. Er hatte sich an ihr geschnitten.

»Warten Sie nur! Ich kriege Sie schon!«

Das klang weiter weg. Auch das Patschen von Heimlers nackten Füßen wurde leiser. Vorsichtig tastete Fiete mit der gesunden Hand im ansteigenden Wasser herum. Ohne den Kompass wäre er verloren.

Endlich! Das musste er sein. Auf annähernde Geräuschlosigkeit bedacht richtete er sich auf. Er war noch nicht ganz in der Hocke, da erstarrte er. Das Patschen wurde wieder lauter.

»Federsen? Sind Sie das?«

Ein Tritt in die Seite, dann klatschte ein schwerer Körper neben ihm in den Schlick. Fiete sprang auf, begleitet von Heimlers Flüchen. Er hörte ein Klicken, wusste nicht gleich, woher es kam. Dann fiel der Schuss!

Er trat aus dem Nebel, ging ein paar Schritte in Richtung der einsamen Warft und ließ sich ins Gras sinken. Süderoog. Die Insel der Jungen. Er konnte sich nur an ein einziges Mal erinnern, wo er bei seiner Ankunft so erleichtert gewesen war. Damals war er in ein Gewitter geraten, was im Watt tödlich sein konnte. Tödlich!

Noch bevor er den Hof erreichte, sah er Paulsen, der mit einigen Ferienkindern am Deich beschäftigt war. Einen Moment spürte er das Verlangen, ihm seine Heldentat unter die Nase zu reiben. Er hatte ihm schließlich das Leben gerettet, da war er sich sicher. Aber er beschloss, sich zurückzuhalten.

Wie skrupellos der Hauptsturmführer war, hatte er ja gerade erst bewiesen, als er auf Fiete geschossen hatte. Was genau Heimler mit Paulsen vorgehabt hatte, wusste nicht einmal Mühler. Doch was sollte man darunter verstehen, wenn ein SS-Mann extra aus dem fernen Berlin angereist kam, um dem Mann die Leviten zu lesen, der seinen Sohn in nur einer Ferienwoche »verkorkst und vom rechten Weg abgebracht« hatte?

Fiete kannte Paulsen. Er wusste, was der Süderooger den Ferienkindern beibrachte. Kein Wunder, dass Heimler ausgerastet war, als ihm der Sohn nach seiner Rückkehr von friedlichem Miteinander, von Gleichheit und Toleranz vorschwärmte. Als er »keinen Bock mehr« auf die Hitlerjugend hatte.

Heimler konnte Paulsen, der mit den Nazis einen Kompromiss eingegangen war, indem er als Partner für die Volkswohlfahrt im Rahmen der Kinderlandverschickung agierte, über die offiziellen Stellen wenig anhaben. Deshalb hatte sich der wütende Vater aufgemacht, um, so glaubte zumindest Fiete, Selbstjustiz zu üben.

»Er ist gleichermaßen karriere- wie rachsüchtig«, hatte Mühler gesagt. »Ich traue ihm alles zu!«

Für Fiete gab es kein Zurück mehr. Er musste hier übernachten und morgen den Rückweg durchs Watt antreten. Und vielleicht würde auch Joseph Heimler eines Tages nach Pellworm zurückkehren, um dort ewige Ruhe zu finden. Auf dem Friedhof der Namenlosen.

Historischer Hintergrund

Auf der Suche nach einer Geschichte, die in Pellworm spielt, stolperte ich zuerst über Knud Knudsen, von dem es heißt, er sei der einzige Wattpostbote Deutschlands. Glücklicherweise ist er nicht der erste, sondern steht in einer Tradition von Männern, die Briefe und Päckchen bei ablaufendem Wasser von Pellworm nach Süderoog brachten.

Und als ich mehr über die Hallig, die das Ziel der Postboten war und ist, herausfinden wollte, stieß ich auf Hermann Neuton Paulsen, der hier mit seiner Frau Gunvor von 1927 bis zu seinem Tod 1951 ein internationales Jugendferienlager betrieb. Damit wurde Süderoog auch unter dem Namen „Insel der Jungen" bekannt.

Paulsens Anliegen war spätestens seit seinen Erfahrungen als Soldat im Ersten Weltkrieg, Jungen aus verschiedenen Nationen und sozialen Schichten zusammenzubringen, damit diese später einmal nicht aufeinander schießen würden.

Dass dieser Friedensmissionar die »Insel der Jungen«, wenn auch als Kompromisslösung, die gesamte NS-Zeit hindurch weiterführen konnte, gab schließlich den Ausschlag für meine Geschichte »Die Insel der Jungen«.

Anja Balschun

Das achte Kind

»Noch ein Balg? Und wie sollen wir ein weiteres hungriges Maul stopfen? Sag es mir, Frau!«

Frauke zuckte zusammen. Sie saß gerade vor dem Spiegel in ihrer Schlafstube, als sie ihren Mann mit ihrer erneuten Schwangerschaft überraschen wollte. Vor Schreck ließ sie die Bürste fallen, mit der sie ihre langen blonden Haare durchgekämmt hatte, und schob ihren Stuhl nach hinten. So weit weg von Jaspers wutverzerrtem Gesicht und seinen vor Zorn blitzenden grauen Augen, wie es in dem winzigen Zimmer möglich war. Er war ohnehin kein sonderlich schöner Bursche, aber das konnte man von kaum einem Mann auf Pellworm sagen. Dafür gestaltete sich das Leben auf der Insel zu hart, musste doch Koog um Koog über Jahrhunderte immer wieder mühsam einer wehrhaften Nordsee abgetrotzt und das Land selbst im ausgehenden 19. Jahrhundert gegen das nagende Wasser verteidigt werden.

Trotzdem verstand Frauke den Groll ihres Mannes nicht. Denn bisher hatten weder sie noch ihre bis jetzt sieben Kinder jemals Hunger leiden müssen. Dies verdankten sie dem stattlichen Bauernhof, der neben seinem Besitzer auch die Tagelöhner und Arbeiter mit allem Nötigen versorgte. Jasper hatte sich dort bis zum ersten Vorarbeiter hochgedient. Sein Herr vertraute ihm und besprach wichtige Entscheidungen, bevor er sie traf, oft mit Jasper.

Bei dem Eigentümer des Hofes, Knut Michaelsen, handelte es sich um einen ehrenvollen Mann. Er ging mit seinen Untergebenen stets korrekt um und bezahlte sie pünktlich. Sein Großvater Wunke hatte sich erst 1834 auf der Insel niedergelassen. Da lag die Sturmflut, die Pellworm am 3. und 4. Februar 1825 nahezu komplett überflutet und große Zerstörungen mit sich gebracht hatte, fast zehn Jahre zurück.

Mittlerweile waren die Deiche so hoch gebaut worden, dass das Wasser den Höfen auf den Warften nichts mehr anhaben konnte. So bewirtschaftete Knut das Gut inzwischen in der dritten Generation und war Herr über jede Menge schwarzweiße Kühe, viele Schafe und er besaß ein ansehnliches Vermögen.

Durch das Einkommen, das Jasper erzielte, konnten sich Frauke und ihr Mann stolz Kätner nennen, denn sie hatten eine eigene kleine Kate erworben.

Dies war für die junge Frau durchaus ein Grund, erhobenen Hauptes durchs Leben zu gehen. Hatten sich doch ihre Vorfahren noch als Tagelöhner durchschlagen müssen und oft nur das besessen, was sie am Leibe trugen. Deshalb achtete sie darauf, dass immer alles sauber war und die Kate Gemütlichkeit ausstrahlte. Sie führte ein zufriedenes Leben. Und sie liebte es, Leben zu schenken. Bisher hatte sie vier Buben und drei Mädchen geboren. Heimlich hoffte sie, dass das achte Kind wieder ein Mädchen werden würde. Dann hätte weder die weibliche noch die männliche Seite einen zählbaren Vorteil.

Nun aber sah sie sich unversehens Jaspers wütender Reaktion gegenüber. Seine Frau konnte sich beim besten Willen keinen Reim auf seine mürrische Laune machen. Natürlich arbeitete er hart, aber das taten alle auf Pellworm. Natürlich konnte man in den stürmischen Herbst- und Wintermonaten den schrägen Gesang des Windes oftmals kaum noch ertragen, wurde einem der Anblick der Nordsee, die meterhohe, graue Kronen aufschäumte, zu viel. Aber auch das mussten alle über sich ergehen lassen.

Außerdem war das die Zeit, in der Frauke für eine allzeit behaglich warme Küche sorgte und sie den Kindern Geschichten über ihre Heimat erzählte.

Zum Beispiel von der Burchardiflut, die am 11. und 12. Oktober 1634 Pellworm endgültig von Nordstrand abgetrennt hatte. Bei dieser Erzählung überlief Frauke stets eine Gänsehaut. Welche Macht die Nordsee besaß, dass sie dazu in der Lage war, Land auseinanderzureißen, als wäre es ein Stück fadenscheiniger Stoff.

Oder die Geschichte der *Ulpiano*, die ausgerechnet auf ihrer Jungfernfahrt Heiligabend 1870 strandete. Die *Ulpiano* hatte sich wohl von der hölzernen Bake, die über Seezeichen, Leuchtfeuer und Schutzraum verfügte, Rettung aus der Seenot erhofft. Eine Hoffnung, die leider trog. Das Schiff sank, wie so viele vor und noch so viele nach ihm.

Doch wie sonnenreich waren, wenn einmal wieder ein bleierner Winter mit Gottes gütiger Hilfe überstanden war, dafür die Sommer! Wie hell das Licht und wie golden die Abende. Wenn die Nordsee glitzerte wie ein blank geputzter Spiegel, die Wärme auf der Haut prickelte und die Menschen für ein paar Wochen fröhlicher dreinblickten als sonst. Doch im Moment blickte Jasper zu Fraukes großem Bedauern überhaupt nicht fröhlich, obwohl Juni war.

»Du dumme Weibsperson!«, brüllte er stattdessen und zwischen seinen Augen bildete sich eine steile Falte.

Die junge Frau erkannte ihren Mann nicht wieder. Nicht, dass er bei den letzten sieben Schwangerschaften in lautes Entzücken ausgebrochen wäre, aber auf seinem Gesicht hatte sich immer eine stille Freude gezeigt. In der Zeit bis zur Geburt hatte er Frauke nicht durch große Worte, sondern durch kleine Gesten bewiesen, dass auch er sich auf das lütte Menschenkind freute, das in ihrem Bauch heranwuchs. Mal brachte er ein besonders schönes Stück Schafs- oder Rindfleisch mit, obwohl kein Sonntag war. Oder einige Armvoll extra weiche Wolle, die Frauke dann weiterverarbeitete. Oder er kümmerte sich um den jüngeren Nachwuchs, damit seine Frau ein paar Minuten Ruhe genießen konnte. Er brachte das Brennmaterial herein, was eigentlich die Aufgabe der Hausherrin war, und vor allen Dingen beharrte er in den letzten Wochen der Schwangerschaft nicht mehr auf der Erfüllung seiner ehelichen Rechte.

Im Moment gebärdete er sich allerdings dermaßen grob, dass Frauke es mit der Angst zu tun bekam. Mit zusammengebissenen Zähnen packte Jasper seine Frau so hart an den Schultern, dass ihr schwindelig wurde. Er zog sie von ihrem Stuhl und zwang sie aufs Bett. Als sie fast ohnmächtig auf dem Rücken lag, ihre beiden Hände von seiner rechten Hand wie von einer Schraubzwinge gefangen, zerrte er mit roher Gewalt ihr Kleid bis zu ihren Brüsten hoch und ihre Schenkel auseinander. Er riss ihre Unterwäsche zur Seite, bis sie ihm nicht mehr im Weg war. Dann stieß er so wild und rücksichtslos in sie hinein, dass Frauke fürchtete, er könnte das ungeborene Kind aus ihrem Leib rütteln. Sie war erleichtert, als ein lautes Stöhnen anzeigte, dass er fertig war. Jasper stemmte seinen Körper nach oben, beide Hände schmerzhaft auf ihre Brüste gepresst, knöpfte seine Hose zu und verließ polternd die Kate. Ohne ein weiteres Wort.

Frauke spürte, wie ihr die Tränen kamen, aber sie schluckte sie hinunter. Es rauschte in ihren Ohren, die Schlafstube drehte sich um sie herum und das war schlimm genug. Da musste sie nicht noch flennen. Die Frauen auf Pellworm gehörten nicht zu den Heulsusen. Sie richtete ihre Kleidung und widmete sich mit eiserner Beherrschung wieder ihren Haaren, die sie zu einem züchtigen Zopf flocht.

Auch sonst erledigte Jasper sein Eherecht meist schnell und heftig, aber brutal war er zu seiner Frau niemals gewesen. Im Gegenteil, es gab zwischen ihnen sogar den ein oder anderen zärtlichen Moment, ein sanftes Streicheln über die Wange, einen gehauchten Kuss auf die Stirn oder ein festes, vertrauenerweckendes Ineinandergreifen der Finger.

Sie hatten ausreichend zu essen und zu trinken und ein stabiles Dach über dem Kopf, das sie vor den stürmischen und oftmals feuchten Einfällen des Wetters schützte. Folgen des wirtschaftlichen Aufschwungs, die ihre Heimat seit einigen Jahrzehnten erlebte. Dies alles waren für Frauke Gründe genug, zufrieden zu sein. Warum bloß konnte Jasper es ihr nicht gleich tun?

Die junge Frau strich über ihren Rock, ganz so, als wollte sie das schändliche Verhalten ihres Gemahls mit ihrer

Hand abstreifen. Sie entschloss sich dazu, der *Alten Kirche St. Salvator* einen Besuch abzustatten. Bisher war sie bei jeder ihrer Schwangerschaften dort gewesen und hatte dem Herrgott das Leben des ungeborenen Kindes und ihr eigenes anempfohlen und um Beistand gebeten. Sie war noch nie enttäuscht worden. Alle ihre Geburten verliefen komplikationslos und ihre Söhne und Töchter waren bisher von schlimmen Krankheiten verschont geblieben. Für diesen Segen verspürte Frauke unendliche Dankbarkeit.

Sie überließ die jüngeren Kinder der Obhut der älteren, verließ die Kate und ging auf der Deichkrone entlang. So weit ihre Augen reichten, lag die Nordsee friedlich da. Bald schon erblickte sie die wuchtige, um die 25 Meter hohe Turmruine direkt neben der Kirche, die vor langer Zeit mit dem Gotteshaus verbunden gewesen war. Auch eine Geschichte, die den Kindern an den fast endlosen Winterabenden erzählt wurde. Der Turm, der vor seinem Einsturz nahezu 60 Meter hoch gewesen war, brach an einem Apriltag im Jahre 1611 ohne jede Vorwarnung in sich zusammen. Zu diesem Zeitpunkt wehte den Überlieferungen nach nicht der geringste Hauch, sodass diesem Ereignis bis heute etwas Mysteriöses anhaftete.

Frauke betrat die dunkle Stille des Gotteshauses, ging voller Demut zum Altar, kniete nieder, bekreuzigte sich und brachte dem Herrn mit gesenktem Kopf ihr Anliegen vor. Sie bat um Vergebung für ihren Mann, der das Geschenk, das der Herr ihnen mit dem achten Kind machte, momentan nicht so annahm, wie es sich gehörte. Sie verweilte etwa eine Viertelstunde. Schon nach wenigen Minuten schmerzten ihre Knie, aber sie harrte auf dem harten Boden aus, bis sie sicher sein konnte, dass Gott ihre Wünsche wahrgenommen hatte. Dann trat sie, durch die Zwiesprache mit dem Herrn mit neuer Kraft und Hoffnung erfüllt, wieder hinaus in den sonnigen Tag.

Sie beschloss, einen kurzen Abstecher zum *Friedhof der Heimatlosen* zu machen, der unterhalb der Turmruine zum

Deich hin lag. Der Gottesacker war im letzten Jahr, anno 1895, eingeweiht worden. Dort fanden die Toten ihre ewige Ruhe, die die Nordsee an den Strand spülte und von denen niemand wusste, wie sie hießen und von wo sie kamen. Wenn ihre Zeit es zuließ, besuchte Frauke den stillen Ort und murmelte für die namenlosen Seelen ein Gebet. Sie stellte es sich schrecklich vor, in fremder Erde begraben zu liegen. Und wie furchtbar musste es erst für die Menschen sein, die darauf warteten, dass die Vermissten heimkehrten. Zerfressen von der Angst, dass die Nordsee ihre Liebsten geholt haben könnte. Vielleicht hätte es sie getröstet zu wissen, dass das Meer nicht für alle Ewigkeit zu ihrem nassen Grab geworden war.

Frauke ging weiter auf der Deichkrone entlang und entschied sich spontan dafür, Jasper zu suchen. Sie musste herausfinden, was mit ihm los war, welchen Grund sein Verhalten tatsächlich hatte. Sie weigerte sich zu glauben, dass er sich auf sein achtes Kind nicht freute. Also musste es einen anderen Anlass für seine Wut geben.

Als die junge Frau sich eiligen Schrittes dem Gutsgebäude näherte, kam ihr eine Gruppe vornehmer Damen und Herren entgegenstolziert. Die Damen in bauschige, feine Kleider gehüllt und mit Hüten auf dem Kopf, so groß wie Wagenräder. Darüber hielten sie zierliche, mit zarten Spitzen besetzte Sonnenschirme, damit ihre helle Haut keinen Schaden nahm. Die Herren trugen Zylinder. In den aufgesetzten Taschen ihrer Westen steckten duftige Taschentücher in derselben Farbe wie ihre Fliegen, die sie sich um den steifen Kragen der leuchtend weißen Hemden gebunden hatten. Sommerfrischler.

Als Frauke diesen Begriff zum ersten Mal gehört hatte, hatte sie lachen müssen. Niemals wäre sie auf den Gedanken gekommen, dass Leute freiwillig nach Pellworm kamen, um sich hier zu erholen.

Nicht ganz unschuldig an dem Urlauberstrom war ein gewisser Detlev von Liliencron, der in den Jahren 1882 und 1883 als Hardesvogt für die Inselverwaltung tätig war. Wie wenig später jeder Inselbewohner wusste, verfasste er während dieser Zeit sein berühmtes Gedicht *Trutz, Blanke Hans*, das den Untergang des sagenumwobenen Rungholt in Reime fasste. Der, glaubte man der Legende, unermesslich reiche Hafenort gehörte einst zur Insel Strand, aus der Pellworm entstanden war.

Liliencrons Ballade beschreibt, wie Rungholt vom *Blanken Hans*, also der Nordsee, in ihren gierigen, tiefen Schlund gezogen wird. Die verheerende Sturmflut, *Grote Mandränke* genannt, löschte das angeblich ausschweifende, gottlose Leben der Rungholter für immer aus.

Nebenbei machte dieses wortgewaltige Werk eine bis dahin gescheiterte Existenz zu einem gefeierten Dichter und das Schicksal Rungholts endgültig zum Mythos. Die Geschichte von Liliencron durfte natürlich ebenfalls während der Abende am warmen Ofen nicht fehlen.

Im Nachgang hatte sich ein Teil der Bekanntheit von Schöpfer und Versen auf Pellworm übertragen, sodass sich Ende des 19. Jahrhunderts etliche wohlhabende Stadtmenschen für einige Wochen im Jahr die Seeluft um die Nase wehen ließen. Weil sie so salzhaltig und gesund war. Ein Segen, falls man Probleme mit der Lunge hatte.

Und wie anmutig die Damen ein »Huh« hauchten, wenn der Wind zu heftig an ihren riesigen Hüten spielte und drohte, sie ihnen vom Kopf zu blasen. Frauke amüsierte sich im Stillen immer ein bisschen über das hochnäsige Getue der vornehmen Herrschaften vom Festland, die immerzu »Wie wuuuundervoll« ausriefen. Aber sie brachten gutes Geld auf die Insel und einen dezenten Duft von der großen weiten Welt. Schon deshalb waren sie ihr willkommen.

Allerdings gab es auch das ein oder andere Leben zu beklagen. Wenn die Sommerfrischler glaubten, klüger zu sein als der *Blanke Hans* und alleine durchs Watt wanderten, obwohl sie eindringlich davor gewarnt worden waren, wurden sie ob dieser Respektlosigkeit gnadenlos von der

Nordsee verschlungen. Man durfte sie eben nie unterschätzen oder sich gar einbilden, ihr seinen Willen aufzwingen zu können.

Frauke marschierte stramm weiter, bis sie das Gutshaus von Knut Michaelsen erreicht hatte. Sie brauchte nicht lange, um Jasper zu entdecken. Er war gerade dabei, Werkzeug auf eine Karre zu laden. Seine Frau beobachtete ihn. Die sonnenbraunen Arme, das wettergegerbte Gesicht und die kräftigen Hände, die so sehr schufteten. Mit einem Mal spürte sie tief in ihrem Herzen eine unerschütterliche Gewissheit, dass Jasper ein guter Mann war. Ein fleißiger dazu. Hatte nicht jeder einmal einen schlechten Moment? Sie jedenfalls war bereit, ihm sein morgendliches Benehmen zu verzeihen.

In dem Augenblick, in dem Frauke auf ihren Gatten zulaufen wollte, trat der Besitzer des Gutes mit einer Handvoll Sommerfrischler auf Jasper zu. Michaelsen wies mit einer Hand auf seinen wichtigsten Arbeiter. Die Besucher, deren einst blankgeputzte Schuhe mittlerweile vor Schmutz starrten, scharten sich um Jasper wie um eine Sensation auf dem Jahrmarkt. Er nahm seine zerschlissene blaue Schirmmütze ab und drehte sie, verlegen ob der Aufmerksamkeit, zwischen seinen Fingern herum.

Da erkannte Frauke schlagartig, was seit einiger Zeit in ihrem Mann gärte. Die Wahrheit bohrte sich der jungen Frau, die wenige Sekunden vorher noch so voller Zuversicht gewesen war, mitten ins Herz. Ihr Mann war keinesfalls verlegen, weil er plötzlich im Mittelpunkt stand. Vielmehr haderte er mit seinem Leben, weil er ein anderes für erstrebenswerter hielt. Er beneidete die Urlauber, die sorglos auf Pellworm umherwanderten und dann mit der Fähre zurück in ihr aufregendes Leben aufs Festland schipperten, wo sie in ihren edlen Häusern von treuem Personal umsorgt wurden.

Frauke bemerkte mit Entsetzen die begehrlichen Blicke, die Jasper den Damen mit der porzellanfarbenen Haut und den gepflegten Fingernägeln, die niemals harte Arbeit kennengelernt hatten, zuwarf. Sie fühlte, dass er seine kinderreiche Familie gerne verlassen und einiges dafür getan hätte, eine der Urlauberinnen begleiten zu können. Aber bald kam sein achtes Kind auf die Welt.

Ihr stockte der Atem, als sie beobachtete, wie er mit den Damen scherzte, und mit einem silbrigen Lachen, einem koketten Augenaufschlag und einer zarten Berührung belohnt wurde. Mit ihr, seiner eigenen Frau, hatte er noch nie so gescherzt. Frauke schob eine Faust in ihren Mund, um nicht durch lautes Aufschluchzen Aufmerksamkeit zu erregen. Dann stolperte sie mehr nach Hause, als dass sie ging.

In den folgenden Wochen blieb Jasper seiner Kate immer öfter fern, weil er sich, wie er großspurig behauptete, um bedeutsame Dinge auf dem Hof zu kümmern hatte. In Wirklichkeit vertrieb er sich die Zeit mit den Sommerfrischlerinnen. Kam er nach Hause, brüllte er seine Frau und seine Kinder an. Er beschwerte sich über das Essen, Fraukes hässliche Kleider, ihre angeblich dreckigen Haare und über die Mücken an der Wand.

Die junge Frau hoffte auf den Herbst, aber der lag noch in weiter Ferne. Wenn die Urlauber erst wieder weg waren, würde Jasper sich bestimmt beruhigen. In dem langen Winter konnte sie überlegen, wie sie seine Sehnsucht nach einem besseren Leben würde stillen können. Bis dahin musste sie durchhalten, schon allein der Kinder wegen. Musste ertragen, dass Jasper von einer Nacht zur anderen immer grobschlächtiger von ihrem Körper Besitz ergriff.

Schützend legte sie die Hände auf ihren Bauch. Bereits jetzt liebte sie ihr achtes Kind, das im November auf die Welt kommen sollte, besonders zärtlich. Denn nicht nur, dass Jasper seine Familie vernachlässigte, er vernachlässigte auch die Kate und die Nebengebäude. Etliches war morsch und windschief und es hatte begonnen durchzuregnen. Sie lebten nicht mehr unter einem sicheren Dach. Aber Frauke wagte es nicht, ihren Mann erneut darauf hinzuweisen, denn beim letzten Mal hatte er sie geschlagen. Das hatte er noch nie getan. Mitten ins Gesicht. Ihre Wangen hatten gebrannt und ihre Seele tat es immer noch.

In dem Maße, wie ihr Bauch dicker wurde, wurden ihre Gedanken trüber. Die Kinder schauten ihrem Vater nicht mehr in die Augen. Aus Angst, dies könnte ausreichen, angeschrien oder übers Knie gelegt und mit der flachen Hand so lange geprügelt zu werden, bis der Hintern tagelang blau und grün schimmerte.

Immer öfter erwischte Frauke sich bei dem Wunsch, der *Blanke Hans* solle sich ihren Mann holen. Denn mittlerweile hatte sie begriffen, dass das unzufriedene Flackern und das Verlangen nach Veränderung in Jaspers Blick während der Urlaubersaison stets wiederkommen würden, vielleicht sogar von Mal zu Mal heftiger.

Eines Tages flehte sie in ihrer Verzweiflung den gütigen Gott an, er möge sie und ihre Kinder von der Qual erlösen und Jasper zu sich rufen. In der Nacht davor war ihr Mann betrunken nach Hause gekommen. Die Dinge, die dann geschahen, wollte Frauke so rasch wie möglich vergessen. Kaum hatte sie den Herrn um Hilfe angerufen, überfiel sie das schlechte Gewissen. Wie konnte sie nur um so etwas Schlimmes bitten!

Irgendwann zog er tatsächlich über die Insel, der Herbst. Die hübschen Urlauberinnen verschwanden samt ihren Hüten so schnell, wie sie Pellworm in Besitz genommen hatten. Die Zeit der Stürme begann. Jasper hatte sich angewöhnt, jeden Tag mehr Schnaps zu trinken, als ihm und den Seinen guttat. Und dann geschahen zwei Dinge fast zur gleichen Zeit.

An einem bleigrauen Oktobermorgen, an dem Wind und Wellen gleichermaßen tobten, zerschellte vor Pellworm ein Segelschiff. Die Bewohner hörten das Schreien der Menschen, die sich an Bord befanden, das ratschende Zerreißen des Segeltuchs und das Bersten der Planken und Masten.

Am Nachmittag wurden die ersten Leichen angeschwemmt und bis zum Abend waren es nahezu zwei Dutzend, etliche von ihnen mit fürchterlich entstellten Gesichtern, weil herabregnendes Holz sie erschlagen hatte. Dieses Unglück hatte ganz bestimmt niemand überlebt. Die Pellwormer taten ihre Pflicht und schafften die Opfer zum Heimatlosenfriedhof, wohl wissend, dass es noch mehr von ihnen geben würde.

In derselben Nacht krachte das Dach von Jaspers und Fraukes Schuppen lautstark ein. Jasper, benommen vom Alkohol, wankte in seinem Nachtgewand nach draußen. Fluchend rief er nach seiner Frau, die sich einen Schal um die Schultern schlang und sich daran machte, ihrem Mann zu helfen. Als sie die Hütte betrat, sah sie auf einen Blick, dass der Schuppen vorerst verloren war. Zwei schwere Balken hatten sich beim Einsturz des Daches ineinander verkeilt und schwebten in der Luft. Es würde nicht mehr lange dauern und sie würden Jasper, der sich in seinem Suff einbildete, sie mit der Kraft seiner Arme halten zu können, unter sich begraben.

»Nun hilf mir endlich, dummes Weib!«, verlangte er.

Frauke spürte, wie ihr achtes Kind sich in ihrem Leib bewegte. Sie nahm einen Hammer und schlug mit aller Kraft auf die instabilen Balken ein. Sicher war sicher. Dann verließ sie rückwärts den Schuppen und verschloss sorgsam die Tür, damit niemand außer ihr hineingehen konnte.

Der nächste Morgen begrüßte Frauke, als wären der Sturm und seine zerstörerische Kraft nur ein böser Traum gewesen. Pellworm, sein Strand und das Meer waren in ein zartblaues Licht getaucht.

Die junge Frau vergewisserte sich, dass alle ihre Kinder noch schliefen. Sie öffnete vorsichtig die Tür zum Schuppen und fand das vor, was sie sich erhoffte. Jasper lag leblos rücklings auf dem Boden. Irgendwie musste er sich aus dem Gewirr der Balken hinausgekämpft haben, nachdem sie auf sein Gesicht und seinen Körper gestürzt waren. Seine Stirn war unter der Wucht des Aufpralls aufgeplatzt, die Nase zertrümmert, die Augen zugeschwollen, die Wangen von dunklen Blutergüssen übersät, seine Kleidung zerfetzt. Hätte Frauke nicht genau gewusst, dass es sich bei dem zerschlagenen Leichnam um Jasper handelte, sie hätte ihn nicht erkannt. Das Gute war, dass es dann auch niemand anderes tun würde. Seine Frau stieß einen erleichterten Seufzer aus und verschloss abermals die Tür. Auf keinen Fall durften die Kinder ihren Vater so sehen.

Als wenige Tage später die Opfer des Schiffsunglücks auf dem Friedhof der Heimatlosen beigesetzt wurden, wurde ein Grab mehr ausgehoben, als es eigentlich Tote auf dem Segler zu beklagen gab. Aber das wusste nur eine einzige Person, nämlich Frauke. Sie hatte ihren Mann in einer unglaublichen Kraftanstrengung im Schutze der Nacht an den Strand geschleppt und ihn zwischen zwei andere bedauernswerte Seelen abgelegt. Das Ungeborene hatte, wenn sie vor Erschöpfung nahe daran war aufzugeben, gegen ihre Bauchwand getreten, so, als ob es seine Mutter anfeuern wollte.

Ihm stand eine glückliche Kindheit bevor, zwar ohne Vater, aber inmitten einer liebevollen Familie. Um ihre Versorgung brauchte sie sich ebenfalls keine Gedanken machen. Knut Michaelsen würde sich ihrer annehmen, so lange es nötig war. Sie war nicht die erste Arbeiterfrau, die vom Gut ernährt wurde, nachdem der Mann gestorben oder verschwunden war. Und nach und nach würden ihre Kinder und sie selbst auf dem Hof eine Anstellung finden.

Als Jasper begraben wurde, verhielt sich Fraukes achtes Kind ganz still. Was sie ihm und seinen Geschwistern über ihren vermissten Vater erzählen würde? Dass der *Blanke Hans* ihn sich geholt hatte. Wer auch sonst?

Historischer Hintergrund

»Pellworm. Dahin will ich noch mal. Grenzenlose Einsamkeit! Herrlich! Kommt mit! Kommt mit! Ihr Lieben! Eine neue, liebe, schöne Welt dort! Kommt, kommt mit nach Pellworm! Mitten im Meer«, so begeistert beschreibt der Dichter Detlev von Liliencron 1891 in einem Brief an einen Kollegen seine Liebe zu Pellworm. Der Schöpfer von *»Trutz, Blanke Hans«* weilte in seiner Zeit als Hardesvogt in den Jahren 1882 bis 1883 auf der Insel.

Von einer lieben schönen Welt konnte allerdings in Bezug auf Pellworm lange Zeit keine Rede sein. Immer wieder zerstörten Sturmfluten Teile der Insel, nahm sich die Nordsee das ihr mühsam abgerungene Land wieder zurück. Die Bevölkerung ächzte unter den Aufwendungen für den Bau und die Sicherung der Deiche. Im Februar 1825 wurde Pellworm das letzte Mal fast komplett überflutet und ein Drittel der Landeigner war gezwungen, Konkurs anzumelden.

In der Folge gelang es dem Deichkommissar Harm von Petersen Gelder der dänischen Regierung für den Deichschutz zu generieren. Dadurch wurden die Ländereien, die vorher niemand haben wollte, für einige risikofreudige Unternehmer interessant. Nach und nach bildete sich eine wohlhabende Grundbesitzerschicht, die zum einen beträchtliche finanzielle Mittel, zum anderen ihren Einfluss einsetzte, um die Entwicklung Pellworms aktiv mitzugestalten.

So blühte die Insel in der zweiten Hälfte des 19. Jahrhunderts auf. Diejenigen Bewohner, die es vorgezogen hatten, nicht nach Übersee auszuwandern, wurden mit einem Leben ohne existenzielle Sorgen belohnt.

Gleichzeitig kam dem Fremdenverkehr eine stetig wachsende Bedeutung zu. Im Jahre 1865 wurde ein regelmäßiger Dampfschiffsverkehr nach Husum eingerichtet. Die oben erwähnte Ballade »Trutz, Blanke Hans«, die Detlev von Liliencron 1882 verfasste und seine Nordseeküstennovellen taten ein Übriges, um Pellworm bekannt zu machen, sodass der ein oder andere Erholungsbedürftige seiner Empfehlung folgte und die Insel besuchte.

Aber auch im ausgehenden 19. Jahrhundert blieb die Nordsee tückisch. Da immer wieder Unglücke geschahen, wurde auf Pellworm im Jahre 1895 unterhalb der Turmruine der Alten Kirche St. Salvator der Friedhof der Heimatlosen eingerichtet, damit unbekannte Tote, die vom Wasser angespült wurden, eine würdige letzte Ruhestätte fanden.

Die Geschichte »Das achte Kind« spielt vor diesem Hintergrund im Jahre 1896.

Evelyn Barenbrügge

Geister der Vergangenheit

Heut bin ich über Rungholt gefahren,
Die Stadt ging unter vor sechshundert Jahren.
Noch schlagen die Wellen da wild und empört,
Wie damals, als sie die Marschen zerstört.
Die Maschine des Dampfers schütterte, stöhnte,
Aus den Wassern rief es unheimlich und höhnte:
Trutz, Blanke Hans.

Wasser benetzt seine nackten Füße, rollt zurück, umspült mit der nächsten Woge seine Waden. Der Sand wird unter ihm fortgewaschen. Er sinkt hinab. Augenblicke später kriecht die eisige Flut in seine Gesäßspalte. Gänsehaut überzieht ihn. Seine Hoden ziehen sich schmerzhaft zusammen, sein Glied schrumpft, die Finger graben Löcher in den Boden, Sandkörner schieben sich zwischen Fingerkuppen und Nägel. Im grauen Nass schweben seine Haarsträhnen im Rhythmus mit dem Seetang, das Salzwasser verstopft die Ohren. Kalt dringt es in seine Nasenlöcher, rinnt den Rachen hinunter. Er schmeckt das Salz auf der Zunge. Ein Schrei quillt aus seinem Inneren, klebt zäh und geschmacklos hinter den verschlossenen Lippen. Er will fliehen. Die tief in den Meeresgrund getriebenen Pflöcke halten seine mit Stricken gefesselten Hände und Füße erbarmungslos fest.

Von der Nordsee, der Mordsee, vom Festland geschieden,
Liegen die friesischen Inseln im Frieden.
Und Zeugen weltenvernichtender Wut,
Taucht Hallig auf Hallig aus fliehender Flut.
Die Möwe zankt schon auf wachsenden Watten,
Der Seehund sonnt sich auf sandigen Platten.

Frieder Harmsen reißt entsetzt die Augen auf und starrt an die holzvertäfelte, rauchgeschwärzte Zimmerdecke. Zitternd und von kaltem Schweiß überströmt keucht er, wischt seine wirren Haare aus der Stirn, bedeckt sein Gesicht, weint und stößt wimmernde Schreie aus.
Aus Wut.
Aus Ohnmacht.
Aus Angst.
Er wälzt sich aus dem Bett, stellt seine nackten Füße auf den blank gescheuerten Dielenboden. Sein Herzschlag beruhigt sich. Das Fenster gegenüber hängt wie ein milchiger Schatten in der Wand. Die Morgendämmerung kriecht hinter der Scheibe herauf. Ein verblichenes Bild aus uralten Zeiten wird von einem einzelnen Nagel gehalten. Die Menschen darauf sind vor seiner Geburt gestorben. Die Namen hat er vergessen.

Er steht auf, schlurft über den kalten Boden in die Küche und stützt sich auf den Waschtrog, den Rücken zu einem Buckel gekrümmt. Im Spiegel sieht er seinen sonnenverbrannten Hals und das graublau gestreifte Nachthemd. Violettfarbene Ränder unterstreichen die Augen, Furchen ziehen sich Prielen gleich von der Nase zu den Mundwinkeln, schwarze Stoppeln durchstechen seine wettergegerbte lederne Haut auf Wangen und Kinn wie ein Seeigel den Schlick am Meeresboden. Fiebergleich flattern seine Augenlider. Er zählt 36 Jahre, hat noch nie den Fuß auf das Festland gesetzt. Es war sein vierter Traum.

> *Mitten im Ozean schläft bis zur Stunde*
> *Ein Ungeheuer, tief auf dem Grunde.*
> *Sein Haupt ruht dicht vor Englands Strand,*
> *Die Schwanzflosse spielt bei Brasiliens Sand.*
> *Es zieht, sechs Stunden, den Atem nach innen*
> *Und treibt ihn, sechs Stunden, wieder von hinnen.*

Der Wind fegt in der eisigen Februarnacht 1718 orkanartig aus Südsüdwest, heult und pfeift mit schaurigem Brausen seine eigene Melodie. Die Nordsee tobt und brodelt wie kochendes Wasser, schiebt todbringende, schaumgekrönte Wellenberge auf die Küsten zu. Drohende Wolkenberge wälzen sich Pellworm entgegen. Regen drischt prasselnd übers Land, das in Finsternis versinkt. Wellen krachen donnernd gegen die aufgeworfenen Deiche, zermürben sie, reißen sie an vielen Stellen auf. Andernorts überspülen sie Kronen, schwappen in Kooge und umspülen gierig die Warften. Sie umspielen den schlanken, nur mit einem Nachthemd bekleideten Körper, dessen Handgelenke und Fesseln unweit der Turmruine, den Resten der *Alten Kirche*, mit Hanfstricken an vier rauen Holzpflöcken fixiert sind, die eine Handbreit aus dem Boden ragen. In ein, zwei Stunden erlöst die Flut sie von ihren Leiden, ersticken die tosenden Elemente ihre Schreie, verschluckt das Meer den Leib – als Opfergabe.

Doch einmal in jedem Jahrhundert entlassen
Die Kiemen gewaltige Wassermassen.
Dann holt das Untier tief Atem ein,
Und peitscht die Wellen und schläft wieder ein.
Viel tausend Menschen im Nordland ertrinken,
Viel reiche Länder und Städte versinken.

Frieder versenkt den Kopf in der Schüssel, ertränkt den quälenden Traum, der ihn seit seiner Kindheit zum vierten Mal bei einer schweren Sturmflut heimgesucht hat, mit kaltem Wasser, spürt, wie die Atemluft knapp wird, taucht prustend auf und wäscht den Schlaf aus seinen Augen. Er schäumt die Wangen ein, zieht das Rasiermesser sorgfältig darüber, wischt den stoppelgesättigten Schaum von der scharfen Klinge, strafft die Haut an seinem Hals mit den Fingern und schabt die Barthaare ab. Die Schaumreste reibt er vor dem Spiegel in das grau karierte, fadenscheinige, von Sonne und Seeluft verblichene Handtuch. Mit feuchten Händen versucht er seine Haare zu ordnen, was ihm ebenso misslingt, wie eine erträgliche Ordnung in seine Gedanken zu bringen.

Er spült resigniert mit kaltem Tee vom Vorabend den bitteren Geschmack aus dem Mund, trägt den Waschtrog zur Hintertür und schüttet den schaumigen Inhalt auf das brachliegende Zwiebelbeet. Frieder umklammert die tropfende Schüssel und blickt zur *Alten Kirche* hinüber. Die rußgeschwärzte dunkle Ruine reckt ihre Mauerreste mahnend in den dämmrigen Himmel, an dem die Wolken gemächlich dahinziehen. Er stülpt den Wassertrog zum Trocknen auf die Holzbank, packt den Korb mit dem zerteilten Strandholz, drückt die Tür mit dem Fuß hinter sich ins Schloss, facht das Feuer in dem gekachelten Gussofen an und entzündet mit einem Kienspan das Talglicht auf dem Tisch. Die Flamme blakt zögernd um den Docht, flackert und erhellt den spärlich eingerichteten Raum mit funkelndem Licht, dessen Wärme er gern in seinem Innern spüren würde. Er schiebt den Kessel in die Mitte der Herdplatte, nimmt einen Keramikbecher und die Teedose von einem Regalbrett an der Wand und schüttet Tee in den Becher. Er muss sich nicht beeilen, der einsetzende Tidenwechsel zerrt die Wassermassen zurück und er wünscht sich, er würde seine Träume mit fortreißen.

Gequält sitzt er am Tisch, umschließt den Teebecher mit seinen Händen, damit er ihr Zittern unter Kontrolle hat, schlürft hin und wieder an dem heißen Gebräu, bis er auf den Bechergrund blickt. Er zieht die schweren, noch feuchten Stiefel an, stutzt einen Moment, kann sich aber nicht erinnern, wann er mit ihnen durch das Wasser gelaufen war, schlüpft in den abgetragenen mit einer Ölschicht präparierten Mantel, und setzt seinen Südwester auf. Er öffnet die Tür und erstarrt.

Rungholt ist reich und wird immer reicher,
Kein Korn mehr faßt der größeste Speicher.
Wie zur Blütezeit im alten Rom,
Staut hier täglich der Menschenstrom.
Die Sänften tragen Syrer und Mohren,
Mit Goldblech und Flitter in Nasen und Ohren.

Inspektor Claas Carstensen biegt von der Deichkrone ab und marschiert mit ausholenden Schritten, den Kragen gegen den Wind hochgeschlagen, über den fußbreit ausgetretenen Pfad auf sein Haus zu.

Frieder zieht, die Klinke um ein winziges Stück angehoben, die Tür mit einem kräftigen Ruck ins Schloss und hört, wie der Zylinder einschnappt. Diese Landratte von Inspektor war erst vor zwei Monaten ständiger unliebsamer Gast in seiner Kate gewesen. Wollte wissen, wo er sich in der Weihnachtsnacht aufgehalten hatte, ob er Besuch gehabt oder ob ihn jemand gesehen hatte. Nicht einmal, nein vier- oder fünfmal, hatte Carstensen ihn ins Gebet genommen, ihm Dinge auf den Kopf zugesagt, an die Frieder sich nicht mehr genau erinnerte, außer, dass sie unangenehm waren und er sich nicht an sie erinnern wollte.

Was immer es auch war, Frieder erfuhr einige Tage später, dass der Fall ungelöst zu den Akten gelegt worden war und der Inspektor Pellworm verlassen hatte.

»Harmsen, ich muss Sie sprechen.« Carstensens Stimme reißt ihn aus seinen Gedanken. »Können wir reingehen?«

Frieder saugt die eisige Morgenluft in seine Lunge wie ein Ertrinkender, blickt den Hüter des Gesetzes durchdringend an und schüttelt den Kopf. Ist nicht sein Problem, wenn der Schnüffler frieren muss. Und das wird er, denn dem unscheinbaren, spindeldürren Mann steht der Schweiß auf der Stirn und bei dem anhaltenden Wind kriecht ihm die Kälte bald in die Knochen. Frieder gräbt seine Hände in die Manteltaschen.

»Ich komme gerade von Mittelster Koog.«

Harmsen entgeht der lauernde Ton in der Stimme des Inspektors nicht. »Was geht mich das an?« Er mag diesen Mann nicht und er spürt, dass es ihm nicht gelingen wird, ihn trotz drängender Fragen unverrichteter Dinge fortzuschicken. Heute hat dieser Carstensen einen Blick, der ihn irritiert. Sogar seine Körperhaltung ist anders, selbstbewusst, federnd, siegesgewiss, wie der dänische Feldherr, über den Frieder als Junge gelesen hat. Das Buch hatte ein Fremder auf Pellworm vergessen.

»Wir werden gleich herausfinden, was Sie das angeht. Wir sollten besser hineingehen. Es wird kalt und ich rede nicht gern im Stehen.«

»Ich hab keine Zeit, ich muss nach meinem Boot sehen und in Ütermarkerkoog meine Reusen kontrollieren.«

»Das Boot ist in Sicherheit. Wir haben es überprüft, weil wir uns vergewissern mussten, dass Sie auf der Insel sind. Jetzt ist Ihr Kahn sichergestellt.«

Frieder Harmsen sieht ein, dass er antworten muss, obgleich ihm nicht klar ist, worauf der Schnüffler vom Festland hinauswill. »Es gibt keinen Anlass, Pellworm zu verlassen. Es ist meine Heimat. Meine Familie lebt seit vielen Generationen auf diesem Grund.« Frieder will den Mann beiseiteschieben, doch der weicht geschickt aus, wirbelt herum und steht plötzlich zwischen ihm und der Tür.

»Obschon es das Meer nicht immer gut mit Ihnen meinte?«

»Unsere Toten ruhen in dieser Erde, außerdem geht Sie das nichts an.«

»Stimmt es, dass Ihr Vater noch vor Ihrer Geburt der Insel und dem kläglichen Dasein als Torfstecher den Rücken gekehrt und auf einem Handelsschiff angeheuert hat? Er soll im Pazifik verschollen sein, oder wohnt er auf einer Südseeinsel und macht sich ein schönes Leben?«

»Ich sagte bereits, das geht Sie nichts an. Aber selbst wenn, sieht er die Sonne nicht mehr aufgehen. Keiner meiner Vorfahren hat die 65 überschritten.«

»Könnten wir jetzt vielleicht hineingehen? Mir ist kalt. Ich habe gehört, dass Sie einen ausgezeichneten Tee zubereiten.« Carstensen drückt die Klinke hinunter. Die Tür springt auf. Niemand auf der Insel verschließt sein Haus. Jeder respektiert das fremde Eigentum und betritt ein Gebäude nur auf Einladung.

Frieder knurrt, verkneift sich aber jeden Kommentar. Er folgt dem Inspektor hinein, zieht seinen Mantel aus, weist auf einen Platz am Tisch und stellt den gefüllten Wasserkessel auf den Ofen. Er bemerkt, wie Carstensen aus seinem Regenmantel schlüpft, ihn achtlos über die Stuhllehne hängt und sich umsieht. Es dauert nicht lange, da pfeift der Kessel und Frieder schüttet aus der Dose Tee in eine Kanne, gießt das kochende Wasser darüber und beobachtet die Schwaden, die sich von der dampfenden Oberfläche lösen. Ein würziger Geruch breitet sich aus. Frieder füllt zwei Becher, schiebt einen zu seinem ungebetenen Gast hinüber, setzt sich auf den zweiten Stuhl, rührt gedankenverloren in seinem Tee und schweigt.

»Nun«, beginnt Carstensen, »wollen Sie mir erzählen, was geschehen ist?«

»Ich verstehe nicht, was soll passiert sein?«

»Das, Harmsen, will ich von Ihnen wissen.« Carstensen öffnet seine Faust und entlässt daraus einen kreisrunden Gegenstand, der honigfarben glänzt.

Auf allen Märkten, auf allen Gassen
Lärmende Menschen, betrunkene Massen.
Sie ziehn am Abend hinaus auf den Deich:
Wir trotzen dir, blanker Hans, Nordseeteich!
Und wie sie drohend die Fäuste ballen,
Zieht leis aus dem Schlamm der Krake die Krallen.

Frieder spürt Eiseskälte in seinem Innern aufsteigen, greift verstohlen in seine Hosentasche und erstarrt. Vor ihm auf dem Tisch liegt sein Untergang. Wirbel ziehen ihn hinab in eine bodenlose Tiefe, Höllenflammen lecken an seinen Därmen, lange eingeschlossene Schreie lösen sich in seiner Seele, stoßen gegen seine zusammengepressten Lippen. Er hat Mühe, sich nichts anmerken zu lassen, hofft, dass Carstensen ihn nicht durchschaut. Es kostet ihn ungeheure Willenskraft, sein wahres Ich nicht zu enthüllen.

»Wo haben Sie das her?« Die Worte kratzen blechern an seinen Stimmbändern.

»Das lag neben der jungen Frau, die nach dem Abflauen der Sturmflut heute Morgen im Süderkoog aufgetaucht ist. Matthiesen wollte den Deich hinter seinem Haus auf Schäden prüfen, da hat er das arme Ding gefunden. Hand- und Fußgelenke an Holzpflöcke gebunden, elendig ertrunken.« Carstensen schiebt das Objekt zu ihm hinüber. »Matthiesen kennt den Besitzer.«

Frieder will zugreifen, doch die Finger des Kommissars schließen sich blitzschnell um das Medaillon.

»Was soll ich im Süderkoog? Der liegt nicht auf meinem Weg.«

»Aber dieses Schmuckstück gehört Ihnen?«

Frieder stimmt kopfnickend zu, sein Blick ruht auf dem schimmernden Holz. »Mein Vater hat es für meine Mutter geschnitzt.«

»Was ist das für ein Schiff?« Der Inspektor fährt mit der Fingerkuppe die Umrisse der Schnitzerei entlang.

»Ein Kaag. Die Niederländer sind damit auf unsere Insel gekommen. Mein Vater hat als Junge auf einem baugleichen Frachtschiff als Steuermann gearbeitet, bevor er auf einem Handelsschiff anheuerte.«

»Ihr Vater war sehr geschickt.« Carstensen klopft auf das Holz. »Buchsbaum?«

Frieder Harmsen nickt.

»Wieso haben wir die Frau nicht im Hunnenkoog gefunden, und wer war die Frau, die während der Weihnachtssturmflut dort sterben musste?«

»Wir müssen das Meer zu allen Seiten beschwichtigen. Die Opfer müssen an verschiedenen Stellen dargebracht werden.«

»Opfer? Welche Opfer?«

Frieder Harmsen blickt erschrocken auf. Hat er laut gesprochen? Das war nicht seine Absicht. »Ich ...«

Carstensen springt auf, schleudert den Stuhl zurück und beugt sich mit aufgestützten Händen zu ihm herunter. »Soll das etwa heißen, es sind noch mehr Frauen getötet worden? Wann? Warum?«

»Wissen Sie es denn nicht?« Frieder forscht im Gesicht seines Gegenübers. Unwissenheit spricht aus Carstensens Blick, seine hohe Stirn zieren Falten, in denen sich Schweiß sammelt, feine Härchen setzen die buschigen Augenbrauen bis an die Stirnfalten fort. »Nein«, stellt er fest, »woher auch. Sie kommen ja vom Festland.« Mühsam spuckt er die Worte aus. »Sie wissen nichts über die Insel und noch weniger über die Menschen, die hier leben.«

»Dann erklären Sie es mir.«

Frieder lauscht auf die Anspannung in der Stimme des Inspektors. Das siegesgewisse Blitzen ist aus dessen Augen verschwunden. Im Gegenteil, er scheint vor Frieder zu schrumpfen. Er setzt sich und zieht den Teebecher zu sich heran.

»Bitte«, flüstert Carstensen, »erklären Sie es mir.«

»Geben Sie mir das Medaillon«, fordert Frieder, »sonst erzähl ich gar nichts.«

Zögernd schiebt Carstensen es über die rissige Tischplatte.

Frieder nimmt das Kleinod liebevoll entgegen und streichelt die Schnitzerei. »Sind Sie verheiratet? Haben Sie Kinder?«

»Ich habe einen Sohn, er ist jetzt zehn.«

»Was würden Sie für sein Leben tun?«

Carstensen schweigt.

Die Wasser ebben, die Vögel ruhen,
Der liebe Gott geht auf leisesten Schuhen.
Der Mond zieht am Himmel gelassen die Bahn,
Belächelt der protzigen Rungholter Wahn.
Von Brasilien glänzt bis zu Norwegs Riffen
Das Meer wie schlafender Stahl, der geschliffen.

»Meine Mutter opferte 1697 in der schweren Dezember-Sturmflut dem Meer ihr Leben, um mich zu retten. Vor meinen Augen ist sie ertrunken, vor meinen Augen haben die Wellen sie ergriffen, vor meinen Augen wurde sie in die Tiefe gerissen. Ich habe sie nie wiedergesehen.« Frieder Harmsen dreht das Schmuckstück auf dem Tisch. »Ich war fünfzehn, und seit diesem Tag glaube ich die Geschichte, die sie mir erzählt hat, wenn der Sturmwind um unsere Kate pfiff, die Torfscheite im Kamin knisterten und wohlige Wärme mich umfing. Seit diesem Tag wusste ich, dass dieses Meer, an dem ich aufwuchs, so gewaltig sein kann, dass es die Insel viele Jahrhunderte vor meiner Geburt auseinandergerissen, den Hafenort Rungholt und Tausende Menschen mit sich ins nasse Grab genommen hat. Seit diesem Tag ist mein Leben nicht mehr so, wie es sein sollte. Seit diesem Tag träume ich.« Frieders Hände ruhen auf dem Medaillon, er hebt den Kopf und blickt den Inspektor flehend an. »Aber nur im Traum habe ich dem Meer diese Opfer dargebracht, nur im Traum. Ich kann das Grauen nicht bekämpfen, aber ich habe noch nie einem Menschen etwas zuleide getan. Ich träume nur davon.«

»Wie kommt dann das Medaillon in den Süderkoog? Herr Harmsen, wo waren Sie?«

»Hier in meinem Haus. Ich hatte wieder diesen furchtbaren Traum letzte Nacht.«

»Können Sie sich an andere Träume erinnern?«

»Weihnachten«, flüsterte Frieder, »am Weihnachtsabend habe ich geträumt.«

»Nach der Weihnachtsflut haben wir die Hannah Ahrends im Hunnenkoog gefunden. Angepflockt und ertrunken.«

»Aber ich habe doch nur geträumt.«

»Was war vor fünfzehn Jahren?«

Und überall Friede, im Meer, in den Landen.
Plötzlich wie Ruf eines Raubtiers in Banden:

Das Scheusal wälzte sich, atmete tief,
Und schloß die Augen wieder und schlief.
Und rauschende, schwarze, langmähnige Wogen
Kommen wie rasende Rosse geflogen.

»Bei einem gräulichen Ungewitter und sehr heftigen Nordwestwinden kam eine hohe Wasserflut, die schlimmste, die wir bis dahin erlebt haben. In diesen endlosen Stunden wurden die Deiche abgetragen und die Fluten rissen riesige Löcher hinein. In manchen Koogen stand das Wasser kniehoch. Ich erinnere mich, es war in einer Dezembernacht 1701.« Frieder vergräbt das Medaillon in seiner Tasche, ignoriert den Protest des Inspektors, der fordernd seine Hand ausstreckt. »Ich war 19, in der Nacht habe ich geträumt.«

»Wie oft hatten Sie diesen ... Traum, seit ...«, Carstensen macht eine Pause und Frieder blickt ihn erstaunt an, »seit Ihre Mutter ...?«

»Zwei Jahre später und dann noch zweimal.« Er starrt auf die Tischplatte. »Beinahe jede Nacht höre ich die Schreie meiner Mutter, schnürt mir das Grauen der Erinnerung die Luft ab und ich bin es, der ertrinkt. Wenn eine schwere Sturmflut unsere Insel trifft, kann ich mein Entsetzen nicht mehr unterdrücken. Ich muss einen Menschen opfern, damit ich leben kann. Im Traum.«

Ein einziger Schrei – die Stadt ist versunken,
Und Hunderttausende sind ertrunken.
Wo gestern noch Lärm und lustiger Tisch,
Schwamm andern Tags der stumme Fisch.
Heut bin ich über Rungholt gefahren,
Die Stadt ging unter vor sechshundert Jahren.

Er fühlt sich leicht. Nie zuvor hat er gewagt, mit jemandem über seine Träume zu sprechen. Er zieht seine Hand aus der Tasche, öffnet sie, betrachtet das honigfarben glänzende Medaillon und lächelt. Dann zündet er die Öllampe an.

Durch das Fenster fällt trübe Dämmerung. Jetzt braucht er nicht mehr nach Ütermarkerkoog. Die Reusen müssen über Nacht draußen bleiben.

»Möchten Sie noch einen Tee?«

»1701, 1703, 1717 und 1718«, antwortet Carstensen und hält vier Finger vor Frieders Gesicht, »vier Träume, vier Morde und Sie fragen mich, ob ich Tee möchte?«

»Ich habe die wütende, alles verschlingende See mit einem Opfer besänftigt, ich habe meine Heimat, Pellworm, vor dem Untergang bewahrt.«

»Wissen Sie, was Sie getan haben?«

»Ich muss weiterleben, damit ich bei der nächsten Sturmflut dieses Opfer bringen kann.«

Die Sonne schickt wärmende Frühlingsstrahlen durch die aufgerissene Wolkendecke auf die zerstörten Deiche. Der nasse Schlick, den die Fluten in die Kooge getragen haben, glitzert funkelnd vor Nässe. Die See ist besänftigt und die Schaumkronen sind geglättet. Ein Schiff gleitet am Horizont durch den Morgendunst.

Die Schäden, bemerkt Frieder auf seinem Weg zum Fährhafen, begleitet von Inspektor Claas Carstensen, halten sich in Grenzen. Glück und Freude durchströmen ihn. Er hat die Insel mit einem Opfer gerettet und sie vor dem Untergang bewahrt. Die Folgen der Flut werden in wenigen Wochen verschwunden sein und nichts wird mehr an diese Sturmnacht erinnern, außer dem toten Mädchen, das zufällig ein paar freie Tage auf Pellworm verbringen wollte. Aber auch sie wird bald aus der Erinnerung der Inselbewohner verschwinden, denn sie war eine Fremde vom Festland.

Frieder Harmsen verlässt an diesem Februarmorgen begleitet von Claas Carstensen zum ersten Mal in seinem Leben die Insel Pellworm.

Historischer Hintergrund

Die Handlung der Geschichte entspringt der Fantasie der Autorin und wurde auf die Insel Pellworm verlegt. Der historische Hintergrund ist, was die Sturmfluten betrifft authentisch. 1362 ging der später sagenumwobene Ort Rungholt in der Grote Mandränke unter und es bildete sich die Insel Strand. 1436 wurde Pellworm wiederum durch eine Flut von Nordstrand abgetrennt. Landgewinnung und Deichbau bestimmten das Leben der Menschen, die angelegten Kooge sollten vor Überschwemmungen schützen. Wahr ist, dass die in der Geschichte angeführten Sturmfluten die Insel und die Küste heimgesucht und zum Teil verheerende Zerstörungen bewirkt haben. Die Zeitspanne in der Geschichte ist nur der Häufigkeit der Sturmfluten geschuldet, um den historischen Hintergrund zu wahren. Zeugnis kann nur die Ruine der Alten Kirche ablegen, die bisher alle Fluten überstanden hat.

Trutz, Blanke Hans von Detlev von Liliencron, aus Ausgewählte Werke, Seite 209 bis 211, Herausgeber Hans Stern, Erscheinungsjahr 1883 (Erstausgabe), 1964 (Vorlage), Holsten-Verlag, Hamburg

Die Halligen

Vor der nordfriesischen Küste liegen zahlreiche Halligen, die nicht alle in diesem Band berücksichtigt werden.

Aufgrund zahlreicher historischer Funde ist es nicht ausgeschlossen, dass der Hafenort Rungholt ungefähr an der Stelle der Hallig Südfall gelegen hat. Das Betreten Südfalls ist nicht erlaubt, sie gehört zur Schutzzone I des Nationalparks Schleswig-Holsteinisches Wattenmeer. Ausnahmen bilden die geführten Wanderungen. Auf Südfall leben heute zwei Personen.

Die Hallig Nordmarsch war einst mit der Hallig Langeneß zusammengewachsen. Sie war lange selbstständig, wurde aber 1941 politisch eingemeindet, während die Kirchen der beiden Halligen schon seit dem Jahr 1838 zusammengehörten. Es gibt alte Warften auf Nordmarsch-Langeneß, wobei die Neupeterswarft seit der Sturmflut 1962 verlassen ist. Auf der Alten Peterswarft steht der Leuchtturm Nordmarsch.

Ulrike Bliefert

Samuel Zwei

Von Weitem sahen sie aus wie ein Schwarm bunter Vögel aus irgendeinem schönen, fernen Land. Amerika. Oder Afrika.

Mein Vetter Fulko hat mir erzählt, dass man Pflanzen und Tiere nach ihrem Entdecker nennt. Manchmal sogar Sterne. Auf Lateinisch.

»Ostrea Talidae, zum Beispiel«, hat er gesagt. »Merk's dir! Falls du mal 'ne Muschel entdeckst, die noch niemand zuvor gesehen hat!«

Ostrea Talidae.

Ich konnt's mir ganz leicht merken, weil's sich so schön anhört.

»Vogel Talidae«, hab ich vor mich hingeflüstert, als ich den bunten Schwarm im Watt hab auftauchen sehen und mir vorgenommen, Fulko das nächste Mal, wenn er in den Ferien herkommt, zu fragen, was Vogel auf Lateinisch heißt.

Aber es waren keine Vögel, sondern menschliche Wesen. Und aus Afrika oder Amerika waren sie auch nicht, sondern aus einem Ort namens Feldafing, irgendwo in der Nähe von München. Aber das konnt' ich da natürlich noch nicht wissen. Sie haben immer nur von »Mingga« gesprochen. Erst als die eine, die sie Wally nannten – die mit den Hosen – es mir erklärt hat, hab ich verstanden, dass »Mingga« München heißt.

»Oh! München«, hab ich gesagt, »das kenn' ich! Das ist eine große Stadt in Bayern, und da gibt es gutes Bier, und rundherum sind Berge, und alle sind katholisch.«

Da hat die Rothaarige lauthals gelacht, als hätt' ich was Dummes gesagt! Obwohl's doch stimmt! In der Schule hat der Lehrer uns nämlich mal 'ne Postkarte gezeigt und gesagt, dass in München alle Leute reich sind, und dass das

Wasser zum Trinken, Waschen, Kochen und Backen direkt aus der Wand in die Stube kommt!

Aber dass die Rothaarige mich ausgelacht hat, war natürlich erst später. Erst einmal hab ich einfach da gestanden und zugeguckt, wie sie direkt auf mich zu gestapft sind.

Es waren drei.

Drei Frauen – eine ältere und zwei jüngere – umflattert von bunten Tüchern, mit denen sie ihre Strohhüte festgebunden hatten, damit sie nicht wegfliegen konnten.

Ablandiger Wind. Haben wir nicht oft, schon so früh am Morgen.

Die Ältere trug doch wahrhaftig Hosen! Wie ein Mann!

Bei den beiden anderen hatte der Schlick die Säume ihrer Sommerkleider schwarzgrau gefärbt. Aber das schien sie nicht im Geringsten zu stören. Sie lachten und schwatzten und hörten sich im Näherkommen tatsächlich an wie ein Vogelschwarm.

»Grüß Gott!«, riefen sie, als sie mich da an der Halligkante stehen sahen.

Ich hab genickt und sie einfach nur angestarrt: Bepackt waren sie wie die Maulesel, mit Taschen und Tornistern, und die zwei Jüngeren hatten zusammengeklappte, dreibeinige Gestelle auf den Rücken geschnallt, die aussahen, wie das von Erco Jansen, das er aufstellt, wenn er bei Hochzeiten – oder wenn was anderes Wichtiges passiert – photographische Aufnahmen macht.

Hier auf Südfall war er nur ein einziges Mal; das war vor drei Jahren, 1902, als der alte Wilhelm Carstensen die Hallig gekauft hat. Onkel Heinrichs Schafe haben da schon seit einem Jahr hier geweidet, und dabei ist es dann auch geblieben. Deshalb bin ich auf der photographischen Aufnahme auch mit drauf. Weil ich damals schon den Sommer über die Schafe gehütet und gemolken und im Haus geholfen hab.

Die blonde und jüngste der drei Frauen hat plötzlich laut geschrien wegen irgendwas, auf das sie beinahe draufgetreten wäre. Ich bin zu ihr hin gelaufen, weil ich dachte, es wär' was Schlimmes. Aber es war überhaupt nichts passiert.

»Ohrenquallen«, hab ich gesagt, »die tun Ihnen nichts. Man kann sogar Salat davon machen. Mit eingelegten Gurken und mit Zwiebeln.«

»Iiiih!«, hat die Blonde gequietscht. »Das ist ja widerlich!«

Die-mit-den-Hosen hat laut gelacht »Wieso?« – ihre Stimme klang wie die vom alten Bennet Frellesen, der seine Knasterpfeife nur zum Schlafen aus dem Mund nimmt – »Sieht doch aus wie Aspik!«

Da hat die Rothaarige vor lauter Übermut eine der Quallen mit der Spitze von ihrem Sonnenschirm aufgespießt und der Blonden unter die Nase gehalten. »Gell, Franzi, in der Not frisst der Teufel Fliegen ...«

Die blonde Franzi ist kreischend an Land gelaufen.

»... und der Halligbauer Quallen!«, hat die Rothaarige noch obendrauf gesetzt, und als sie an Land waren und die zarte Blonde sich von ihrem Schreck erholt hatte, wollten sie und die Rothaarige sich schier ausschütten vor Lachen.

»Quallensalat!«

»Wattwürmersuppe!«

»Möweneieromelett!«

Sie wollten gar nicht mehr aufhören, zu feixen und zu kichern! Wie die Backfische! Dabei waren sie mindestens fünf oder sogar zehn Jahre älter als ich! Und sie wussten doch überhaupt nicht, wie Quallensalat schmeckt. Außerdem gelten Möweneier mit Butter und Salz anderswo sogar als Delikatesse, hat mir mein Vetter Fulko erzählt. »Eine Delikatesse«, hat er gesagt, »das ist etwas, das es da, wo es Delikatesse genannt wird, nicht gibt und das man erst für viel Geld herbeischaffen muss.«

Hier bei uns sind Möweneier jedenfalls ein ganz normales Essen.

»Schlickpudding ...«

Erneutes Gekicher und Gegluckse.

»... mit Muschelbaiser!«

Die mit den Hosen, die sie Wally nannten, hat nicht mitgemacht. »So, Zenz, jetzt ist's aber genug!«, hat sie schließlich gesagt – und von da an wusst' ich, dass die Rothaarige Zenz hieß – »Was soll denn die Kleine von uns denken?«

Sie hat mich nach meinem Namen gefragt, und ich hab »Talida« gesagt, und die zwei anderen haben schon wieder angefangen zu tuscheln und zu kichern.

»Diese friesischen Namen sind wirklich zum Schießen!«

Die-mit-den-Hosen hat mich ein bisschen mitleidig angeguckt. »Die meinen's nicht so«, hat sie gebrummt und die Achseln gezuckt.

»*Was zum Munde eingeht, das verunreinigt den Menschen nicht; sondern was zum Munde ausgeht, das verunreinigt den Menschen*«, hab ich gesagt, als wieder Ruhe eingekehrt war, »*Matthäus 15, Vers 11.*«

Die beiden jüngeren Frauen haben ihre eben noch offenstehenden Münder zugeklappt und mich angeguckt wie eine Erscheinung, und die blonde Franzi hat schon wieder albern gekichert. »Tz! Da schau her! 'ne ganz Bibelfeste!«

»Was zum Munde ausgeht verunreinigt den Menschen?« Die Rothaarige hat sich das Lachen kaum verbeißen können. »Also wenn ich mir zum Beispiel nach acht Weißwürscht und vier Weizen den Mantel vollspeib'n tät?«

Und wieder brachen sie und die Blonde in nicht enden wollendes Gelächter aus.

Sie achten alles für nichts und reden übel davon, und reden und lästern hoch her, dachte ich, *Psalm 73.*

Die Bibel ist das einzige Buch hier auf Südfall. Da kennt man sich aus mit der Zeit.

»Bist du von hier?«

Ich hab mir die letzten Wochen und Monate immer wieder überlegt, dass alles noch hätte anders kommen können, wenn ich einfach davongelaufen wäre. Nur: Wohin hätte ich fliehen sollen? Keine Bäume, keine Sträucher, nur die Scheune, der Stall und das Haus. Und rundherum das Watt, wo man schon von Weitem sieht, wenn jemand kommt oder geht. Also hab ich genickt.

Die blonde Franzi hat begeistert in die Hände geklatscht. »Schau, Zenz, die wär doch was als unser Mal-Madl, gell?«

»Magst' dir ein paar Groschen verdienen?«

»Aber ...«

»Nichts aber! Hauptsache, du schläfst uns die Nacht über nicht ein.«

Es hat einen Augenblick gedauert, bis ich verstanden hab, was sie damit gemeint haben. »Sie wollen *hier* bleiben?! Über Nacht?!«

Der alte Wilhelm Carstensen hat nicht schlecht gestaunt, als die drei Frauen ihm eine Handvoll Münzen auf den Tisch geworfen haben. »Nur ein einfaches Plätzchen im Heu«, hat die Rothaarige gesagt, »mit Empfehlung vom Herrn von Liliencron!«

Als er sie weiterhin ohne eine Miene zu verziehen angestarrt hat, hat die Blonde den Kopf schiefgelegt und ein Schmollmündchen gezogen. »Ach bitte! Heut' ist doch Johannisnacht! Und ich bin ein echtes Sonntagskind!« Und als er noch immer nichts gesagt hat, hat sie mit dem linken Auge gezwinkert und schelmisch lächelnd »Trutz, Blanke Hans!« gepiepst.

Der alte Carstensen hat der Blonden auf die Taille gestarrt und ihrer Freundin auf die zerzauste Frisur, und Die-mit-den-Hosen hat er keines Blickes gewürdigt. Und als die Rothaarige dann noch weiter von Herrn von Liliencron erzählt hat, und dass er jetzt in Alt-Rahlstedt wohnt und dass sie ihn dort besucht haben, hat er »Ein Spieler und Weiberheld« gebrummt und sich geschüttelt.

»Ich weiß!« Die Rothaarige fand das offenbar lustig. »Er hat mal gesagt, der Hafen der Ehe wär nichts für ihn, er wär eher ein Kandidat für 'ne Hafenrundfahrt!«

Ihre Freundin hat hinter vorgehaltener Hand gekichert und die, die sie Wally nannten, hat die Augen verdreht, aber der alte Carstensen hat nur verächtlich geschnaubt.

Die Rothaarige hat sich davon aber kein bisschen einschüchtern lassen.

»Wissen Sie, meine Mutter – Gott hab sie selig – hatte anno '91 das ein oder andere romantische Tête-à-Tête mit dem Freiherrn. Das war in dem Jahr, als er in Mingga gewohnt hat. Und da hat er uns Kindern von Rungholt erzählt, und dass er sich vielleicht geirrt hat, und dass Rungholt in Wirklichkeit hier gelegen hat. Auf Südfall!«

»Und?«, hat der alte Carstensen gebrummt, und ich hab an meinen Schatz gedacht, und das Herz hat mir so laut gepocht, dass ich gedacht hab', sie hören's alle vier!

»Na, in der Johannisnacht soll man doch die Glocken von Rungholt hören können«, hat die Blonde gezirpt und wie verrückt mit den Wimpern geklimpert, »jedenfalls als Sonntagskind! Und wo ich doch ein Sonntagskind bin, dachte ich ...«

»Hören tut man gar nichts«, hat der alte Carstensen unwirsch erklärt und versucht, die Summe der auf dem Küchentisch verstreuten Münzen zu überschlagen.

»Verzeihen Sie, wir haben uns ja noch gar nicht richtig vorgestellt.« Jetzt mischte sich die-mit-den-Hosen ein. »Die beiden jungen Damen sind meine Schülerinnen. Angehende Künstlerinnen, wissen Sie? Und sie wollen 's malen! Rungholt! Wie es damals war.«

»Was nicht mehr da ist, kann man nicht malen.«

»Es geht ihnen ja auch lediglich um die Inspiration!«

»Lass gut sein Wally, das versteht so ein Bauer doch nicht!«

Die rothaarige Zenz hat einen Geldschein aus ihrem Portepee gezupft und ihn auf den Tisch segeln lassen, und die Blonde hat die Hände vor der Brust zusammengepatscht wie ein Kleinkind. »Uns reicht ein Plätzchen im Heu! Je uriger, desto besser, was Zenz?«

»Richtig!« Ein weiterer Geldschein flatterte auf die Tischplatte, »Wir wollen daheim doch was G'scheit's zu erzählen haben!«

Da hat der alte Carstensen den drei Frauen kurzerhand den ehemaligen Pferdestall zugewiesen. Der stammt aus der Zeit, als es auf Südfall noch mehr als nur eine Familie gab.

Sind alle umgekommen, bei der Flut 1825:

Wo gestern noch Lärm und lustiger Tisch, schwamm andern Tags der stumme Fisch.

Das Gedicht vom Freiherrn von Liliencron kennt hier jedes Kind.

Heut bin ich über Rungholt gefahren,
Die Stadt ging unter vor sechshundert Jahren.
Noch schlagen die Wellen da wild und empört,
Wie damals, als sie die Marschen zerstört.

Aber der berühmte Herr von Liliencron hat sich tatsächlich geirrt! Rungholt? Das war hier!

»Ja! Rungholt, das war hier!«, hab ich mich sagen gehört, »und ich kann's sogar beweisen!« Und noch bevor ich recht nachgedacht hatte, hab ich die Taschen und Tornister gerafft und zum Stall geschleppt, denn jetzt war ich ja das, was sie »ihr Mal-Madl« nannten, und obwohl ich das Wort nicht kannte, hab ich gewusst, dass es so etwas wie eine Dienerin sein muss.

Als sie ihre Decken und Kissen im Heu ausgebreitet hatten, bin ich in meine Kammer gelaufen, um mein Schatzkästchen zu holen. Ich war schrecklich aufgeregt, denn auch wenn ich noch keine Muschel gefunden hab', die zuvor noch niemand gesehen hat: Ich hatte Rungholt entdeckt! Das Rungholt aus dem Gedicht vom Freiherrn von Liliencron! Und wenn das alte Rungholt den Damen aus München so wichtig war, dass sie extra dafür die lange Reise hierher gemacht hatten, dann war ich für sie jedenfalls mehr als ihr Mal-Madl, und das Spotten und Lästern würde ihnen ganz bestimmt vergehen!

Doch dann fuhr mir der Schreck in alle Glieder! *Die Hoffart des Menschen wird ihn stürzen,* heißt es bei Salomo, *aber der Demütige wird Ehre empfangen!* Oh weh! Um ein Haar hätt' ich das vergessen und mich in eitlem Ruhm gesonnt! Nein, ich würde nicht protzen und prunken mit meinem Schatz. Ich würde schweigen und in Demut dienen und ihnen ihre böse Worte vergeben und nichts von meinem wundersamen Fund erzählen!

Da war nämlich nach den letzten Frühjahrsstürmen ein seltsames, kreisrundes Zeichen im Watt aufgetaucht, und da bin ich hingelaufen und hab gesehen, dass da einmal Menschen etwas gebaut haben müssen. Einen großen, gemauerten Trog vielleicht. Wir hier auf den Halligen müssen ja das Regenwasser auffangen und speichern, weil es rundum nur Salzwasser gibt; das wird bei den Rungholtern nicht anders gewesen sein.

Mittendrin in dem Kreis lugte ein eckiges Ding hervor. Es war sehr, sehr schwer: Ein Kasten, metallen und trotz Rost und Verfall nicht zu öffnen. Heimlich hab ich des Nachts Hammer und Stemmeisen in meine Kammer geholt und so lang geklopft, gezurrt und gezerrt, bis der Kasten aufsprang: Die Dinge darin waren vom Seewasser zerfressen und fielen auseinander, sobald ich sie angefasst hab. Bis auf die Kette. Eine schwere Halskette, wie sie hohe Herren tragen, mit goldenen Gliedern und einer Art großer, goldener Münze in der Mitte, auf der man ganz schwach den Namen Thedo Bonisson erkennen konnte und die Buchstaben R, U, N, und L und T. Die seltsame kleine Pfeife, die in der Kiste lag, hab ich auch aufbewahrt, obwohl sie bestimmt nicht von Wert ist. Und die Kiste hab ich anderentags dahin zurückgetragen, wo ich sie gefunden hab.

»Was denn für Beweise?«

Ich schrak aus meinen Gedanken hoch, als habe mich jemand geschlagen! Da stand die Rothaarige! In meiner Kammertür!

»Ich ... weiß nicht ...« Erschrocken hab ich mein Schatzkästchen zugeklappt. »W-wieso ...?«, hab ich gestammelt, denn etwas in den grünen Augen der jungen Frau ließ mich schaudern. Ich sah sie bereits meine Kammer durchwühlen, des Nachts, wenn ich schlief, und meinen Schatz stehlen und sich anderntags damit davonmachen, denn außer mir wusste ja niemand davon; Wilhelm Carstensen nicht und nicht einmal mein Vetter Fulko.

»Der Beweis«, wiederholte Zenz, und wie sie so da stand, mit den Händen in den Hüften, da wusst ich, dass nichts auf der Welt sie vertreiben würde, es sei denn ...

»Hier!«, sagte ich und griff in das hölzerne Kästchen.

Sie drehte die seltsame Flöte in den Händen und verzog das Gesicht. »Das ist alles?«

»Hab ich gefunden. Im Watt«, plapperte ich drauflos, »und so eine Pfeife aus Ton und mit nur zwei Grifflöchern und so über dem Schallloch angeordnet, dass es aussieht, wie ein Gesicht: So etwas gibt es nicht hier bei uns. Sie muss aus Rungholt stammen, denn wie es in der Sage heißt, kamen Schiffe aus aller Welt in den Hafen der Stadt! Sie stammt ganz sicher aus einem fernen Land, aus Afrika oder Amerika ...«

Die Rothaarige hat die Achseln gezuckt. »Wer will das schon wissen? Und beweisen tut's gar nichts!« Sie kam neugierig näher und versuchte, einen Blick in mein Kästchen zu erhaschen. »Sag', was hast du denn sonst noch in deiner Schatulle versteckt?«

Ich hab das Kästchen fest an meine Brust gedrückt, und wie sie anfing, an meinem Arm zu zerren und zu tun, als sei 's nur Spaß, hab ich ganz schnell gesagt, dass ich sie ihr schenk', die Flöte. »Und ich zeig' Ihnen gern, wo ich sie gefunden hab! Morgen früh, wenn das Wasser geht, im Watt!«

Da hat sie nochmal die Achseln gezuckt und das Tonpfeifchen in die Rocktasche gesteckt und ist ohne ein Wort des Dankes verschwunden.

Am Abend ging die Sonne blutrot unter.

Die-mit-den-Hosen hatte ein Feuer gemacht, weit weg vom Haus, und die Blonde hieß mich, die dreibeinigen Gestelle dorthin zu tragen.

»Du musst den beiden ihren Übermut nachsehen«, hat Die-mit-den-Hosen gesagt und mir geholfen, die Gestelle aufzubauen. »Verzogene, talentlose Mädelchen, die sich auf langweilige Stillleben beschränken sollten.«

»Das heißt: Die beiden sind gar keine Künstlerinnen?«

»Künstlerinnen?« Die-mit-den-Hosen lachte rau. »Die suchen nur ein bisschen Abenteuer, bevor sich ein feines, gut betuchtes Herrchen für sie findet! Dann werden sie zu braven Hausmütterchen, und Pinsel und Palette verstauben auf dem Dachboden, genau wie ihre schauderhaften Stümpereien in Öl!«

»Und Sie?«

»Ich?« Die-mit-den-Hosen lachte erneut. »Ich lass mich dafür bezahlen, auf sie aufzupassen. Dass die Zwei das Malen lernen könnten, glauben nämlich nicht mal ihre eigenen Väter!«

Jede Lüge missfalle dir, denn sie hat nichts Gutes zu erhoffen, heißt es bei Jesus Sirach. Ich wusste nicht recht, ob es mir missfallen sollte, dass Die-mit-den-Hosen den beiden vormachte, sie könnten große Künstlerinnen werden.

Aber wie heißt es im ersten Johannesbrief? *Es gibt Sünde, die nicht zum Tod führt, und man soll für die kleinen Sünder bitten, damit sie nicht in die Hölle kommen.*

Der Mond hatte einen Hof in dieser Nacht, und die Sterne flirrten wie kleine Kerzenlichter, und ich sah dieses zweite Zeichen am Himmel, aber ich dachte mir noch nichts Arges dabei.

Die Rothaarige klemmte zwei leere, mit Leinwand bespannte Holzrahmen in die dreibeinigen Gestelle, breitete Pinsel, Paletten und Farbtuben auf einer Decke aus und schickte mich dann, einen Schemel aus dem Haus zu holen.

Als ich zurückkam, ließ sie verstohlen etwas in den Falten ihres Rockes verschwinden. Die blonde Franzi schaute rasch in eine andere Richtung, als sie mich kommen sah. Sie kicherte und lachte nicht mehr.

Während die-mit-den-Hosen schweigend und wie geistesabwesend im Feuer stocherte, breitete die Rothaarige ein fein besticktes Seidentuch über den Schemel, legte einen silbernen Reif in die Mitte und in den Reif hinein einen fast kindskopfgroßen, gläsernen Ball. Das Feuer warf bunt züngelnde Flämmchen auf seine spiegelnde Oberfläche.

Die beiden jungen Frauen starrten darauf, als wollten sie die Kugel mit ihren Blicken zum Bersten bringen, und auch ich konnte mich einfach nicht abwenden.

»Rungholt ...«, wisperte die Rothaarige, »Geister der tausend Toten, sprecht zu uns!«

»Zeigt euch,« – die Blonde hob wie beschwörend die Hände – »wir werden der Nachwelt von euch Bild und Zeugnis geben!«

Die Kugel schien zum Leben zu erwachen. Sie leuchtete auf, dann waberten schwarze und rote Wolken in ihrem Inneren, wie Blut mit Asche vermischt.

Ein Spuk! Blendwerk!

Durch die schmutzig roten Schleier tanzten grüne, schaumgekrönte Wogen.

Sünde! Teufelswerk!

»Halt!«, rief ich.

Ihr sollt euch nicht wenden zu den Wahrsagern, und forscht nicht von den Zeichendeutern, daß ihr nicht an ihnen verunreinigt werdet; denn ich bin der Herr, euer Gott!

Mir war, als wollte Moses selbst mich vor den Freveln bewahren, die diese Frauen heraufbeschworen hatten!

»Halt!«, rief ich aufs Neue. Aber niemand schien mich zu hören. »Haltet ein!«

Ich versuchte, aufzustehen, ich versuchte zu schreien, aber meine Stimme klang wie aus weiter Ferne, und mein ganzer Körper schien wie in Eisen gegossen; starr und zu keiner Bewegung mehr fähig.

Wenn eine Seele sich zu den Wahrsagern und Zeichendeutern wenden wird, dass sie ihnen nachfolgt, so will ich mein Antlitz wider dieselbe Seele setzen und will sie aus ihrem Volk ausrotten!

»Halt! Halt! Haltet ein!«

Die dunklen, blutig roten Schleier hoben sich, und aus den tief grünen Wogen erhob sich eine Stadt, mit Kirchturm und Häusern und Schiffen im Hafen.

Mein Herzschlag schien auszusetzen, und mein Atem stand still, und das Brausen in meinen Ohren wurde zum Rauschen des Meeres. Jetzt klangen deutlich Stimmen zu mir herüber.

Männer, Frauen und Kinder.

Ich sah sie ihren Geschäften nachgehen, fischen und Handel treiben und hörte sie in einer Sprache sprechen, die ich nicht verstand.

Die drei Frauen, die eben noch Seite an Seite mit mir am Feuer gesessen hatten, waren verschwunden, und um mich herum war festes Land und die Sonne schien taghell.

Ich spürte meinen Körper nicht mehr, schien durch die Menschen in jenem Hafen hindurchzuschweben, und ich sah in ihre Gesichter, aber keiner von ihnen nahm mich wahr.

Und während sich am Himmel über ihnen dunkle Wolken türmten, lachten und schwatzten sie und waren allesamt guten Mutes.

Wo gestern noch Lärm und lustiger Tisch,
Schwamm andern Tags der stumme Fisch ...

Noch vor Sonnenaufgang wachte ich in meiner Kammer auf, angekleidet und mit aufgestecktem Haar.

Um mich herum: Stille. Alles schlief, das Meer hatte bereits begonnen, sich zurückzuziehen und auf dem Gras lag kein Tau. Die Möwen hatten sich auf der Kälberweide niedergelassen, und Wilhelm Carstensens Gaul schnappte nervös nach den Fliegen.

Am Himmel stand das blasse Viertel eines Regenbogens.

Da gedachte ich der ersten zwei Zeichen und wusste, was zu tun war.

Wenn eine Seele sich zu den Wahrsagern und Zeichendeutern wenden wird, daß sie ihnen nachfolgt, so will ich mein Antlitz wider dieselbe Seele setzen und will sie aus ihrem Volk ausrotten.

Die Kette lag noch in meinem Kästchen.

Ich nahm sie behutsam heraus und ging zu der Stelle, wo die-mit-den-Hosen das Feuer gemacht hatte. Die beiden dreibeinigen Gestelle standen noch da. Die Leinwände waren verschwunden.

Und wenn sie zu euch sprechen werden: »Befragt die Totenbeschwörer und die Wahrsager, die flüstern und murmeln«, so sprecht: »Soll ein Volk nicht seinen Gott befragen? Soll es für die Lebenden die Toten befragen?« Zum Gesetz und zum Zeugnis! Wenn sie nicht nach diesem Wort sprechen, so gibt es für sie keine Morgenröte.

Langsam setzte ich Fuß vor Fuß, dem zurückweichenden Wasser nach.

Wenn ein Mann oder Weib ein Wahrsager oder Zeichendeuter sein wird, die sollen des Todes sterben. Man soll sie steinigen; ihr Blut sei auf ihnen.

»Rückzu rückwärts, immer in dieselbe Spur«, flüsterte ich vor mich hin, denn *Die Zauberinnen sollst du nicht leben lassen*, sagt Moses, und *Wer über Gott spottet, muss sterben, egal ob es ein Einheimischer oder ein Fremder ist.*

Sie werden meine Kammer durchsuchen, die böse Rothaarige voran. Aber sie werden die Kette nicht finden, denn ich werd' sie dem Meer zurückgeben, da wo ich sie gefunden hab.

Und wenn sie die Spur meiner nackten Füße im Watt entdecken, werden sie ihr folgen.

»Rückzu rückwärts, und Schritt für Schritt, einen Fuß nach dem anderen, immer in den Abdruck, den ich auf dem Hinweg hinterlassen hab ...«

Sie werden glauben, dass sie am Ende der Spur das alte Rungholt finden, so wie ich 's der Rothaarigen gesagt hab.

Doch jetzt schon türmt sich am Himmel ein weiteres Zeichen des Herrn, trügerisch weiß ...

Wenn ein Mann oder Weib ein Wahrsager oder Zeichendeuter sein wird, die sollen des Todes sterben.

ER hat mich erwählt als seine Vollstreckerin, denn *die Zeit ihres Unglücks ist nahe, und was über sie kommen soll, eilt herzu.*

Vom Weitem sahen sie aus wie ein Schwarm bunter Vögel aus irgendeinem schönen, fernen Land. Ich schaute ihnen nach, wie sie meiner Spur im Watt folgten. Aber es waren keine Vögel, sondern menschliche Wesen aus einem Ort namens Feldafing, irgendwo in der Nähe von München.

Um die-mit-den-Hosen war 's mir ein wenig leid, aber Gott erkennt die Seinen.

Und so sah ich sie gehen, und als ein weiteres Zeichen am Himmel erschien und die Wolken sich türmten und schwarzgrau verfärbten, nahm ich die Bibel zur Hand, und las laut die Worte bei Samuel Zwei:

»*Er neigte den Himmel und fuhr herab, zu seinen Füßen dunkle Wolken. Er schoss seine Pfeile und streute sie, er schleuderte Blitze und jagte sie dahin. Sie schreien, doch hilft ihnen niemand, sie schreien zum Herrn, doch er gibt keine Antwort.*«

Sie kehrten nicht zurück.

Als das Gewitter sich verzogen hatte, sah ich im Stall nach ihren Habseligkeiten. Die Leinwände, die sie zurückgelassen hatten, zeigten in grobem Pinselstrich die Stadt, die mir des Nachts erschienen war.

Und ich warf sie ins Feuer.

Epilog / Historischer Hintergrund

In einer dunklen Nacht im Jahre 1945 stürzte ein britisches Flugzeug bei Südfall ins Watt. Der Pilot überlebte verletzt und fand an der Unfallstelle eine seltsame Flöte. Er spielte darauf und die damalige Besitzerin der Hallig, Gräfin Franziska von Reventlow-Criminil, folgte dem Klang. Die Flöte von Rungholt – eine mittelalterliche Okarina – rettete so dem Piloten das Leben. Sie liegt heute im Husumer Nordseemuseum.

Die Kette des Thedo Bonisson hingegen wurde nie gefunden. Auf der Rückseite eines Hamburger Testaments aus dem Jahre 1345 jedoch findet sich die Eintragung »Edomsharde, Kirchspiel Rungholt, Richter, Ratsleute, Geschworene, Thedo Bonisson samt Erben« ...

Anja Marschall

Die Hallig entlässt ihre Kinder nicht

Bis zum Horizont glänzte das Grau des Watts im kalten Licht einiger Sonnenstrahlen, die sich durch die hohen Wolkenberge stahlen. Der eisige Nordwestwind trieb sie vor sich her. Schweigend stand Friedrich an der Abbruchkante des kleinen Eilands im Wattenmeer. Der Sturm letzte Nacht hatte wieder mehrere grasbedeckte Erdbrocken von seiner Hallig ins Meer gerissen. Stumm lagen sie nun draußen im Schlick.

Schon viele der Nachbarhöfe und Halligen waren so verschwunden. Und bald würde es auch den Rest von Nordmarsch endgültig treffen. Nicht weit von ihm entfernt stakten aus dem nassen Schlamm einige Zaunpfähle heraus, die er und sein Vater erst vor wenigen Jahren gesetzt hatten, um die Schafe beisammen zu halten. Jetzt standen diese knorrigen Finger mahnend im Watt.

Auch der Boden nahe dem Fething beim Haus, dessen Wasser das Vieh tränken sollte, zeigte in diesem Jahr noch tiefere Risse als sonst. Risse, die der Vater und er erst im letzten Herbst mit einer Strohnaht geschützt hatten. Doch sie wurde wieder fortgespült. Zwischen den eisgrauen Fluten und seinem Elternhaus lagen jetzt nur noch wenige Meter.

Tief atmete Friedrich die Winterluft ein. Er versuchte, das Meer für seine Gier zu hassen, aber es wollte ihm nicht gelingen. Da fiel es ihm schon leichter, die zuständige Kommission des Dänenkönigs zu verachten, die seit Jahren darüber stritt, ob die Halligen nicht lieber aufgegeben werden sollten. Karg und nutzlos seien sie, sagten einige in Kopenhagen, doch andere meinten, man müsse die Halligen zum Schutz für das Festland erhalten. So redeten sie und zankten, während die kargen Erdhaufen im Watt, einer nach dem anderen, untergingen.

Da hörte Friedrich das sonntägliche Läuten der Glocke auf der Kirchwarft der Nachbarhallig Langeneß. Er drehte sich um, als er auch schon seine Eltern und den Bruder durch die niedrige Tür des reetgedeckten Hauses treten sah. Stine, seine kleine stets kränkliche Schwester, klammerte sich blass und hustend an die Hand der Mutter. Festlich gekleidet, mit hohem Hut und in bestem Staat, würde man heute ein letztes Mal gemeinsam hinübergehen, zur Hallig Langeneß.

Friedrich steckte die Hand in seine Jackentasche und fühlte den zusammengefalteten Brief der Kommandantur darin. Mit schweren Gedanken ging er der Familie entgegen. Ohne ein Wort nahm er die Kleine hoch, die ihre Ärmchen um seinen Hals schlang und den Kopf erschöpft auf seine Schulter legte. Dann folgte er dem Vater, der mit finsterem Blick voranschritt. Stattlich gekleidet in seinen alten Kapitänsrock, mit dem aufgebürsteten Hut, stach der Mann, den Stock in seiner Hand, verbissen in den feuchten Boden, während er schweigend den Weg zur Kirchwarft antrat.

Seit der Bote den Brief für Friedrich gebracht hatte, hatte der Vater kein Wort mit seinem ältesten Sohn gesprochen. Zu tief war die Verzweiflung. Der alte Mann schien mit sich und Gott zu hadern. Dem Pastor war es nur unter Androhung von Höllenqualen und Exkommunion geglückt, den Vater davon zu überzeugen, am heutigen Abschiedsgottesdienst für seine Söhne teilzunehmen. Es war der Tag, an dem der Vater seine beiden Söhne verlieren würde. Den einen an den Dänenkönig, um Krieg gegen Preußen zu führen, den anderen an ein ungewisses Schicksal auf der anderen Seite des Atlantiks.

Eigentlich sollte Friedrich diese Reise antreten. Er hatte sich seit Langem darauf vorbereitet. Der Vater hatte alles Ersparte zusammengetragen, damit sein ältester Sohn im fernen Amerika der Familie eine neue Zukunft errichten konnte. In einer Gegend namens Kalifornien wollte Friedrich sein Glück versuchen. Dort sei das Klima warm und die Luft gut für die kleine Stine, hatte man ihm versichert. Und wachsen würde dort alles, was man nur in den Boden steckte.

Aber dann kam der Marschbefehl aus Husum. Der Vater war entsetzt gewesen. Statt Friedrich würde nun dessen jüngerer Bruder Karl nach Amerika fahren müssen.

Die Mutter, eingehüllt in einen wollenen Schal, ging neben dem Vater. »Der Karl ist kein Schlechter, Mann. Er wird uns nicht enttäuschen«, hörte Friedrich seine Mutter leise sagen. Doch der Vater schien nicht an seinen Jüngsten zu glauben.

Karl, der leise pfeifend neben Friedrich herschlenderte und dabei die Hände tief in die Hosentaschen steckte, hatte es nicht für nötig gehalten, seit dem Eintreffen des Briefes wenigstens ein paar Brocken Englisch zu lernen. Auch interessierte Karl sich nicht für Friedrichs Aufzeichnungen, die dieser in den letzten Monaten akribisch erstellt hatte. Es war Friedrich gelungen, ehemalige Halligbewohner in New York ausfindig zu machen, die nur allzu bereit waren, ihrem Landsmann mit gutem Rat zu helfen. Beim Dorfschullehrer hatte Friedrich Unterricht in Englisch genommen, obwohl er vermutete, dass dieser darin selbst nicht sonderlich kundig war. Ja, Friedrich hatte es sogar fertiggebracht, ein Buch zu besorgen, um über Wohl und Wehe der Reise in Kenntnis gesetzt zu werden. Es war ihm klar gewesen, dass ihm drüben keine Zeit für Fehler geblieben wäre. Er hätte dort möglichst schnell Fuß fassen müssen, um mit einer soliden Existenz Geld verdienen zu können. Geld, das er gebraucht hätte, um Stine und seine Familie nachzuholen.

Doch mit der Depesche der Kommandantur kam alles anders. Eiligst wurde der Agent in Husum informiert. Man ließ die nötigen Papiere umschreiben und bat um Erlaubnis beim Deichgrafen an Friedrichs statt Karl fahren zu lassen, was ohne Murren gewährt wurde. Und so war heute für die Brüder der letzte Tag auf der Hallig Nordmarsch angebrochen. Wenn in der kommenden Nacht die Ebbe kam, würden Friedrich und Karl ihr Zuhause verlassen. Friedrich seufzte.

Als sie die neue Kirche auf der Kirchwaft von Langeneß erreicht hatten, begrüßten die Nachbarn die Familie mit stummem Nicken. Karl winkte einer Gruppe junger Mägde zu, die im Windschatten der gedrungenen Kirche kichernd ihre Köpfe zusammensteckten. Nicht weit von ihnen entfernt stand Gesine, die neue Magd von der Honkenswarft, und blickte ernst zu ihnen herüber.

Friedrich, dem der Blick des Bruders zu den Mägden hin nicht entgangen war, boxte Karl in die Seite. »Hast du denn keine Ehrfurcht?«, zischte er.

Doch Karl grinste ihn nur an. »Noch sind wir nicht drinnen. Und der Herr Pastor ist auch nirgends zu sehen.«

Sie traten in das feuchte Kirchenschiff, an dessen Decke das Modell eines Walfangschiffes hing. Es sollte an die großen Zeiten der Halligen erinnern, als hier noch mit dem Walfang viel Geld verdient werden konnte.

Während Pastor Siemsen den Gottesdienst begann und mahnend die Halligleute zu mehr Gottgefälligkeit aufforderte, musterte Friedrich unauffällig seine Familie. Er sah, wie die eisblauen Augen seines Vaters vor Wut zuckten, wie die Zähne unter dem grauen Bart mahlten. Der Alte galt als unbeugsamer Mann, doch das Meer hatte ihn in den letzten Jahren mehr als sonst gelehrt, wie klein und hilflos er war. Seinen Ältesten in die Fremde zu schicken, war der verzweifelte Winkelzug des Kapitäns gegen ein unabänderliches Schicksal gewesen. Ein Lichtstreif am Horizont, der dem stolzen Mann dann und wann ein Lächeln abgerungen hatte. Doch nun war es dahin, denn Karl, der gelangweilt neben der Mutter saß, schien nicht mit dem nötigen Rüstzeug eines Mannes ausgestattet, das die Familie retten könnte.

»Alles liegt in Gottes gnädigen Händen«, erscholl es von der Kanzel. »Und mögen die Wege des Herrn uns nichtigen Wesen unverständlich scheinen, so gilt sein Tun einem höheren Schluss.« Eindringlich blickte der Pastor auf seine Gemeinde herab. »Wir verabschieden heute zwei aufrechte junge Männer in eine glorreiche Zukunft.« Mit weiter Geste wies der Mann im Talar auf Friedrich und Karl, wobei Karl sich gerader hinsetzte und zu den Bankreihen mit den Mädchen hinüberlächelte. »Sie werden zurückkehren, um in Gottes Namen Ehre über ihre Familie und das gesamte Halligvolk zu bringen.« Der Vater schnaubte hörbar. »Sie gehen mit Gottes Segen und Gott wird sie schützen!«

Als sich die Halligleute vor ihrer Kirche trafen, um nach dem langen Gottesdienst im scharfen Wind, der an ihren Kleidern zerrte, ein wenig zu schwatzen, sah Friedrich, wie die Spökenkiekerin von der Nachbarhallig Oland in kleinen Schritten auf die Kirchwarft zueilte. Sie stieß das hölzerne Tor auf und tippelte mit verbissenem Gesicht zu ihnen hoch.

Die Gespräche erstarben.

Die Alte blieb stehen, hielt Abstand zu den Halligbewohnern, wogte unruhig zwischen den Grabsteinen hin und her, musterte in ihrem schäbigen Rock jeden einzelnen Kirchgänger. So mancher wandte sich unter ihrem scharfen Blick ab. Besonders lange ruhten die Augen der kleinen Frau auf Friedrich. Dann öffnete sie ihren fast zahnlosen Mund und breitete die Arme zum Himmel aus. »Ich habe es gesehen: Niemals entlässt die Hallig ihre Kinder!«

Einige feixten. »Ach, du und deine dummen Ideen!«, schimpfte jemand. Doch die Frauen, es waren zumeist die Älteren, wichen hinter ihre Männer zurück.

»Ich sage euch ein Unglück voraus«, rief die Alte, von der viele auf der Hallig glaubten, sie hätte das zweite Gesicht. Wieder blickte sie streng in die Runde.

Da trat Friedrichs Vater vor. Seine Stimme zitterte vor Wut. »Das sagst du immer, du verrücktes Weib! – Letztes Jahr hast du gesagt, die Pest käme. Und kam sie? Nein! – Verschwinde! Die Jungen gehen, weil der König es will und weil ich es will!«

»Du irrst, Petersen!«, hörte man da den mächtigen Tenor des Herrn Pastors, der aus der Kirche eilte, in der Hand einen Besen schwingend. »Gott! – Es ist Gott, der es befohlen hat!« Mit wehendem Talar stürmte er auf die Alte zu, die sich zwischen den halbhohen Grabsteinen zu verstecken suchte. »Hinfort mit dir, du elende Ungläubige! Du Missgeburt der Hölle!«, dröhnte der Pastor und jagte sie durch die Pforte, die Kirchwarft hinunter zu den Salzwiesen.

Doch bevor sie sich gänzlich trollte, drehte sie sich um und kreischte mit sich überschlagener Stimme: »Gib dem Teufel nicht, was er will, Junge! Gib es ihm nicht.« Die Leute sahen sich an. Wen meinte sie?

Später in der Nacht lag Friedrich in seinem Alkoven und grübelte noch immer über die Worte der Alten. Sein Reisesack stand fertig gepackt an der Tür. Draußen ließ der Wind die Äste an den Linden knarzen. Irgendwo klapperte ein Fensterladen.

Da hörte er Schritte. Kurz darauf ächzte die Seitentür des Hauses. Wer wollte in der Dunkelheit den Hof verlassen? Schnell erhob sich Friedrich und lief zum Fenster. Da sah er eine Gestalt im Schein einer Fackel die Warft hinuntereilen. Es war Karl. Er trug seinen Koffer bei sich. Wollte sein Bruder etwa ohne ihn gehen? Das ablaufende Wasser würde noch gut zwei Stunden brauchen, damit sie den Priel sicher durchqueren konnten. Erst auf dem Festland würden sich ihre Wege trennen. Verwirrt sah Friedrich seinem Bruder nach. Es war noch nicht Zeit zu gehen. Flink schlüpfte Friedrich in die Stiefel, griff seine Sachen, riss die Jacke vom Haken und folgte Karl.

Friedrich sah den Schein der Fackel über die Wiese wandern, hin zum Watt, wo in der Ferne das Wasser sein musste. Ab und zu stahl sich der Mond durch die Wolkendecke und Friedrich konnte etwas sehen. Ansonsten musste er sich darauf verlassen, dass er hier jeden Erdhaufen und jeden Graben kannte. Der Bruder schlug den Weg nach Süderhörn ein.

Schon dachte Friedrich, Karl könne der Verwandtschaft dort noch einen Besuch abstatten. Doch dann sah er, wie sein Bruder die Hallig passierte und Richtung Norderhörn weitereilte. Friedrich wollte seinen Bruder schon rufen, doch etwas sagte ihm, dass das nicht gut sei. Und so hielt er Abstand, immer das Licht der Fackel im Blick behaltend.

Zwischen den Wolkenbergen schien der Mond dann und wann über das silbrig glänzende Watt mit den düsteren Schatten der Halligen darin. Karl hielt auf die Kirchwarft zu und Friedrich folgte ihm. Er fragte sich, was sein Bruder dort nur um diese Zeit wollte, zumal Karl alles andere als gläubig war. Da bemerkte Friedrich Kerzenschein im Inneren der Kirche, der zwischen den gläsernen Fenstern hin und her wanderte. Ein kurzer Blick auf die rückwärtige Seite der Kirche sagte Friedrich, dass der Herr Pastor von diesem nächtlichen Besuch vermutlich nichts ahnte, denn die Fenster des Pastorats blieben dunkel. Abgesehen davon wusste jeder auf der Hallig, dass der Geistliche nicht nur Gott liebte, sondern auch den Rum. Alle Heiligen im Himmel würden den Mann nicht wach bekommen.

Vorsichtig näherte sich Friedrich dem gemauerten Kirchenportal. Er schlich an der Seite des Kirchenschiffs entlang, hin zu einer schmalen Tür. Leise öffnete er sie und schlüpfte in die Sakristei. Vorsichtig tastete er sich zur hölzernen Tür hinüber, die den kleinen Raum vom Gotteshaus trennte. Er legte sein Ohr an das Holz. Deutlich konnte er Stimmen hören. Jemand war bei Karl. Eine Frau.

»Schwöre es!«, rief sie wütend.

Karl lachte. »Warum sollte ich? Ich habe nicht vor, dich und das Kind nachzuholen. Wer sagt überhaupt, dass es mein Kind ist?«

»Wie kannst du so etwas sagen!«, schrie die Frau auf. »Es kann nur deins sein!«

Friedrich hielt die Luft an. Die Stimme gehörte Gesine von der Honckenswarft. Karl hatte sich mit ihr eine Zeitlang abgegeben, bis der Bauer ihn des Hauses verwies, um die Ehre der jungen Frau zu schützen, die seit Langem mit einem Handwerker vom Festland verlobt war.

Wieder hörte Friedrich seinen Bruder lachen. Er schämte sich für Karl. »Dummes Ding, du!«, rief der. »Warum sagst du nicht deinem Hauke, es sei seines? Das macht ihr Weiber doch so.«

Gesine begann zu weinen. Friedrich wollte gerade in das Kirchschiff stürzen, um seinen Bruder zur Rede zu stellen, als er inne hielt. »Denkst du etwa«, tönte Karl. »Ich würde mich von dir oder sonst jemandem aufhalten lassen? – Selbst den Friedrich habe ich geschlagen!«

»Was meinst du damit?«, wollte Gesine schluchzend wissen.

Karl antwortete nicht. »Denkt ihr alle, ich würde mich mit einem toten Kleiehaufen im Meer abspeisen lassen? – Nein! Ich werde nach diesem Amerika hinreisen und ich werde dort reich werden.«

Aufmerksam lauschte Friedrich hinter der Tür den Worten seines Bruders.

»So nimm mich doch mit nach Amerika«, jammerte Gesine.

»Nein.«

»Du musst mich aber mitnehmen, Karl. Ich habe doch schon dem Hauke einen Brief geschrieben, dass ich gehen werde! – Oder ist es das Geld?«, wollte sie wissen. »Ich kann meine Fahrt selber bezahlen, Karl«, rief sie. »Sieh her! – Ich habe es gespart.«

Plötzlich klimperten Münzen auf dem steinernen Fußboden der Kirche. Friedrich hörte, wie Karl lachte. »Behalt dein Geld, du dummes Ding.«

»Bitte, Karl! Bitte, nimm mich mit!«

»Nein. Weder nehme ich dich mit, noch deinen Bastard.«

»Aber, es ist dein Kind!«

Karl lachte. »Das sagst du, doch ich sage anderes, wenn mich jemand fragt.« Einem waidwunden Tier gleich schrie die Frau auf. »Um nach diesem Amerika hinzukommen«, fuhr Karl im selbstgefälligen Ton fort, »brauchte ich nichts weiter, als dem Schreiber in der Kommandantur eine Buddel Schnaps zu geben, und dem Offizier zwanzig Mark. – Ich habe dafür gesorgt, dass der König unseren Friedrich mit in den Krieg nimmt. – Ich lasse mir das nicht von dir und deinem Bastard kaputtmachen!«

Ungläubig starrte Friedrich die verschlossene Tür vor seinem Gesicht an. Nur langsam begriff er, dass sein Bruder ihn an den König verkauft hatte, um für sich selbst freie Fahrt nach Amerika zu haben. Friedrich spürte seine Beine nicht. Er stützte sich an der kalten Steinwand des engen Raumes ab, bekam keine Luft mehr. Wild zerrte er am Kragen seines Hemdes. Sein eigener Bruder hatte ihn und die gesamte Familie verraten.

Schwankend verließ Friedrich die Kirche und ließ sich auf die morsche Bank an der Kirchmauer fallen.

Schemenhaft tauchte der Mond, der immer wieder zwischen den Wolken hervorlugte, die kahlen Bäume über den Gräbern in ein fahles Licht. Neben einem frisch ausgehobenen Grab steckte der schmale Marschspaten noch in der Erde. Morgen schon würde das Loch dort drüben die letzte Ruhestätte für den alten Ole Hansen von der Tadenswarft sein. Kaum fünfzig, hatte ihn der Schlag getroffen.

Friedrich wusste nicht, wie lange er auf der Bank gesessen hatte, als ein kräftiger Regenschauer einsetzte und der Friedhof vor ihm im dunklen Grau der letzten Nachtstunde unterging.

Plötzlich wurde die Kirchentür aufgerissen. Wie von Furien gehetzt, rannte Gesine mit einer Fackel in der Hand aus dem Gotteshaus. Sie bemerkte Friedrich nicht, dessen Blick ihr folgte, als sie zwischen den Grabsteinen hinüber zur hölzernen Pforte stürmte.

Friedrich hörte weitere Schritte aus dem Kirchenschiff kommen. Karl stand in der Tür, seinen Koffer in der Hand. Als er Friedrich gewahr wurde, fuhr er herum. »Was willst du hier?«, blaffte der seinen Bruder an, der schweigend auf der Bank saß und zu ihm hinüberstarrte. »Spionierst du mir etwa nach, Friedrich? – Hat der Vater dich geschickt?«

Friedrich wusste nicht, was er sagen sollte. Unfähig sich zu bewegen, blickte er Karl an. »Wirst du wenigstens etwas für Stine tun?«, hörte Friedrich sich selber sagen. »Schicke Geld, damit sie hier zu einem richtigen Arzt gebracht werden kann.«

Da verstand Karl. »Du hast wie ein altes Weib gelauscht!« Er lachte. »Aber ich will dir etwas sagen, Bruder: Weder der König, noch Gott, noch das Meer können mich aufhalten! Nicht einmal der Teufel.«

Friedrich sprang auf. »Wirst du etwas für Stine tun?« Er packte Karl am Kragen.

Doch der zuckte mit keiner Wimper. »Stine? Stine wird den nächsten Winter so oder so nicht überleben. Da kann ich nichts machen.«

Friedrich starrte seinen Bruder an, der ihm im Schein des Mondes kalt und weiß ins Gesicht lachte. Da schlug Friedrich zu. Karl ließ den Koffer fallen und stolperte nach hinten. Er fiel auf den Erdhaufen, neben Ole Hansens Grab.

Karl fluchte. »Was wirst du jetzt tun, Bruder?«, wollte er wissen. »Dem Vater sagen, dass ich ein ganz Verwerflicher bin? Nun, das weiß er bereits.« Er rappelte sich wieder auf, wobei er den Ärmel über seine blutende Lippe wischte.

Eine Möwe in der Ferne schrie, doch vielleicht war es auch der Schrei einer verzweifelten Frau.

Karl grinste Friedrich schief an. »Du kannst nichts mehr ändern. Es ist, wie es ist. Du kämpfst für den König und ich für mich.« Aus schmalen Augen musterte Karl ihn. Dann richtete er sich zu voller Größe auf und meinte: »So, dann lass uns jetzt gehen, Bruder. Die Tide steht gut.«

Karl nahm den Koffer wieder auf und wollte den Weg zwischen den Gräbern zur Pforte schreiten, als Friedrich den Stiel des Spatens in seinen Händen spürte. Ein Schrei kam aus seiner Kehle, als er auf Karl zurannte. Mit wenigen Schritten hatte er ihn erreicht, als der sich erschrocken umdrehte. Friedrich hob den Spaten und ließ ihn auf den Kopf seines Bruders sausen. Er hörte ein eigenartiges Knacken, als das Metall des Spatenblattes Karls Kopf zertrümmerte. Er glaubte Blut spritzen zu sehen. Schwer fiel sein Bruder zu Boden. Dann, Stille.

Am ganzen Leib zitternd starrte Friedrich auf die Leiche zu seinen Füßen. Er wagte nicht zu atmen. Entsetzt warf er den Spaten fort und stolperte zurück zur Bank, wo er niedersank. Heiße Tränen liefen seine Wangen herunter.

Er schlug die Hände vor die Augen. Was hatte er nur getan?

Es dauerte, bis er den Blick wieder heben konnte. Man würde ihn für diesen Mord vor Gericht stellen und erschießen lassen. Er hatte unendliches Unglück über die Familie gebracht. Und er hatte das Schicksal seiner kleinen Schwester endgültig besiegelt.

Friedrich blickte zum Himmel empor und hoffte, Gottes erlösende Rache würde ihn treffen. Doch nichts geschah. Stoßweise ging sein Atem, während er sich ein Gebet murmeln hörte, um Erlösung flehte. Unterdessen wusch der letzte Regen das Blut des Toten zu einem kleinen Rinnsal, es floss den Weg hinunter, unter der hölzernen Pforte entlang, bis es in einem der Gräben bei den Wiesen versank.

Da schob sich ein mächtiger Gedanke durch Friedrichs Kopf. Was wäre, überlegte er, wenn diese Tat das war, was getan werden musste, um die Dinge wieder ins rechte Lot zu bringen? Karl war für seinen Verrat an Gesine, an Stine, der eigenen Familie von seinem eigenen Bruder gerichtet worden.

Vielleicht gab es nun doch die Möglichkeit, seine Schwester zu retten und die Eltern vor der Armut zu bewahren. Er würde statt Karl nach Amerika fahren, so wie es gleich von Beginn an abgemacht worden war. Standen die Dinge jetzt nicht so, wie sie sein sollten, bevor Karl sein schreckliches Spiel gespielt hatte?

Mit einem Mal war Friedrichs Kopf klar. Er griff den Spaten vom Boden und lief zum leeren Grab von Ole Hansen. Wie von Sinnen begann er, die schwere Kleie herauszuschaufeln.

Einige Zeit später hatte er es genügend vertieft. Er sprang aus der Grube. Schweiß lief seinen Rücken herunter. Keuchend packte er den leblosen Körper und zerrte ihn zu dem Loch. Mit einem dumpfen Schlag fiel Karl hinein. Schon morgen würden zwei hier liegen.

Während die Regentropfen seinen heißen Rücken kühlten, begann Friedrich Schaufel um Schaufel schweren Halligbodens auf den Toten zu werfen. Immer wieder schob sich der Mond zwischen den Wolken hervor und tauchte den wie besessen grabenden Mann auf dem Friedhof in ein grausiges Licht.

Als er den Spaten endlich in die Erde stach, schien ihm alles klar und richtig. Den Leichnam seines Bruders würde man vorerst nicht finden, selbst wenn eine heftige Sturmflut sämtliche Leichen des Friedhofs aus den Gräbern heben würde. Bis dahin wäre Friedrich längst in New York, weit fort von den Gesetzen des Dänenkönigs.

Sobald seine Mittel es erlaubten, wollte Friedrich den Eltern einen Brief schreiben und alles erklären. Dann würde er das Geld für eine Überfahrt der Eltern und der Schwester schicken. In Kalifornien würde Stine endlich gesund.

Doch Friedrich stöhnte plötzlich auf. Er wusste, dass der Geist seines toten Bruders ihn von nun an in jeder Nacht die er noch atmend auf Erden verbringen würde, peinigen sollte. Er selber hatte sein Recht auf ein glückliches Leben im Diesseits mit dem Mord an Karl vertan.

Tief holte Friedrich Luft. Er durfte sich jetzt nicht entmutigen lassen. Und so nahm er Karls Koffer in die Hand. Seinen eigenen Reisesack wollte er im Priel zwischen Langeneß und Föhr versenken. Wenn die Leute den Sack fänden, würden sie glauben, Friedrich sei ertrunken. Von bösen Gedanken geplagt, doch fest entschlossen als Karl das Land zu verlassen, eilte er hinunter zum Watt.

Der Regen hatte aufgehört und über dem Festland veränderten die Wolken ihre Farbe. Bald ging die Sonne auf. Friedrichs Stiefel schritten über den festen Schlick. Je weiter er seine Heimat hinter sich ließ, umso sicherer war er, dass die Tat, wenn schon nicht von Gott gewollt, so doch gerecht gewesen war.

Immer wieder blickte Friedrich sich um, weil er das Silber des Wassers im Blick behalten musste. Das Meer war tückisch und würde bald zurückkommen, doch wenn er das Festland zeitig erreichte, bestand keine Gefahr.

Da sah er eine Gruppe von Leuten durch das Watt auf sich zukommen. Sie hielten Fackeln in der Hand und kamen schnell näher. Friedrich stutzte. Wer war noch vor Sonnenaufgang unterwegs? Sie schienen nicht von einer der Halligen zu kommen. Mit klopfendem Herzen ging Friedrich den Schatten entgegen, denn sicherlich hatten sie ihn ebenfalls entdeckt.

Bald schon erkannte er im Schein ihrer Fackeln, dass die Gestalten Knüppel in den Händen trugen. Er vermutete, es könnten Robbenfänger auf der Jagd sein, jedoch gab es in dieser Gegend keine Seehunde. Diese waren weiter draußen auf den Sandbänken zu finden. Friedrichs Schritte wurden langsamer.

Als er den Rand des Priels erreicht hatte, blieb er stehen und beobachtete die näherkommenden Männer. Nicht weit entfernt war eine hölzerne Überquerung, kaum mehr als ein schmaler Steg, der bei Flut unter Wasser lag. Doch etwas sagte Friedrich, er sollte ihn jetzt noch nicht überqueren.

Bald schon standen die Männer auf der anderen Seite des tückischen Wassers und starrten zu ihm herüber. Erleichtert sah Friedrich, dass es tatsächlich Fremde waren.

»Wer bist du?«, rief ihr Anführer, ein hochgewachsener, breitschultriger Kerl mit Wollmütze auf dem Kopf. Er hielt die Fackel in der einen Hand etwas höher, während die andere den Knüppel umklammerte.

Kurz überlegte Friedrich, dann log er: »Ich bin Karl Petersen von der Peterswarft. Und wer seid ihr?«

»Na, da haben wir ja den Richtgen!«, rief der Mann seinen Kumpanen zu, die rau lachten. An Friedrich gewandt meinte er nur: »Du Hund hast versucht, mir eine gebrauchte Frau ins Bett zu legen! Schande über das Weibsstück!« Er spuckte aus.

»Wovon redest du? Ich kenne dich nicht!«, rief Friedrich zurück, als er auch schon sah, wie einige der Männer ihre Knüppel schwangen.

Ihr Anführer schrie: »Ich bin Hauke, der Verlobte von Gesine! Die will nach diesem verdammten Amerika hin! – Wo ist sie?«

Friedrich erstarrte. Der Brief. Gesine hatte doch gesagt, sie hätte ihrem Verlobten einen Brief geschrieben. Der Mann auf der anderen Seite des Priels stierte Friedrich hasserfüllt an.

»Du hast der Gesine ein Kind gemacht, stimmt's, du Hund?«, schrie der Mann von Sinnen. »Nie hätte sie so etwas getan. Schande hat sie über mich gebracht! Und du auch!« Mit großen Schritten rannte er zu der knarzenden Brücke hinüber und war schon bald auf Friedrichs Seite. »Dafür werdet ihr büßen!«

Der begriff, dass die Bande vorhatte, ihn für die Tat seines Bruders zur Verantwortung zu ziehen. Er schrie, dass es nicht sein Kind sei. Doch das machte die Männer nur noch wütender.

Friedrich, der keine Keule bei sich hatte, ja, nicht einmal einen Stock, um sich zu verteidigen, ließ den Koffer und den Reisesack fallen und gab Fersengeld.

Doch die Männer holten schnell auf. Während der erste Knüppelschlag Friedrichs Oberarm zerschmetterte, dass er mit einem gellenden Schrei zu Boden sank, hörte er Gesines Verlobten wild fluchen. Schläge und Tritte folgten von allen Seiten. Friedrich stöhnte. Schützend hielt er seine Arme an den Kopf. Jemand zertrümmerte seine Nase. Er heulte auf. Blut lief ihm über das Gesicht, rann ihm in die Augen.

Doch irgendwann spürte er die schweren Stiefel in seinem Magen nicht mehr, hörte sein Körper auf zu schmerzen, während sie weiter auf ihn eindroschen.

Plötzlich ließen sie von ihm ab. Benommen nahm Friedrich Fetzen gekeuchter Worte wahr. Man beriet, was mit dem Halbtoten im Schlick zu tun sei. »Ins Wasser mit ihm! Ins Wasser!«

Da senkte sich eine tiefe Ruhe auf ihn. Starb er nun, weil Gott ihm den Mord an seinem Bruder nicht verzieh? Er hörte auf zu zittern, ihm wurde kalt und er wünschte sich, der erlösende Schlaf möge endlich über ihn kommen. In der Ferne erklang die Stimme der Alten vom Friedhof: »Die Hallig entlässt ihre Kinder nicht!«

Historischer Hintergrund

Erst um 1900 begann man, die Halligen zu befestigen. Zu diesem Zeitpunkt hatte die Hallig Nordmarsch ihre einstige Größe zum Großteil an das Meer verloren. Mit dem Setzen von Steinmauern und Buhnen wuchsen die Halligen Nordmarsch, Langeneß und Butwehl zusammen, und erhielten ihre heutige Form. Unter dem Namen Langeneß ist es heute die größte Hallig im Wattenmeer. Die Warften auf den Halligen wurden seither mit viel Aufwand und Geld erhöht, da man erkannte, dass das Wattenmeer und seine Halligen ein wichtiger Teil des Küstenschutzes sind.

Zum Zeitpunkt unserer Geschichte hatte die Hallig Nordmarsch bereits ihre Kirche an das Meer verloren und viele Warften eingebüßt. Noch heute befindet sich der alte Friedhof von Nordmarsch auf dem Restgebiet der Hallig, direkt auf der Kirchhofswarft.

Die Auswanderung war für viele der unabhängig denkenden Halligleute die einzige Möglichkeit, nicht nur ein Auskommen zu haben, sondern auch in Freiheit zu leben. Dieser Trend verstärkte sich insbesondere, als die Halligen nach dem verlorenen Krieg 1851 an Preußen fielen.

Glossar:
Spökenkieker: Menschen, denen man die Fähigkeit nachsagte, in die Zukunft sehen zu können.
Hallig: Kleine Marschinseln vor der Nordseeküste, die bei Sturmfluten überschwemmt werden können. Die zehn heute noch existierenden deutschen Halligen gruppieren sich kreisförmig um die Insel Pellworm, die selbst keine Hallig ist. Sieben der zehn Halligen sind heute bewohnt.
Fething: Regenwassersammelbecken, der in der Regel als Viehtränke diente.
Alkoven: Schrankbett

Amrum

Amrum ist eine Insel mit Geestkern und von einem großen Dünenstreifen geprägt. Es gibt mit der Norddorfer Marsch aber auch ein Marschgebiet, was sich in der Vegetation von dem Geestrücken stark unterscheidet.

Auf Amrum finden sich Spuren aus der Jungsteinzeit, wie zum Beispiel im Hünenbett von Nebel. Auch die Wikinger haben sich auf Amrum aufgehalten, man vermutet sogar ein alte Burganlage aus der Zeit.

Urkundlich erwähnt ist Amrum aber erst im Jahr 1231. Zu der Zeit haben die Menschen von der Salzsiederei und dem Fischfang gelebt. Später kam der Walfang hinzu.

Eine bekannte Person ist der Seefahrer Hark Olufs, der 1724 bei seinen Reisen den Algeriern in die Hände geriet und dort zum Slaven wurde. Er kehrte später als General nach Amrum zurück.

Nach langer dänischer Herrschaft und einer vorübergehenden Regierung von Preußen und Österreich kam Amrum 1867 schließlich ganz nach Preußen.

Im 19. Jahrhundert machte die Auswanderungsbewegung auch vor Amrum nicht Halt. Ein großer Teil der Bevölkerung ging nach Amerika.

Die Sturmflut 1862 setzte Amrum sehr zu, eine große Katastrophe mit nachfolgender Ölverschmutzung war 1996 das Schiffsunglück des Holzlasters *Pallas*.

Wer Ruhe und Beschaulichkeit sucht, findet auf der Insel in jedem Fall ein Plätzchen. Nicht umsonst wird sie auf der eigenen Internetseite Insel der Freiheit genannt.

Dieter Beckmann

Leuchtfeuer

Gestern Nacht hatten sie bei ihrer Tochter Peetje das neue Jahr 1875 begrüßt, etwas getrunken und ein wenig gefeiert, den Hauch von Fröhlichkeit genossen.

»Fröhlichkeit«, murmelte Telda bei dem Gedanken daran vor sich hin. Sie konnte sie nicht mehr spüren, diese Fröhlichkeit, denn das Lachen hatte sich aus ihrem Leben verabschiedet. Im November war sie sechzig geworden. Sie dachte an ihren verstorbenen Mann, der sein ganzes Leben lang anständig zu ihr gewesen war, bis ihn der Herrgott vor zehn Jahren zu sich geholt hatte. Fünf gemeinsame Kinder wurden ihnen geschenkt. Leider waren zwei davon unmittelbar nach der Geburt gestorben und ein weiteres hatte ebenfalls sein Leben lassen müssen. Die Erinnerung an das Kind, dessen unnützer Tod Telda ihr ganzes Leben lang verfolgte, bahnte sich immer wieder den Weg zurück in ihre Gedanken. Sie selbst lebte seit dem Tod ihres Mannes bei ihrer Tochter Peetje und deren Mann Jensen.

Telda blickte sich um. Es dämmerte bereits und viele Leute waren heute Abend hergekommen, um dem Schauspiel beizuwohnen. Eigentlich hatte sie zu Hause bleiben wollen, doch Peetje hatte auf sie eingeredet, sie müsse die Vergangenheit begraben und einfach alles hinter sich lassen. Außerdem war das Ereignis von so herausragender Bedeutung für die Insel Amrum und die ganze Nordseeregion, dass Telda auch ein bisschen neugierig war. Ihr Blick fiel auf die versammelte Schar von Menschen. Niemand blieb heute Abend zu Haus.

Die Strandbeamten waren ebenso zum feierlichen Anzünden des Amrumer Leuchtturms gekommen, wie der letzte verbliebene Strandräuber Hein Peterson, selbst wenn er niemals offen zugab, einer zu sein. Die gestrandeten Schiffe vor Amrum sicherten dem ein oder anderen Inselbewohner seit Jahrhunderten immer wieder ein zusätzliches Einkommen. Wer hatte schon etwas einzuwenden gegen den normalen Strandgang. Das machte schließlich jeder.

Allerdings gab es auch solche, die aktiv eingriffen und mit falschen Leuchtfeuern die Schiffe bewusst in die Irre lockten. Nicht selten wurde bei einem Überlebenden schon einmal nachgeholfen, da das Strandrecht besagte, dass ein gestrandetes Schiff erst dann in das Eigentum des Finders überging, wenn von der Besatzung niemand mehr lebte.

Solche Traditionen würde der neue Leuchtturm zunichtemachen. Telda ließ den Blick über die Menschen schweifen und stoppte schließlich bei Hein Peterson. Er stand nicht weit von ihr entfernt. Menschen bemerken, wenn sie angestarrt werden, dachte sie, denn Hein drehte sich langsam zu ihr um und schaute sie an. Er würde ihrem Blick nicht standhalten können. So wie er es all die Jahre nicht gekonnt hatte. Weder Hein noch einer seiner vier Kumpane, die in den letzten 25 Jahren alle unter merkwürdigen Umständen zu Tode gekommen waren, hatten ihr lange in die Augen sehen können. Sie wussten, dass Telda sie durchschaut hatte.

Der Erste von ihnen ertrank im Watt. Man sagte, er habe die Flut wohl unterschätzt, doch noch immer wurde hinter vorgehaltener Hand darüber geflüstert, denn der Mann war auf Amrum geboren worden und so jemand unterschätzte die Flut nicht. Der zweite fiel mit seiner Kutsche um. Er stürzte und das schwere Gefährt zertrümmerte seinen Schädel. Der dritte starb an einer seltsamen Krankheit, nachdem er zuvor etwas gegessen hatte, und den vierten fand man tot im Kniepsand. Es guckten nur noch sein Gesicht und eine Hand heraus. Der starke Wind an der Westküste Amrums hatte ihn mit Sand bedeckt. Das war erst im letzten Jahr gewesen. Die Polizei hatte den Fall zwar mit preußischer Gründlichkeit untersucht, so wie die Preußen, zu deren Kaiserreich nun auch Amrum gehörte, alles untersuchten, war aber zu dem Schluss gekommen, der Mann habe einen Infarkt bekommen. Was er zu so später Stunde überhaupt im Kniepsand gemacht hatte, blieb unklar.

Niemand wusste es, aber alle Amrumer hatten eine Vermutung, selbst wenn niemand sie offen aussprach. Schuld am Tod der Männer war angeblich Teldas Fluch. Zwar sagte ihr das niemand ins Gesicht, doch sie spürte es, wann immer das Thema auf die unsägliche Nacht von vor 25 Jahren fiel.

Telda bemerkte, dass Hein offensichtlich verzweifelt versuchte, ihrem Blick standzuhalten. Sie lächelte ihn überlegen an und wie stets behielt sie die Oberhand. Nein, er würde es auch diesmal nicht schaffen, dachte sie und wartete förmlich darauf, dass er seinen Blick senkte. Der preußische Beamte rettete Hein schließlich aus seiner misslichen Lage. Alle Augen klebten förmlich an seinen Lippen, als er zu sprechen begann. »Was lange währt, wird endlich gut. Durch den unermüdlichen Einsatz der preußischen Regierung ... !«

Telda nahm die Worte des Redners nicht mehr richtig wahr und hing ihren Gedanken nach.

»Wenn das Knudt Jungbohn Clement noch erleben könnte«, hörte sie die Stimme ihrer Tochter Peetje, die neben ihr stand.

»Dann würde er ihnen zurufen, sie sollen ihren verlogenen Mund halten«, zischte Telda leise, mehr zu sich selbst.

Peetje hatte ihre Worte wohl mitbekommen, denn sie flüsterte: »Mutter, nicht so laut, wenn das jemand hört!«

Telda zuckte leicht mit den Schultern. »Was macht das schon? Es weiß doch ohnehin jeder auf Amrum Bescheid. Man kann hier nichts verheimlichen.«

Peetje schüttelte verzweifelt den Kopf.

Telda dachte an den Schriftsteller Knudt Jungbohn Clement. Jahrelang hatte er sich für den Bau des Leuchtturms auf Amrum eingesetzt. Zuerst bei den dänischen Behörden, dann bei den preußischen. Bis zuletzt hatten gewisse Leute alles daran gesetzt, den Bau eines Leuchtturms zu verhindern.

Der gefährlichen Sandbank vor der Insel waren über die Jahrhunderte immer wieder zahlreiche Schiffe zum Opfer gefallen, das war für so manchen Insulaner ein einträgliches Geschäft. Da die königlichen Strandvögte in der Regel mit 12,5 Prozent am Erlös beteiligt waren, fiel der Ertrag oft recht üppig aus. Verständlich, dass der eigenwillige Clement da mit seinen Plänen gewissen Herren ein Dorn im Auge war.

Gott hab' ihn selig, dachte Telda, denn Clement war vor zwei Jahren in New Jersey in den USA gestorben. Während der Beamte vorne immer noch redete, blickte sie an dem hohen Leuchtturm hinauf bis zu dessen Spitze.

Peetje musste ihren Blick bemerkt haben. »Beeindruckend, nicht wahr, Mutter? Man sagt, Teile des Leuchtfeuers stammen sogar aus Paris.«

Telda zuckte mit den Schultern. »Mag sein, jedenfalls ist er jetzt fertig, auch wenn es lange genug gedauert hat.«

Peetje nickte. »Ja, Gott sei Dank.«

»Sie hätten viel früher fertig sein sollen, dann würden einige Menschen noch leben.«

»Mutter hör auf!«

»Aber es stimmt doch. Jahrelanges Hin und Her. Die ganzen Gutachter, Beschlüsse und Beratungen. Und während sie beraten haben, ertranken unsere Jungs in der Nordsee.«

»So etwas braucht vielleicht wirklich seine Zeit, Mutter.«

»Ja, das können die Behörden jemand anderem erzählen. Granitstufen, die plötzlich nicht geliefert wurden, Maurer, die gestreikt haben, als wäre das alles mit rechten Dingen zugegangen.«

»Wie meinst du das?«

»Peetje, mein Kind. Glaub mir, ich habe auf dieser Insel mein ganzes Leben verbracht. Hier gibt es nichts, außer der weiten See. Wir Friesen haben es immer schon verstanden zu überleben. Die Preußen machen einer alten Frau wie mir ebenso wenig etwas vor wie die Dänen. Sie interessieren sich nicht für unsereins. Aber es gibt viele Menschen, die sich für diesen Leuchtturm interessieren und von ihnen hassen die meisten das Bauwerk wie die Pest, glaub mir das, auch wenn einige heute hier stehen und etwas anderes behaupten.«

Telda blickte erneut zu Hein, dem das sichtlich unangenehm zu sein schien, denn er spielte nervös mit seinen Handflächen und bemühte sich, betont woanders hinzusehen. Doch in welche Richtung soll man schon blicken, wenn man der Einweihung eines Leuchtturms beiwohnt? Zum Leuchtturm natürlich und zwischen dem Turm und Hein stand sie, Telda. Sie genoss diesen Augenblick und lächelte ihn wieder an.

Auch Peetje blieb das offenbar nicht verborgen. »Warum blickst du fortwährend zu Hein Peterson, Mutter? Lass ihn in Ruhe und hör mit den alten Geschichten auf!«

Telda atmete tief ein. »Schon gut, mein Kind, vielleicht hast du recht.« Sie versuchte, sich wieder auf die Rede des Beamten zu konzentrieren, was ihr aber nicht so ganz gelingen wollte.

Plötzlich setzte sich Hein in Bewegung und kam langsam auf sie und Peetje zu. Er baute sich vor ihnen auf. »Was starrst du mich andauernd an? Ich lebe immer noch wie du siehst, alte Hexe!«

»Fragt sich nur, wie lange noch, Hein Peterson!«, erwiderte Telda ruhig und bemühte sich, ihre ganze Verachtung in die Worte zu legen. Freudig bemerkte sie, wie das Gesicht von Hein aschfahl wurde. »Ihr alle bekommt eure gerechte Strafe. Der Gonger wird auch dich holen, Hein Peterson!«

»Abergläubisches Geschwätz!«, zischte Peterson leise und schaute schnell nach links und wieder nach rechts, offensichtlich, um sicherzugehen, dass von den Anwesenden niemand etwas mitbekam. Dann wandte er sich in Richtung Peetje. »Sage deiner Mutter, sie soll aufhören,

auf Amrum fortwährend Lügen über mich zu verbreiten.«
Dann spuckte er verächtlich vor ihnen aus und wollte zurückgehen.

»Du weißt, dass ich recht habe. Du hast die Spur des Salzwassers in deiner Stube schon mehrfach gesehen, Peterson. Er wird dich holen, genauso wie er die anderen Mörder geholt hat.«

Peterson war stehen geblieben ohne sich umzudrehen und Telda bekam mit, wie er bei ihren Worten leicht zusammenzuckte, dann ging er weiter zurück zu seinem Platz.

Peetje blickte ihre Mutter entsetzt an. Sie kannte die alten Geschichten über die sogenannten Gonger. Tote Seeleute, die nicht zur Ruhe kommen konnten, weil sie auf Erden noch etwas zu erledigen hatten. Und sie kannte die Geschichte um ihren ältesten Bruder Reentje.

Es war bei seiner ersten Fahrt gewesen. Er war gerade 13 Jahre alt. Noch heute erzählte man sich von dem großen Schiffsunglück des Jahres 1850. Im November strandeten auf den Außengründen vor Amrum zehn Schiffe, nur von Fünfen wurden die Mannschaften gerettet. Ihr Bruder war nicht darunter. Peetje war damals ein Jahr alt. Einige Menschen auf Amrum erzählten, Hein Peterson und die Männer, die in den letzten Jahren unter mysteriösen Umständen ums Leben gekommen waren, hätten seinerzeit falsche Leuchtfeuer angezündet.

Peetje hielt die Geschichten über Gonger und den Fluch, den ihre Mutter über die angeblichen Strandräuber ausgesprochen hatte, für Aberglauben. Andererseits fand sie es schon merkwürdig, wie die Männer zu Tode gekommen waren. Der Einzige noch Lebende war Hein Peterson. Der hatte sich nun längst wieder von Peetje und Telda abgewendet.

»... ist dieser Leuchtturm ein Segen für Amrum und ein Segen für die Schifffahrt!«, beendete der Redner seinen Vortrag.

Das Leuchtfeuer wurde unter lautem Jubel entzündet. Kalter Wind schnitt Peetje in das Gesicht. Sie zog die Kapuze tiefer und blickte nach oben zum Feuer. Die Menschen klatschten und jubelten. Schließlich spürte Peetje Regentropfen auf ihrem Gesicht. Der Wind wurde ebenfalls stärker. Es sah ganz so aus, als würde das Wetter die Veranstaltung beenden. Auch die anderen Anwesenden setzten ihre Hüte und Mützen auf, zogen den Kragen enger zusammen. Die Menge löste sich langsam auf und Peetje nahm ihre Mutter am Arm, da sie ebenfalls gehen wollte. »Komm, Mutter! Wir haben nun genug gefroren!«

»Geh nur schon vor, mein Kind. Ich will noch etwas bleiben. Ich habe so lange auf diesen Leuchtturm gewartet, da möchte ich diesen Augenblick auskosten, auch wenn es kalt ist und regnet.«

»Willst du nicht mit nach Haus kommen, Mutter? Du kannst doch nicht alleine hier stehen bleiben.«

Telda rümpfte die Nase. »Mir wird schon nichts passieren. Vergiss nicht, dass ich auf Amrum geboren bin, mein Kind. Und so alt bin ich ja nun doch nicht, als dass ich es nicht mehr schaffen würde, alleine nach Hause zu finden.«

»Bist du sicher? Es wird gleich stockfinster sein.«

»Ja, natürlich. Außerdem ist Leuchtfeuermeister Krietsch ja da, sollte der Sturm stärker werden, so gibt er mir sicherlich Obdach. Es ist nur der normale Wind auf Amrum und die paar Regentropfen machen mir nichts aus. Geh du nur vor, ich komme gleich nach.«

Peetje war etwas mulmig bei dem Gedanken, ihre Mutter allein beim Leuchtturm zurückzulassen, andererseits kannte sie Telda auch. Wenn sie sich mal etwas in den Kopf gesetzt hatte, konnte man sie meistens nicht davon abhalten. Mit gemischten Gefühlen machte Peetje sich auf den Rückweg und blickte sich schließlich ein weiteres Mal nach ihrer Mutter um, die immer noch beim Leuchtturm stand und in Richtung Meer schaute.

Der Regen wurde heftiger und die Menschen beeilten sich, nach Hause ins Warme zu kommen. Peetjes Blick fiel auf Hein Peterson, der ebenfalls am Leuchtturm stand, etwas abseits von ihrer Mutter. Sie beschlich ein merkwürdiges Gefühl. Das Bild, was sich Peetje bot, erschien ihr unheimlich, auch wenn sie nicht genau wusste, was sie daran so erschreckte. Hein ging langsam zu ihrer Mutter und Peetje sah die beiden alten Menschen unterhalb des Leuchtturms nebeneinanderstehen. Was mochte Peterson von ihrer Mutter wollen? Sie hassten sich. Das war Peetje einmal mehr bewusst geworden, als ihre Mutter bei den Beerdigungen der Strandräuber zugegen gewesen war. Jedes Mal hatte sie gelächelt, als der Sarg in die Grube gelassen wurde. Heins wütendes Gesicht dabei würde Peetje nie vergessen.

Sie schüttelte sich und versuchte an etwas anderes zu denken. Dennoch machte sie sich Sorgen. Ihre Mutter war ihr die letzte Stunde seltsam ruhig erschienen, so, als sei sie am Ziel angekommen. Peetje wusste, wie viel der Leuchtturm Telda bedeutete. Er war das Sinnbild für zukünftige Sicherheit. Eine Art verspätete Rache für den sinnlosen Tod ihres Sohnes. Wie sehr hatte Telda geschimpft, wenn die Arbeiten sich wieder einmal verzögert hatten. Und jetzt stand er da. Der Leuchtturm von Amrum, der sein Licht an diesem kalten Januarabend zum ersten Mal über die Nordsee schickte. Peetjes Mutter und Hein standen jetzt nebeneinander, doch es sah nicht so aus, als würden sie sich unterhalten.

Peetje beeilte sich, nach Hause zu kommen. Es sollte das letzte Mal gewesen sein, dass sie ihre Mutter sah. Die Suche von Jensen und den anderen Männern nach den beiden, die noch in der gleichen Nacht begann, blieb erfolglos.

Am nächsten Morgen fanden sie jedoch unweit des Leuchtturms die Leiche von Hein Peterson. Sie wies keinerlei Gewaltspuren auf, sodass die Polizei von einem natürlichen Tod ausging. Telda jedoch blieb verschwunden.

Historischer Hintergrund

Der auf Amrum geborene Schriftsteller Knut Jungbohn Clement setzte sich Mitte des 19. Jahrhundert für den Bau von Seefeuern ein. Sehr zum Missfallen der Strandvögte, da diese um ihre Einnahmen durch Bergungsprämien und Strandräuberei fürchteten. Im November 1850 strandeten zehn Schiffe vor Amrum und Sylt. Nur von fünf konnten die Mannschaften gerettet werden.

1873 entschied die Regierung in Schleswig schließlich, dass auf Amrum ein Leuchtfeuer errichtet werden sollte. Mit dem Bau wurde 1874 begonnen. Doch bereits nach kurzer Bauzeit kam es zu Verzögerungen. So fehlten die Granitsteine für die Wendeltreppe, als die schließlich eintrafen, streikte ein Teil der Bauarbeiter. Trotz aller Widrigkeiten wurde der Leuchtturm im August 1874 fertig. Im November war auch der Leuchtapparat aufgebaut. Am 1. Januar 1875 kurz vor Sonnenuntergang wurde der Leuchtturm schließlich offiziell in Betrieb genommen.

ANNE GRIESSER

Er geht wieder um!

Dunkel sind sie, die Winternächte auf Amrum, stürmisch und dunkel, und besonders schwarz für diejenigen, die einen Mann verloren haben, sei es auf dem Meer, wo die gierigen Wellen ganze Schiffe verschlingen, sei es im heimischen Bett, so wie bei Hark, dem berühmten Hark, der nicht mit einem Schiff verunglückt ist, wie so viele andere, sondern im Bett einem Blutsturz erlag, mit sechsundvierzig Jahren, noch voll im Saft stehend, einfach so.

Dunkel sind sie, die Winternächte im Hause der Antje Harken, die 1754 ihren geliebten Mann verloren hat, es ist noch nicht lange her. Dunkel und kalt, denn Hark Olufs hat ihr zwar ein Haus hinterlassen, ein schönes, dazu viele Geschichten aus seiner abenteuerlichen Jugend und fünf Kinder, vier Töchter und einen Sohn, alle gesund und munter, wenigstens das. Trotzdem ist es kalt im schönen Haus der Antje Harken, denn Geschichten kann man nicht verheizen und fünf Kinder wollen satt sein, und die großen, die sind schon fast erwachsen, die brauchen besonders viel, um satt zu werden.

Aber die Antje, die ist keine, die den Kopf hängen lässt und sich bedauert! Nein, die Antje ist eine, die anpackt, wenn das Schicksal sie beutelt, die das Beste daraus macht. Die Antje ist auch keine, die Trübsal bläst, das liegt gar nicht in ihrer Natur, denn *mit einem Lächeln,* pflegt sie zu sagen, *erträgt sich alles leichter* und mit guten Freunden und einem warmen Herzen kann das Schicksal einem weniger anhaben, zumindest nicht ganz tief drin. Und deshalb lädt Antje Harken, die Witwe von Hark Olufs, dem großen Helden der Insel, in den besonders dunklen und stürmischen Winternächten ihre Nachbarn und Verwandten zu sich ein. Sie zündet ein Feuer im Ofen an, wenn auch nur ein kleines, kocht eine Suppe für alle und fordert die Männer und Frauen auf, Geschichten zu erzählen. Denn manchmal, das weiß sie wohl, manchmal können Geschichten eben doch wärmen – nicht die kalten Hände und auch nicht die eisigen Füße, aber immerhin das Herz, und darauf kommt es an.

»Er geht wieder um.« Niels Jenssen hat den Satz nur geflüstert. Es bringt Unglück, solche Dinge laut auszusprechen.

Keiner wagt es, eine Antwort darauf zu geben. Sie senken die Köpfe, hängen ihren Gedanken nach, vermeiden es, Antje in die Augen zu sehen. Nur die beleibte alte Marrike nickt bedächtig, als wolle sie bekräftigen, was Niels Jenssen gesagt hat, aber niemand sieht es, denn sie starren alle auf den Ofen, als köchle darauf die Suppe der Wahrheit.

Niels Jenssen räuspert sich. Seine Stimme ist belegt, noch immer leise, aber da er nun einmal die Sprache darauf gebracht hat, muss er jetzt etwas sagen, um die Gemüter zu beruhigen.

»Zwischen Nebel und Süddorf«, raunt er und seine Haare stellen sich auf, vor allem die feinen, auf den Armen.

»Was hast du gesehen, zwischen Nebel und Süddorf?« Antje verleiht ihrer Stimme mehr Festigkeit, als sie empfindet. So ist sie nun einmal: Wenn es brenzlig wird, wächst sie über sich hinaus; eine starke Frau, diese Antje, eine beherzte Witwe.

»Einen Schatten. Und nicht nur einmal. Ich sehe ihn jede Nacht – zu später Stunde, immer, wenn ich nach Hause gehe. Der Schlaf kommt nicht so leicht über mich, müsst ihr wissen, und deshalb wird es oft spät, bis ich Ruhe finde.«

»Einen Schatten. Und wie kommst du darauf, dass es der von Hark Olufs ist?«

»Ich kann im Mondlicht seine Gesichtszüge erkennen. Sein hochmütiges Grinsen, nichts für ungut, Antje, aber du weißt, was ich meine. Seinen wiegenden Gang – der Schatten wippt, genau wie es Hark immer getan hat – und wenn es eine besonders stille Nacht ist, kann ich seinen Säbel rasseln hören.«

Das Schweigen breitet sich wieder im Raum aus und das kleine Feuer im Ofen vermag niemanden mehr zu wärmen. Schon macht die dicke Marrike Anstalten aufzustehen, um nach Hause zu gehen.

»Und wie viel Branntwein hast du getrunken, Niels Jenssen, wenn du den Schatten siehst?«

Hark Nickelsen, der Vetter von Hark Olufs, der gleichzeitig sein Schwager ist, lacht als Erster. »Ja«, nickt er, »war es eine halbe Pulle oder eine ganze?«

»Mein Hark würde so etwas niemals tun. Umgehen! Im Leben nicht – und im Tod erst recht nicht.«

Damit ist alles gesagt. Die Stimmung löst sich und alle machen sich wohlgemut auf den Nachhauseweg – dankbar für die glaubhafte Deutung der Angelegenheit.

Doch Geschichten führen ein Eigenleben. Sie verhalten sich selten so, wie der Erzähler es beabsichtigt. Werden sie einmal losgelassen, kann kein Seemann sie mehr steuern, dann kreuzen sie im Wind, wie ein Schiff im Sturm, und segeln, wohin sie wollen.

Die Geschichten vom Geist des Hark Olufs, der in den Nächten, den dunklen Winternächten, zwischen Süddorf und Nebel umgehe, sie verstummen nicht. Bald ist es nicht nur Niels Jenssen, der Branntweintrinker, der ihn gesehen haben will, sondern auch die dicke Marrike, und seither sperrt sie nachts ihre Türe zu. Ein gänzlich unsinniges Unterfangen, denn wer hat jemals davon gehört, dass verschlossene Türen Gespenster aufhalten?

Sie kommen noch immer ins Haus der Antje Harken, die Nachbarn und Verwandten, aber nicht mehr so oft, und sie gehen früher nach Hause, denn je später der Abend, desto größer die Gefahr, einem Schatten zu begegnen.

»Nichts für ungut, Antje, aber du weißt selbst am besten Bescheid über die dunklen Seiten deines Hark. Du weißt, was man über ihn gesagt hat, als er noch lebte! Weißt, was er getan hat, dort in der Fremde. Er war ein Abtrünniger vom wahren Glauben!«

»Das ist eine Lüge.«

»Er hat den Turban aufgesetzt und ist nach Mekka gepilgert.«

»Nicht freiwillig! Er war ein Sklave.«

Niels Jenssens Kopf färbt sich rot, als er einen tiefen Schluck aus der Pulle nimmt. »Ein Sklave? Niemand macht ihm einen Vorwurf daraus. Was kann einer dafür, wenn sein Schiff gekapert und er auf dem Sklavenmarkt in Algier verkauft wird? Aber dein Hark war der Schatzmeister eines mächtigen Beys, das hat er uns oft genug erzählt. Mehr noch, geprahlt hat er damit! Er war der Oberbefehlshaber der Kavallerie! Hätte er das erreichen können, ohne den Turban aufzusetzen und zu Allah zu beten? – Nichts für ungut, Antje. Er ist nach Mekka gepilgert!«

»Der Pfarrer hat uns gesegnet. Wir haben vor Gottes Antlitz geheiratet. Wir haben –«

»Und jetzt geht er um. Als Strafe für seine Sünde.«

»Wie kannst du es wagen?«

»Seine Gier ist ihm zum Verhängnis geworden. Niemals hätte der Bey von Constantine einem Christenmenschen solche Reichtümer geschenkt.«

»Reichtümer?« Antje ist eine starke Frau, eine, die sich so schnell nichts anmerken lässt und die dem Schicksal gegenübertritt, gleichgültig, was es ihr beschert. Doch jetzt liegt eine leise Bitterkeit in ihrer Stimme. »Welche Reichtümer meinst du denn, Niels Jenssen? Die paar Säbel und Decken, die in der Truhe dort drüben verrotten? Oder das bisschen Geld, das Hark mit dem Buch über seine Abenteuer verdient hat? Ja, als er noch lebte! Da hat er Geschäfte gemacht und wir haben ein wenig Wohlstand erreicht. Aber die *Reichtümer aus dem Morgenland*, die stecken in diesem Haus, das er mir und den Kindern gebaut hat! Schaut nur gut hin, dann könnt ihr sie sehen, in den starken Balken, den kräftigen Dielen und in dem schweren Ofen, so wahr mir Gott helfe.«

Daraufhin schweigen sie betreten. Niels Jenssen kratzt sich die Bartstoppeln. »Nichts für ungut, Antje«, sagt er und nimmt einen weiteren Schluck aus seiner Pulle. »Nichts für ungut.«

An einem anderen Abend erzählen sie von Rungholt.

Die Kinder sperren die Münder auf und lauschen gebannt, sie wagen kaum zu atmen, damit nur ja keiner die Geschichte unterbricht. Selbst die Erwachsenen sind angespannt, obwohl sie doch alles schon wissen – auf Amrum und auf Föhr weiß jeder über Rungholt Bescheid.

Warum erzählen sie es trotzdem?

Antje Harken weiß es. Sie erzählen die Geschichte, um zu zeigen, was mit den Gottlosen geschieht, mit denen, die sich abwenden vom wahren Glauben.

»Und eines Nachts«, haucht Niels Jenssen mit seiner Branntweinstimme, bei der sich alle so schön gruseln, »eines Nachts haben sie eine Sau betrunken gemacht, ins Bett gelegt und den Pfarrer geholt, damit er dem Sünder die Letzte Ölung gebe.«

Sie stöhnen auf ob dieses Frevels, so wie sie immer stöhnen, wenn sie davon hören.

»Zu Tode erschrocken ist er, der Pfarrer, als er die Tat entdeckte, und dann kam der Zorn, der gerechte Zorn des gottesfürchtigen Menschen. Verflucht hat er die Rungholter, die ganz und gar verderbt waren, und er hat ihnen den nahen Untergang prophezeit. Noch in derselben Nacht, jawohl in derselben!, brach die Flut über den Ort herein. Mit Donnern und Getöse riss sie die verfluchte Stadt mit sich, begrub sie im Meer und nur der Pfarrer und seine fromme Haushälterin konnten sich retten, und seitdem ist Rungholt nicht mehr.«

Atemlos hält Niels Jenssen inne. Er blickt von einem zum anderen, ganz tief blickt er in ihre Seelen hinein, auch in die der Kinder. »Jedes Jahr zur Johannisnacht steigt Rungholt aus den

Fluten empor und wir können sie sehen, die gottlose Stadt, als Mahnung an uns, damit es uns nicht ebenso ergeht.«

Eines der Kinder beginnt zu weinen.

»Doch wehe den Menschen, die vom rechten Weg abweichen und ihren Glauben verlieren! Denn sie sind verdammt, sie zu hören! In den besonders stillen Nächten hören die Gottlosen die Glocken, von ganz tief unten, unter dem Meer, hören sie die Glocken von Rungholt.«

Dunkel sind sie, die Winternächte auf Amrum, und besonders trostlos für diejenigen, die keine Freunde haben, deren Nachbarn und Verwandte ihr Haus meiden, die alleine dastehen mit ihren Kindern, vier Töchtern und einem Sohn. Oft weint sich Antje jetzt in den Schlaf, obwohl das gar nicht ihre Art ist, überhaupt nicht, aber was soll sie denn tun, so ganz ohne das Wohlwollen der anderen? Wenn nur noch der Vetter zu ihr hält, der Vetter Hark Nickelsen, der schon immer der beste Freund der Familie war und jetzt der einzige ist.

Jede Nacht spaziert Antje draußen umher, zwischen Nebel und Süddorf, aber sie kann den Schatten nicht sehen, alle anderen schon, sie aber nicht.

Die Zeit ist mitunter gnädig.

Auch der dunkelste Winter hat irgendwann ein Ende, die Nächte werden kürzer, die Tage heller. Das ist auf Amrum nicht anders als anderswo. Die Schatten verschwinden, wie sie gekommen sind, allmählich, da ist kein Platz mehr für sie, nicht in den Nächten – und tagsüber fürchtet sich ohnehin keiner vor ihnen.

Die jungen Männer stechen in See, die alten gehen ihren Geschäften nach, die Frauen sowieso, und die Kinder sammeln Treibgut am Strand. Das Haus der Antje Harken füllt sich, denn wo keine Schatten sind, ist auch kein Hass.

Niels Jenssen schläft leichter und die dicke Marrike wohnt hinter unverschlossener Tür. Zwischen Nebel und Süddorf gibt es nichts, was ihr Angst einjagt.

Sie erzählen jetzt von neu geborenen Kindern, von den Walfängen vor der Küste, vom Wetter reden sie, und von der Seefahrt.

Von einem gestrandeten Schiff flüstern sie, das in einer stürmischen Spätsommernacht an den Klippen vor der Insel zerschellt. Es ist schon das sechste in diesem Jahr, ein gutes Geschäft für die Amrumer, sie sammeln das Strandgut, die Schätze werden verteilt, die Planken, das Holz.

Doch bei diesem Schiff ist es anders, da stimmt etwas nicht.

Die Mannschaft kann sich nicht retten, sie ertrinkt mit Maus und Mann, doch ein Boot, so heißt es, hat sich an Land gerettet, ein einziges nur, ein kleines. Von den Männern darin fehlt jede Spur.

Drei Tage lang spült das Meer die Leichen an, aufgedunsene, hässliche. Sie werden geborgen, begraben. Die Kinder schreien in der Nacht.

Von einem Schatz ist die Rede, der im zertrümmerten Boot gewesen sein soll. Von einer Kiste mit goldenen Münzen. Es ist ein prächtiges Schiff gewesen, eine Brigantine, ein Handelsschiff. Und von dunklen Gestalten wird erzählt, die als Erste am Unglücksort waren.

Woher sie das wissen, die Amrumer?

Niels Jenssen wacht in stürmischen Nächten. Dann wandert er hinauf auf die Dünen, starrt auf das Meer, auf den Strand. Gestalten will er gesehen haben, drei. Eine in Hosen, eine im Rock und eine, klein wie ein Kind. Sie sollen eine schwere Kiste geborgen haben, die Gestalten. Das zertrümmerte Boot und die halb toten Männer darin, die haben sie ihrem Schicksal überlassen, den Wellen, dem Sturm, dem gefräßigen. Vertraut seien sie ihm vorgekommen, die Gestalten, als habe er sie schon einmal gesehen. Doch Niels Jenssen hat Branntwein getrunken, und wenn er das tut, das wissen sie alle, dann sieht er Schatten und Dinge und Menschen, wo gar keine sind.

Nach drei Tagen legt sich der Sturm und neben den Leichen hat er der Insel Strandgut beschert, genug für alle, dem Himmel sei Dank.

So neigt sich der Sommer dem Ende entgegen, es ist, wie es immer ist, die Männer, die jungen, kehren heim von der See, nicht alle natürlich, nur die, die das Meer verschont hat. Die anderen werden beweint und beklagt, Gott sei ihrer Seele gnädig.

»Er geht wieder um.«

Es ist Winter geworden, die Dunkelheit ist hereingebrochen über Süddorf und Nebel. Nicht nur Niels Jenssen kann die Rückkehr des Schattens bezeugen. Sie senken die Köpfe und scharren mit den Füßen. Kalt ist es, im Haus der Antje Harken.

»Jede Nacht wankt er umher, deutlicher als im Vorjahr. Er trägt einen Säbel, der rasselt im Wind.« Schon ist er kein Schatten mehr, sondern greifbar und fest. Wohin soll das führen?

Beherzt schlägt Antje mit der flachen Hand auf den Tisch. Sie ist keine, die sich Gespenstern ergibt! Dem Schicksal nicht und den Geistern der Vergangenheit schon gar nicht. »Es muss ein Ende haben! Sprich ihn an, Niels Jenssen. Frag ihn, was er von uns will. Du hast ihn als Erster gesehen, du bist der Rechte dafür.«

Erst nach sieben Tagen ist der Branntweintrinker wieder da. Die Pulle ist leer. Fahl ist er, der Niels Jenssen, und doch fröhlich, denn die Nachricht, die er bringt, ist keine schlechte. Nur seine Hände, die zittern.

»Was hat er gesagt?«

Sie flüstern und halten die Luft an. Es ist unerhört, nie zuvor hat einer von ihnen mit Geistern gesprochen.

»Zwischen Nebel und Süddorf habe ich ihn gestellt. Dreimal habe ich seinen Namen gerufen: *Hark Olufs! Hark Olufs! Hark Olufs! Was willst du von uns?*«

Der Speichel tropft von den Lippen der dicken Marrike. Sie vergisst, ihn hinunterzuschlucken.

»Da blieb er stehen und wandte sich um. Er war weiß wie der Sand, die Augen weit aufgerissen. Am liebsten wäre ich gerannt, so schnell meine Beine mich tragen. Doch für unser aller Wohlergehen bin ich geblieben.«

»Hat er gesprochen? Was hat er gesagt?«

»Zuerst stöhnte er nur, grässlich anzuhören. Sein Säbel rasselte im Wind. Dann sprach er.«

Die Kinder beginnen zu wimmern.

»Ganz rau, seine Stimme, heiser, verdorrt. Und doch auch vertraut. Das hochmütige Grinsen auf seinem Gesicht! Er sah aus wie Hark Olufs. Und auch ein bisschen wie du, Hark Nickelsen.«

»Wir sind Vettern. Es ist eine Familienähnlichkeit, sonst nichts!«

»Was hat er gesagt?«

Suchend blickt sich Niels Jenssen nach Branntwein um, doch es ist keiner da. Bebend senkt er seine kehlige Stimme: »*Meine Lieben*, hat er geklagt. *Meine Antje, die Kinder! Ich finde keine Ruhe, solange sie es nicht wissen.* – Was sollen sie wissen?, habe ich gefragt, und wieder jammerte der Geist: *Sie frieren und hungern – und es ist meine Schuld! Ich finde keine Ruhe, wenn sie das Geheimnis nicht kennen.* – Welches Geheimnis meinst du, Hark Olufs?, habe ich gefragt. Hast du den Turban aufgesetzt, also doch? – Er stöhnte und schüttelte den Kopf, den weißen. *Meine Schätze*, hat er geklagt. *Meine Schätze! Sie hungern und frieren und meine Schätze aus dem Morgenland sind unter den Dielen vergraben, wo keiner sie findet. Oh, wenn mein Weib und die Kinder sie hätten, dann endlich könnte ich in Frieden ruhen!* – Versprochen?, habe ich ihn gefragt und *Bei allen Heiligen, zu denen ich je gebetet habe*, hat er geantwortet. Sein Säbel rasselte im Wind.«

Geräuschvoll schluckt Marrike den Speichel hinunter, die Kinder hören auf zu greinen.

»Amen«, sagt Hark Nickelsen. Antje faltet die Hände und alle stimmen ein.
»Amen.«

Hell sind sie, die Sommertage auf Amrum, lang und freundlich, und besonders sonnig für diejenigen, die keine Not leiden und viele Freunde haben, Nachbarn und Verwandte.

Bei Antje Harken schauen sie besonders gern vorbei. Sie hat sich großzügig gezeigt, im Winter, als sie die Kiste mit den goldenen Münzen, den fremdländischen, unter ihrer Schwelle fand. Jeder hat etwas abbekommen, auch Niels Jenssen, und trotzdem ist genug für Antje und ihre Kinder geblieben.

Sie lacht viel, das liegt in ihrer Natur. Schatten gibt es keine mehr auf Amrum, im Sommer nicht und auch nicht im Winter. Der Geist von Hark Olufs hat sein Versprechen gehalten, er ruht dort, wo sein Körper begraben ist, auf dem Friedhof von Nebel, ein prächtiger Grabstein ziert sein ewiges Bett:

„Gott gebe dem Leibe eine fröliche Auferstehung am jüngsten Tage.
An den Meinigen ruff ich aus dem Grabe noch diese Zeilen zum Andencken zurück:
Ach leider: In meinen jungen Jahren
Müst ich zum Raub der Algierer fahren
Und halten fast zwölff Jahr die Slaverey.
Doch machte Gott durch seine Hand mich frey.
Darüm sage ich noch einmal:
Ich weis, mein Gott, ich muß nun sterben.
Ich will, eins aber bitt ich aus.
Las doch die Meinigen nicht verderben.
Bewahre du das Witwenhaus.
Ach Gott, weil ich nicht sorgen kan,
so nim dich Frau und Kinder an."

Und nur ganz selten, in stillen Nächten, wenn der Schlaf nicht kommen will, weil es zu ruhig ist, zu ruhig um zu ruhen – dann kann Antje sie hören, von ganz tief unten im Meer. Dann hört sie die Glocken von Rungholt.

Historischer Hintergrund:

Hark Olufs wurde 1708 auf Amrum geboren.

Im Jahr 1724 kaperten algerische Seeräuber das Schiff Hoffnung, *auf dem er als Matrose angeheuert hatte, und verkauften den Jungen auf dem Sklavenmarkt von Algier. So gelangte Hark in den Besitz des Beys von Constantine, dem er elf Jahre lang diente, zunächst als Lakai, später als Schatzmeister, Kommandant der Leibgarde und schließlich als Oberbefehlshaber der Kavallerie. 1735 schenkte der Bey dem nunmehr 27-Jährigen zum Dank für seine treuen Dienste die Freiheit.*

Zurück auf Amrum wurde der entfremdete Hark Olufs von den Inselbewohnern misstrauisch beäugt. War er etwa zum Islam übergetreten? Erst seine (christliche) Heirat mit der Einheimischen Antje brachten die Gerüchte nach und nach zum Verstummen. Aus der Ehe gingen fünf Kinder hervor: Vier Töchter und ein Sohn. 1754 verstarb Hark Olufs im Alter von 46 Jahren.

Schon kurz nach seinem Tod kursierte die Sage, sein Geist ginge zwischen dem Friedhof und seinem Haus um. Erst als ein mutiger Inselbewohner die Spukgestalt ansprach, offenbarte sie ihr Geheimnis: Unter der Türschwelle sei ein großer Schatz versteckt und die arme Seele könne keine Ruhe finden, solange ihre Lieben nichts davon wussten. Nachdem die Reichtümer geborgen und gerecht unter allen Nachkommen aufgeteilt waren, wurde der Geist nie wieder gesehen.

Auch die Geschichte der versunkenen Stadt Rungholt beruht auf einer überlieferten, alten Sage.

Nur die frevelhaften Umtriebe der beklagenswerten Antje Harken sind eine freie Erfindung der Autorin!

Ella Theiss

Gauner und Geister

Amrum, Sommer 1869

1

Wenn er *Amerika* sagt, dieser Oluf, dieser Maulheld, dann zieht er das M ganz lang. Das klingt, als ob's eine warme fette Suppe wäre, die man sich nur einlöffeln müsste, um satt und glücklich zu sein. *Ammmerika* – Mund auf, kosten, schlucken, ah!

Aber Amerika ist so rau und groß und weit weg. Niemand kann wissen, was ihn da wirklich erwartet, denkt Grete. Und sagt es auch. Laut ruft sie es durch den Wirtshaussaal, wo halb Amrum versammelt ist, um zu hören, was Oluf von Amerika erzählt.

Und was antwortet ihr der dreiste Kerl? Nix. Feixt nur und sagt, dass die Witwe Grete ja ein lieber Mensch wär, aber schon alt und ein bisschen wirr im Kopf. Dazu lässt er seinen Zeigefinger vor der Stirn kreisen.

Vielstimmiges Gelächter dröhnt in Gretes Ohren. Und Marret, ihre Tochter, schlägt die Augen nieder und duckt sich hinter die Schulter von Andres, von diesem Taugenichts, den sie geheiratet hat.

Ja, Grete weiß, was ihr nachgesagt wird. Dass sie nämlich am Abend nicht mehr wüsste, was sie am Morgen getan hat. Weil es vorgekommen ist, dass sie angab, Waschtag zu haben, dabei flatterten die Kleider und Tücher längst trocken im Wind. Oder, dass sie jammerte, die Schnecken hätten ihr das Weißkohlbeet kahlgefressen, dabei duftete das gärende Sauerkraut bis raus auf die Gasse.

Arg vergesslich sei sie geworden, so erzählen sich die Leute. Aber Grete weiß es besser. Weiß, dass es die Onerbäänkis, die Unterirdischen sind, die ihr immerzu helfen.

Weil Grete den kleinen Geisterwesen, die unter Amrums alten Grabhügeln wohnen, an jedem Sonntag ein Ei oder ein Stück Speck opfert, erfüllen sie ihr manchmal einen Wunsch, noch bevor sie den ausgesprochen hat. Oder sie nehmen ihr eine schwere Arbeit ab. Leider sagen sie nie vorher Bescheid.

Ha, nein, wirr im Kopf ist Grete gewiss nicht und niemand kann ihr ein X für ein U vormachen. Dazu hat sie zu viel erlebt, weiß genau, woran man einen Lügner erkennt. Und Oluf, das ist ein Lügner. Ein Schieber und Schlepper. Verdingt sich in den Häfen von Hamburg und Cuxhaven, von wo er all seine Weisheit hat. Ein Aufschneider war der schon als Kind. Nie im Leben war der in Amerika!

Da, wie der seine lange Nase reibt, wenn er verkündet, dort würden viele Millionen Hektar fruchtbarstes Land brach herumliegen. *Wie* der sich mit seiner Schiffsladerpranke übers samtene Wams streicht, wenn er erzählt, vor den Indianern brauche man sich nicht mehr zu fürchten. Die wären so gut wie ausgerottet.

In *Ammmerika*, behauptet Oluf, da würden die Goldnuggets nur so zwischen Flusskieseln herumkullern. Und er schickt Knudt, den armen Teufel, mit einem weizenkorngroßen Bröckchen durch die Reihen, damit alle es bestaunen sollen. Unter tausend Flusskieseln wär mindestens ein solches Goldnugget, behauptet Oluf. Das wären mehr als es vierblättrige Kleeblätter im Klee gäbe. Er hätte dieses kleine und von Schmutz durchzogene Nugget nur ausgesucht, weil es wenig wert wäre. Sonst müsse er ja fürchten, dass Knudt, der Schlawiner, es einsackt und damit abhaut.

Niemand lacht. Weil das ein schlechter Scherz ist. Jeder weiß, dass Knudt kein Schlawiner ist, sondern ein verwaister Döskopp, der seit dem Tod seiner Großeltern allein und bettelarm ist. Und Oluf folgt wie ein hungriger Hund.

Wie Oluf, so denkt Grete, treten sonst nur die Schauspieler und Gaukler auf, die manchmal vom Festland rüberwehen. Und doch hängen viele Amrumer an seinen Lippen, als er von einem Frachtschiff namens *Freya* erzählt, das in vier Wochen in Cuxhaven ausläuft und für billig Passagiere mit aufnimmt. Der rückenkranke Harck, der nicht mehr zur See kann, mit seinen vier Töchtern, auch Willem und Kerrin, die ganz ohne Nachkommen sind ... und all die anderen Hungerleider, sie recken die Hälse, als Oluf sagt, dass, wer mitreisen wolle, sich nur bei ihm melden müsse. Er würde sich drum kümmern – in eigener Person.

Schon umringen sie ihn wie einen Heiland, auch Clemens ... Sönke ... Volkert ... Hinter denen sind die Preußen her, um sie von ihren Familien zu trennen und bei schmalem Sold zum Militär zu holen. Das gilt wohl auch für Andres, den Taugenichts, den Marret geheiratet hat. – Was springt der jetzt auf? Was geht der, zusammen mit Marret, mit Gretes Marret, zu Oluf hin?

Langsam, ganz langsam, dreht Marret sich um, als hätte Grete sie wie früher beim Naschen ertappt, schickt ihrer Mutter ein trotziges Lächeln über die Schulter weg. Und fasst die Hand von Andres und drückt sie.

Nein, das glaubt Grete jetzt nicht. Glaubt es einfach nicht. Stumm verlässt sie den Saal, geht nach Hause und schüttelt den Wahn ab.

2

»Wir machen rüber. Rüber für immer. Ne, Oluf?« Knudt wälzt sich im Kniepsand vor lauter Vorfreude.

»Klar doch«, sagt Oluf, hockt sich auf eine gestrandete Holzkiste und steckt seine Pfeife an. »Und zwar übermorgen.«

»Übermorgen?«

»Genau. Nicht erst in ein paar Wochen wie die anderen. Nur noch zweimal schlafen.«

»Und dann suchen wir Gold, ne, Oluf?«

»Brauchen wir nicht. In New York liegt das Gold auf der Straße, mein Junge«, sagt Oluf und grinst den Rauchwölkchen nach, die aus seiner Pfeife aufsteigen. Fast windstill ist es heute. Das Meer liegt da wie ein See.

»Nuujorrk«, wiederholt Knudt und horcht dem Klang nach. Er weiß Bescheid. In der großen Stadt wollen sie ihr Glück finden. Zusammen. Weil sie jetzt wie Vater und Sohn sind. Auch wenn Oluf nie einen Sohn hatte und Knudt nie einen Vater. Ist egal, drüben will das sowieso keiner wissen.

»Nur das Geld für deine Überfahrt, das musst du dir noch verdienen, mein Junge.«

»Geld?« Knudt erschrickt, sinkt traurig in sich zusammen. Geld hat er keins.

»Geeeld?« Oluf äfft ihn nach, lacht ihn aus und reibt sich die Hände, weil er wie immer einen guten Einfall hat. »Kannst du schweigen, Knudt?«

Natürlich kann Knudt schweigen. Zumal ihn kaum jemand was fragt.

Da erzählt ihm Oluf eine Geschichte von einer Wasserleiche, einer ganz frischen. Die hat er gestern bei der Überfahrt vom Festland gefunden. Ein *Scheißkerl* müsse das gewesen sein – mit seinem fadenscheinigen Wams, seinem wirren, langen Haar und seinem Stoppelbart. Ein Tagedieb, ein Säufer! Der wär bestimmt irgendwo besoffen über Bord gegangen. »Besoffen ersoffen«, sagt Oluf.

Knudt findet das witzig und schlägt sich auf die Schenkel.

»Komm mit, ich zeig ihn dir.« Oluf krempelt sich die Hosenbeine hoch und watet durch den Priel zu seinem Boot. Knudt folgt ihm zögerlich, er hasst Leichen.

Oluf guckt sich nochmal um, vergewissert sich, dass keiner kommt. Dann zieht er was aus dem Wasser, was Großes, in eine Wachsplane Gehülltes, an Kordeln Hängendes, mit Kordeln Umwickeltes … Die Leiche ist so schwer, dass sie beide anfassen müssen, um sie ins Boot zu ziehen und auszupacken.

Da, endlich flatscht der Scheißkerl aus der Plane auf die Bohlen, hat ein dickes graues Gesicht und milchig trübe Augen, die aus den Höhlen treten. Das Boot schaukelt unruhig, Lachmöwen kreisen drüber weg und kreischen. Knudt hat noch nie eine Wasserleiche gesehen. Ihm wird kotzübel, er schnappt nach Luft, dreht sich weg.

»Guck genau hin, mein Junge«, sagt Oluf und reibt sich wieder die Hände. Dann verrät er Knudt seinen guten Einfall: Der Scheißkerl ist nämlich so groß wie Oluf, so schwer wie Oluf, und hat eine lange Nase wie Oluf eine hat. Knudt muss helfen, den Scheißkerl zu rasieren, ihm die Haare zu stutzen, Olufs Wams überzuziehen, Olufs Lederband mit dem kleinen silbernen Steuerrad um den Hals zu hängen ... Dann werden sie morgen früh den Scheißkerl an den Strand legen. Mit dem Gesicht nach oben, damit die Möwen sich drüber hermachen. Und wenn am Mittag hohe Flut ist und noch niemand die Leiche gefunden hat, soll Knudt nach Nebel und ins Süddorf rennen und schreien und greinen und so tun, als ob Oluf tot wäre. Dafür schenkt der ihm seinen Fahrschein. »Den hier.« Er zieht einen gefalteten Papierbogen mit einem tiefblauen Stempel und einem Kringel in Tinte aus seiner Tasche. »Siehst du, damit kommst du nach New York.«

»Ich mach alles, Oluf, alles.« Knudt zappelt vor Aufregung.

»Gut, dann sag mir nochmal genau, was du tun sollst.«

Knudt wiederholt den ganzen Plan, ohne zu stocken. Nur als er zu der Stelle kommt, wo er sagen soll, Oluf wäre tot, wird ihm mit einem Mal mulmig. »Aber warum soll ich das machen?«

»Wenn mich alle für tot halten, vermisst mich keiner. In Wahrheit bin ich schon in Cuxhaven, geh heimlich an Bord. Heimlich, kapierst du? So brauch ich keinen Fahrschein.«

»Den Fahrschein hab ja ich.«

»Genau! Du bist ja gar nicht so dösig, wie alle glauben. Klug bist du. Während der Überfahrt bringst du mir ab und zu was zu essen in mein Versteck. Auch heimlich. Klar? Dann wird alles gut.«

Knudt weiß nicht so recht, kriegt es mit der Angst. »Was, wenn die was merken?«

»Die merken nix. Vertrau mir, mein Junge«, sagt Oluf, rückt dicht an Knudt ran, legt den Arm um ihn und schaut ihm in die Augen. Oluf hat haselnussbraune Augen. Und immerzu sagt er *mein Junge*.

Knudt ist glücklich, legt den Kopf in den Nacken und betrachtet die Schäfchenwolken, die von Amrums Graudünenhügeln über den Strand aufs Meer hinaus ziehen. Als wollten sie auch nach Amerika. »Gut«, flüstert er.

Da haut ihm Oluf auf die Schulter. »Und wenn die anderen Amrumer in New York ankommen, sind wir schon da und überraschen sie. Das wird ein Spaß!«

3

Die Spatzen pfeifen es von allen Dächern, dass Oluf achtzehn Amrumer nach Amerika schleusen will. Den alten Harck mit seinen Töchtern, auch Willem und Kerrin ... Sönke ... sogar Volkert mit seiner Frau, seinen Kindern ... und, ja, auch Andres und Marret. – *Wieso weißt du nix davon, Grete?*

Zwanzig preußische Taler Anzahlung, so erzählen sich die Spatzen, hat Oluf für jeden Fahrschein genommen. Dann würde der Reeder in Cuxhaven die Plätze freihalten. Den Rest von nochmal zwanzig Talern, hat Oluf versprochen, könnten die Männer und Frauen später abarbeiten. An den Häfen der Ostküste, in New York und in Boston, würden immerzu Helfer gebraucht. – *Du warst doch dabei, Grete. Warst doch selbst im Wirtshaus, als Oluf neulich ...* Die Spatzen kichern.

»Ach, was! Nie war ich dort. Wozu auch?«, schimpft Grete und geht davon. Als ob sie nach Amerika wollte, als ob sie kein gutes Auskommen hätte, das Haus, die Äcker, die Kühe ... All das erbt Marret doch. Warum gibt da Andres, der Taugenichts, einem Schlepper wie Oluf sein letztes bisschen Geld?

Wie auch immer, Marret muss auf Amrum bleiben. Grete ist entschlossen, dafür zu sorgen. Und hat auch gleich einen Plan. Sie geht in ihren Garten und pflückt die Pflaumen vom Baum, steigt hoch auf die Leiter und hält dabei Ausschau, weil Oluf hier vorbeikommen muss, wenn er zu seiner Kammer im Wirtshaus will. Grete will ihn abpassen, will ihm noch mehr Geld anbieten, das Doppelte von der Anzahlung, wenn er Marret sagt, dass das Schiff schon voll wäre und sie zu Hause bleiben müsste. Wenn das viele Geld Oluf nicht reicht, will Grete sich selbst anbieten. Denn Oluf ist alt, fast so alt wie Grete und kein schöner Mann mit seiner langen Nase. Der wird froh sein, wenn es eine umsonst mit ihm treibt, glaubt sie. Aber es kommt anders.

»Ei, Oluf«, ruft sie, als sie sieht, wie er den Weg heraufhastet, »hilfst du mir, den Korb mit den Pflaumen ins Haus zu tragen? Ich hab das Reißen im Rücken.«

Oluf mag ein Gauner sein, aber er weiß, dass es sich gehört, einer schwachen Witwe zu helfen. Gleich tritt er durch die rückseitige Pforte in den Garten, nähert sich dem Pflaumenbaum, greift nach dem Korb ...

Grete bleibt auf der Leiter stehen und gönnt ihm einen Blick unter ihre Röcke. Dann steigt sie ab, tritt vor ihn, sagt, was sie zu sagen hat.

Er stutzt, lacht. Was soll er? Marret täuschen? Das Doppelte? Ist nicht genug. Außerdem hat er's eilig.

»Und für ein Stündchen im Stall?«, flüstert Grete und lockert ihr Brusttuch. In die Falte zwischen ihren Brüsten hat sie eine Pflaume gesteckt. Die glänzt jetzt rotblau im Morgensonnenlicht.

Als Oluf zögert, nimmt sie die Pflaume zwischen Daumen und Zeigefinger, steckt sie ihm in den sprachlos offenen Mund.

Er kaut bei gerunzelter Stirn, spuckt den Kern aus und lässt den Korb fallen. »Hure!« Er wendet sich kopfschüttelnd ab.

Hure? Hat er *Hure* gesagt? – Grete packt der Zorn, sie greift nach dem Spaten, der an der Hauswand hängt, rennt Oluf hinterher, haut ihm auf den Hintern, haut ihm aufs Gemächt, dass er schreit, sich windet, keucht: »Du spinnst ja, du altes Weib!« Er rappelt sich wieder, reibt sich die Hände an der Hose ab als seien sie schmutzig geworden.

»Meine Marret bleibt hier«, kreischt Grete, haut wieder mit dem Spaten zu, diesmal auf den Kopf von Oluf ... fest haut sie drauf vor lauter Wut, so fest, dass der Kerl auf die Erde sinkt und reglos liegen bleibt. Blut sickert ihm aus dem Mund, der Nase, dem Ohr, färbt das Gras braun.

Entsetzt weicht Grete zurück. Will davonrennen, will Hilfe holen, da stolpert sie über die Einfassung vom Hochbeet, das Andres ihr für den Winterspinat hat anlegen sollen. Hat die Arbeit aber abgebrochen, der Taugenichts, und jetzt ist dort, wo das Hochbeet hingehört, eine Kuhle in der feuchten Erde. Grete rutscht aus, fällt rein ... ein stechender Schmerz im Fuß. Nicht mal aufrichten kann sie sich.

Niemand ist da, niemand kommt. Und Oluf, der rührt sich nicht.

Dicke Wolken kommen auf, decken die Sonne zu. Als der Schmerz in Gretes Fuß nachlässt und der Schrecken in ihrem Herzen auch, weiß sie, was sie tun muss. Der Spaten liegt ja schon da.

4

Die Luft ist warm und duftet nach Salz. Knudt hockt in seiner Hütte zwischen den Weißdünen und sieht, wie sich drunten am Strand die Möwen über die Leiche vom Scheißkerl hermachen. *Geschieht ihm recht, war nämlich ein Tagedieb ... ein ganz mieser Tagedieb ...* Knudt wendet den Blick zum Meer hinaus. Die Wellenkuppen schimmern in der Sonne. Gleich hinter dem Meer gibt es eine Stadt mit Namen Nuujorrk. Da liegt das Gold auf der Straße rum. Wie muss das erst schimmern und glitzern!

Als die Gischt die vom Wind angetrocknete Leiche frisch eingenässt hat, ist es so weit. Endlich. Knudt springt auf und rennt los, erst nach Nebel, dann weiter ins Süddorf, schreit wie toll, Oluf wäre ertrunken, Oluf wäre tot. Es dauert nicht lange, da kommen die Amrumer gelaufen, trotz des einsetzenden Nieselregens, Junge, Alte, Frauen, Männer, am schnellsten sind die, die Oluf ihr Geld gegeben haben. Sie umringen die unförmige Gestalt mit der grauen zerpickten Haut, schlagen sich die Hände vors Gesicht, drehen sich weg und schauen doch wieder hin. Frauen bergen die Köpfe ihrer Kinder unter ihren Schürzen. *Ist das wirklich Oluf? – Ja, er muss es sein, guckt doch, das Samtwams! Guckt doch, das Lederbändchen mit dem silbernen Steuerrad. – Wieso ist der ertrunken? Vielleicht war es das Herz. Oder der Branntwein.*

Branntwein? Da fällt Knudt was ein. »Besoffen ersoffen«, ruft er. Und wundert sich, dass niemand lacht.

5

St. Clemens läutet zur Andacht. Links und rechts des Holzsargs postieren sich die Totengräber. Der Herr Pfarrer erzählt von der Ewigkeit, doch die Leiche muss rasch in die Erde, weil sie schon stinkt. Die Amrumer sind beileibe nicht vollzählig, doch die, die gekommen sind, stehen mit gefalteten Händen im Halbkreis und singen *Befiehl du deine Wege ...*

Grete ist ergriffen und singt besonders laut. Ihr ist, als hätte sie Oluf neulich einfangen und zur Rede stellen wollen ... Ihr ist sogar, als hätte sie mit dem Spaten nach ihm geschlagen, als hätte er geblutet ... Das muss sie geträumt haben. Was für ein schrecklicher Traum! Oluf ist in der Nordsee ertrunken. Und Grete ist seltsam leicht ums Herz. – Zumal ihr die Onerbäänkis, diese guten Geister, über Nacht das Hochbeet fertig geschaufelt haben, sodass sie endlich den Winterspinat aussähen kann.

6

Knudt ist im Gefängnis, kauert auf dem Fliesenboden und hält sich an den Gitterstäben fest. Weil er die Welt nicht mehr versteht. Wenn er sie denn je verstanden hat.

Gefälscht, sagt der preußische Gendarm und blickt finster aus seinen blinkenden Litzen und Knöpfen. Der Fahrschein, den Oluf Knudt geschenkt hat, wäre *gefälscht*. Die Reederei und einen Überseefrachter namens *Freya* gebe es nicht. Alle Fahrscheine, die Oluf verteilt hat, wären *gefälscht*. Nur sein eigener, den er in seiner Kammer in Cuxhaven aufbewahrt hat, der sei echt. Der hätte für ein Passagierschiff namens *Heidrun* gegolten, das inzwischen ausgelaufen sei. Aber nach Afrika. – Wo all das Geld der Amrumer hin ist, fragt der Gendarm. Er trägt einen Helm mit Spieß obendrauf.

Knudt flattert das Herz vor Angst. Was für Geld? Er hatte noch nie welches.

Der Wärter mit dem Schlüsselbund ist freundlich, versucht, ihm alles zu erklären. Dass Oluf ein böser Mensch gewesen sei. Ein Gauner und Betrüger. Ein Mörder womöglich. Denn es heißt, er habe einen armen Landstreicher ohne Not erschlagen und ins Meer geworfen.

Knudt nickt. »In Olufs Grab liegt ein Scheißkerl«, sagt er und bricht in Tränen aus.

Der Wärter streicht ihm übers Haar. »Genau.«

Am nächsten Tag wird Knudt wegen erwiesener Unschuld freigelassen. Nicht mal einen Groschen hat man in seiner Hütte in den Dünen gefunden. Dafür jede Menge bares Geld und Wertsachen versteckt im Schiffsboden eines unbekannten Boots, das an der Südküste von Amrum vor Anker lag.

Zum Abschied bekommt Knudt ein gutes Mittagessen: Stockfisch mit Bohnen. Und als Nachtisch einen Plumpai mit Zuckerguss. Und mit so viel Pflaumenmus im Teig, dass es beim Reinbeißen tropft. Den Plumpai, so erfährt er, hat die Witwe Grete für ihn abgegeben, aus Mitleid mit ihm, die gute Seele.

Historischer Hintergrund

Im 19. und frühen 20. Jahrhundert wanderten sechs Millionen Deutsche in die USA aus. Hunger, Kriege und Perspektivlosigkeit waren die Hauptgründe, eine neue Heimat zu suchen. Was die Auswanderer besonders anlockte, waren die offenen Arme, mit denen der noch gering bevölkerte Kontinent sie als Arbeitskräfte willkommen hieß.

Die kleine Nordseeinsel Amrum verlor in dieser Zeit fast die Hälfte ihrer Bevölkerung an die »Neue Welt«. Während die ersten Emigranten überwiegend einzelne Seeleute und Abenteurer waren, packte in der zweiten Hälfte des 19. Jahrhunderts ganze Familien das Amerikafieber. Doch bis eine legale und gut organisierte Aus- und Einreise etabliert war – wie etwa um 1900 von Hamburg-Ballinstadt aus nach Ellis Island – war die Reise über den Atlantik äußerst beschwerlich und riskant. Zumal man leicht Opfer von Betrügern und kriminellen Schleuserbanden wurde. Vor diesem Hintergrund spielt »Gauner und Geister«.

Amrums legendäre Kobolde, die Onerbäänkis, sind übrigens ein Einwanderervölkchen. Der Sage nach haben sie sich in vorhistorischer Zeit von Sylt herüberschiffen lassen, weil es ihnen dort nicht mehr gefiel. Bis heute sollen sie Amrum treu geblieben sein. Allerdings sind sie mittlerweile – es mag an einer gewissen Altersschwäche liegen – eher selten aktiv.

CHRISTIAN JASCHINSKI

Das fünfte Gebot

Sie hasste das nasse Wesen. Es tat nur, was es wollte. Wenn sie eine Pfote danach ausstreckte, wich es eilig zurück oder umspielte sie listig und zog daran, sodass sie im Sand tiefer einsank.

Es half nichts. Manchmal musste sie abwarten, bis das Wasser den Weg dorthin frei gab, wo es einfacher war, etwas zu fressen zu finden. Dort, wo die Zweibeiner ihre Jungen rücksichtslos getötet hatten. Sie selbst war ihnen nur mit knapper Not entronnen.

Seitdem konnte sie nicht mehr jagen wie früher. Ein Vorderlauf war durch die Schläge derart verletzt worden, dass es ihr nur noch selten gelang, einen Hasen zu reißen. Dann musste sie zurück. Der Weg war weit und gefährlich, aber hier gab es Lämmer. Die waren langsamer und hielten länger satt. Stark und geschickt war sie nach wie vor, aber nicht mehr so schnell wie früher.

Heute war sie wieder erwischt worden und die Zweibeiner waren wütend hinter ihr hergerannt. Es wurde Zeit, dass sich das nasse Wesen zurückzog, damit sie endlich fliehen konnte.

Kerrin Mommsen wollte nicht hier sein. Schon früh war sie mit ihren Eltern wie jeden Sonntag in der Kirche gewesen, in der es trotz des Sommersonnenscheins kühl und dunkel war. Über eine Stunde musste sie stillsitzen und den muffigen Geruch des Lehmbodens ertragen, auf dem die harten Bänke standen. Zu Hause hatten sie Holzdielen, darauf wurde einem sogar barfuß nicht kalt. Lieder singen mochte Kerrin, aber die langweiligen Ansprachen von Pastor Mechlenburg verstand sie einfach nicht, so sehr sie sich auch anstrengte.

Einmal hatte sie ihre Mutter gefragt, warum es schon als töten betrachtet wurde, wenn man nur schlecht über jemanden dachte oder ihm nicht helfen würde. Das wüsste der andere doch gar nicht und also würde es ihm nicht wehtun. Ihre Mutter hatte nur gesagt, so sei es eben mit den Geboten und wichtig wäre nur, dass sie sich daran hielte.

Aber das war ziemlich schwierig. Sie ärgerte zu gern ihre kleinen Brüder und hatte nicht immer Lust, auf sie aufzupassen, oder ihren Eltern im Haus oder Garten zur Hand zu gehen. Lieber spielte sie bei schönem Wetter mit Imke in den Dünen oder lief mit Kimi auf dem Kniip am Meer entlang. Die große Mischlingshündin hatte graubraunes Fell, das an den dunklen und festen Sand erinnerte, den die Ebbe weiter draußen freilegte.

Kerrin mochte es, wenn der Wind ihr Haar zerzauste und graue Nebelschleier über die dunkelgrüne See trieb, auf der Schwärme von Austernfischern in Strandnähe schaukelten und auf ablaufendes Wasser warteten. Und Kimi mochte es, die Vögel anzubellen, sodass diese aufstoben.

Heute Morgen war es noch bedeckt gewesen, aber die einsetzende Ebbe hatte die Wolken aufs Meer hinausgezogen. Jetzt war wunderschöner Sonnenschein und Kerrin hockte eingezwängt zwischen ihren Eltern auf der harten Holzbank in der überfüllten Kirche. »Natürlich kommst du mit. Das ist ein besonderer Tag«, hatte ihr Vater bestimmt. Der Klang seiner Stimme duldete keine Widerrede. Ihr tat schon wieder der Hintern weh und sie hatte Kimi seit gestern nicht mehr gesehen. Wo sie sich bloß herumtrieb?

Die hölzerne Apostelgruppe war irgendwann im letzten Herbst auf dem Kniepsand vor Amrum angespült worden, als die Stürme besonders heftig waren. Ein schlimmes Jahr, dieses 1856, hatten Kerrins Eltern bei jeder einzelnen Havarie gesagt. Und das neue 1857 hatte nicht sanfter begonnen. Nun jedoch sollten die Holz-Apostel einen Ehrenplatz in der St.-Clemens-Kirche von Nebel erhalten. Kerrin fand es ein bisschen beängstigend, dass die Figuren fast so groß waren, wie sie selbst. Die Gesichter der zwölf geschnitzten Jünger wirkten grimmig und in ihrer Mitte thronte ein noch größerer Jesus.

Strandvogt Booye Quedens schaute stolz in die vollbesetzten Bänke. Seine stahlblauen Augen blitzten unter seinen buschigen, weißen Augenbrauen, als er den Blick durch die Kirche über die Gesichter der anwesenden Amrumer schweifen ließ. So gut besucht war Pastor Mechlenburgs Gotteshaus schon lange nicht mehr gewesen. Alle hatten sich sonntagsfein gemacht. Kerrin fühlte sich immer ein wenig unwohl in ihrer Festtagstracht, dem schicken schwarzen Kleid mit der weißen Schürze. Schließlich durfte es nicht dreckig werden. Seit dem letzten Winter war sie gewachsen, nun saß es enger als ihr normales Kleid. Kerrin bemühte sich, so zu atmen, dass die Nähte nicht rissen.

Sie schaute zu ihrer Mutter hinüber, die den wunderschönen Silberschmuck mit den acht Knöpfen trug. Später würde Kerrin auch Silberketten bekommen, darauf freute sie sich schon. Manchmal, wenn ihre Mutter nicht hinschaute, nahm Kerrin den kühlen Schmuck in die Hand. Er war glatt und ebenmäßig, wie das Meer an windstillen Tagen, an denen man das Salz und die Algen roch. Dann konnte man weit schauen, bis Sylt oder Föhr und sich ausdenken, was dort wohl Geheimnisvolles passierte.

»... heute ist ein großer Tag für diese Insel, für dieses Gotteshaus und für ...«, sagte Quedens gerade, als von hinten Licht in die Kirche fiel und sich anschließend die Tür mit einem Krachen wieder schloss. Die Gemeinde drehte sich um, aber Kerrin war zu klein und so sehr sie sich auch reckte und streckte, an den großen Männern konnte sie nicht vorbeischauen. So hörte sie nur, wie feste Schritte die Kirche durchquerten, bis der hagere Mann an ihrer Bank vorüberging. Ein Raunen ging durch den Raum.

»Quedens, du Heuchler! Es ist falsch, aus dem Elend der Seeleute auch noch eine Feier zu machen!« Fast am Taufstein angekommen, drehte sich der wütende Mann zum Kirchenschiff um. »Lasst uns dem endlich ein Ende setzen!«

Der dunkle Bariton drang bis in den letzten Winkel der gemauerten Kirche, fast so, als sei die Kirche nicht bis auf den letzten Platz besetzt. Jetzt erst erkannte Kerrin den Redner.

Es war Knut Jungbohn Clement, ihr übernächster Nachbar und der Vater ihrer besten Freundin Imke. Er war ein kluger Mann, wie die Leute sich erzählten. Er schrieb Bücher und Geschichten, dafür bewunderte Kerrin ihn. Immer wieder kam er auf die Insel, war aber genauso oft für lange Zeit auf dem Festland. Es war ein offenes Geheimnis in den Gassen von Nebel, dass Clement sich in Kiel um eine Professur beworben, sie aber nicht bekommen hatte. Kerrin liebte seine Märchen.

»Fängst du schon wieder mit deinem Leuchtturmgeschwafel an?« Quedens lachte höhnisch und schlug in die Kerbe Clements beruflichen Misserfolgs. »Geh zurück nach Kiel! Oder wollen sie dich und deine verlauste Brut dort nicht?«

Seit dem Tod seiner Frau vor zwei Jahren musste er für die acht Kinder alleine sorgen. Imke war auch zehn und erzählte Kerrin manchmal, wie sehr sie ihre Mutter vermisste und wie traurig der Vater immer noch war.

Clement wischte den Kommentar des Strandvogts unwirsch mit der Hand fort. Er setzte sich schon lange für den Bau eines Leuchtturms ein. »Was bist du für ein Christenmensch, dem das Geld wichtiger ist als ein Menschenleben?«

Pastor Lorenz Friedrich Mechlenburg stand aus der ersten Reihe auf, um die Streitenden zu beschwichtigen. Kerrins Vater bewunderte den Pastor und trug seinen Bart seit einiger Zeit ebenfalls als Schifferkrause. Mechlenburg hob beide Arme, so wie er es immer tat, wenn er die Gemeinde segnete oder das Meer. »Ihr lieben Brüder ...«

Die Hündin spitzte die Ohren.

Ihren Kopf hatte sie vorhin vertraut auf den Bauch des Mädchens gelegt und so hatten sie friedlich dösend im warmen Sand der Dünen gelegen, beschienen vom orangefarbenen Licht der Spätnachmittagssonne. Die Stimmen von männlichen Zweibeinern kamen näher. Sie wusste genau, wie wütende Menschen klingen, schlug mit der Rute hin und her und knurrte leise, um das Mädchen zu wecken. Sie konnte die nahende Gefahr riechen.

Kerrin wusste nicht, wie lange sie so gelegen hatten. Sie musste in der Sonne auf dem weichen Sand eingeschlafen sein. Als Kimi sich bewegte und ein heiserer Laut ihre Kehle verließ, schreckte Kerrin auf. Wie spät es wohl war? Die Sonne stand schon tief und ihre Mutter sah es nicht gern, wenn sie spät nach Hause kam.

»Kimi ist doch bei mir, mir passiert nichts«, hatte Kerrin das letzte Mal gesagt. Aber ihre Mutter mochte Kimi nicht und sah es überhaupt nicht gerne, wenn ihre Tochter unpünktlich Hause kam. »Du weißt, was die Leute reden. ›Das Mädchen mit der Hinketöle‹ nennen sie dich schon.«

Aber das störte Kerrin nicht. Ihr war es egal, was die Leute über sie und Kimi dachten, wenn noch nicht einmal ihre eigene Mutter sie verstand.

Nach dem Streit zwischen Clement und Quedens war die Stimmung in der Kirche sehr gedrückt gewesen. Sie war noch kurz mit Imke über das Dorffest gelaufen, aber es war nicht so lustig gewesen wie sonst, zu sehr spukte das Erlebnis in der Kirche noch in ihrer beider Köpfe. Ihre Eltern hatten schon häufig bei Tisch darüber gesprochen, dass ein Leuchtturm den Schiffen bessere Orientierung böte, sodass sie genügend Abstand zu den Inseln einhalten konnten. Andererseits würden auch weniger Schiffe Schiffbruch erleiden und das bedeutete auch weniger Geld für die Amrumer. Insbesondere für den Strandvogt, der das meiste für sich behielt. Ein Zwanzigstel bekam die Kirche für notwendige Reparaturen und um Bedürftigen zu helfen.

Wenn Kerrin bei Imke zu Hause war, kam auch manchmal die Sprache darauf. »Was meinst du dazu?«, hatte Imkes Vater sie einmal gefragt. Das hatte Kerrin eingeschüchtert, denn sie wurde sonst nie von Erwachsenen um ihre Meinung gebeten.

Weil sie Kimi vermisst hatte, war sie Richtung Nordspitze auf die Odde gelaufen. Sie wusste, dass Kimi hin und wieder drüben jagte.

Die große Hündin hatte Kerrin vor zwei Jahren gerettet, als sie sich auf Wracksuche begeben und übermütig gedacht hatte, sie könne den Fußweg zwischen Amrum und Föhr finden.

Kerrin war müde geworden und immer wieder an Priele geraten, die sie nicht durchschwimmen konnte. Der Sog war viel zu stark. Und das englische Schiffswrack der *City of Bedford* hatte sie auch nicht gefunden.

An langen dunklen Winterabenden wurden häufig Geschichten von unachtsamen Wanderern erzählt, die nicht wiedergekehrt waren. Das sollte die Kinder davon abhalten, einfach ins Watt zu laufen. Die starken Strömungen waren tückisch, sodass man, einmal im Wasser, weit zwischen die Inseln herausgezogen wurde. Weder die Nordspitze von Amrum, die sich wie ein dürrer aber scheinbar helfender Finger gen Nord-Osten streckt, noch der rettende Südstrand von Sylt waren dann noch zu erreichen.

Kimi hielt sich von Menschen fern. Das wusste Kerrin. Sie wusste nicht, warum das so war und auch nicht, warum die Hündin ihr vertraute und gern mit ihr zusammen war, obwohl sie nicht bei ihnen wohnen durfte. Es war ein besonderes Band zwischen ihnen und das machte beide glücklich.

Dieses Band hatte Kerrin richtig vermuten lassen – Kimi war ihr kurz hinter Norddorf auf der Geest begeistert schwanzwedelnd in die Arme gelaufen. Sie waren gemeinsam im Sand herumgesprungen, durch die Westerheide wieder bis zum Strand gestreunt und hatten sich erschöpft aber glücklich in die Dünen gelegt.

Jetzt hörte sie zwei Männer streiten. Eine Stimme erkannte sie. Die hatte sie heute in der Kirche und auch vorher schon mehrfach gehört. Neugierig schob sie sich langsam auf dem Bauch Richtung Dünenrand, legte Kimi den Arm um den warmen Körper und machte leise »Schsch.« Kimi verstand sofort.

»Du schleichst mir hinterher, Kerl?«, rief Booye Quedens abschätzig.

»Was willst du von meiner Elena? Lass gefälligst die Finger von ihr!«

Der andere Mann sprach undeutlich. Kerrin glaubte, ihn vielleicht schon einmal gesehen zu haben, kannte ihn aber nicht. Er hatte dünnes strohblondes Haar, das ihm strähnig am Kopf klebte und das aufgedunsene hochrote Gesicht eines Säufers.

»Du bist ja betrunken.«

»Ach so, der feine Herr trinkt wohl nie was.«

Quedens schüttelte unwirsch den Kopf. »Ich will nichts von deiner Frau.«

»Das sagst du doch jetzt nur, damit du kein'n Ärger kriegst. Ich habe doch gesehn, wie du sie anstarrst. Is ja auch 'n Prachtweib.«

Daraufhin schüttelte Quedens erneut den Kopf, drehte sich bestimmt um und ließ den anderen stehen. »Pass auf, wie du mit mir redest!«, sagte er im Weggehen. »Du weißt genau, wie das enden kann!«

Kerrin kannte die Geschichten auch: Wer sich dem Strandvogt gegenüber ungebührlich verhielt, konnte ins Gefängnis kommen oder bekam von dem Ertrag der nächsten Bergung nichts ab.

»Du drohst mir?«, schrie der Mann zornig und stieß Quedens grob in den Sand.

Kimi knurrte wieder leise. Kerrin war wie erstarrt, konnte sich weder abwenden noch weglaufen.

Quedens wehrte den Säufer mit einem Tritt ab, robbte ein Stück rückwärts, um aus der Reichweite des anderen zu kommen, und bemühte sich aufzustehen. »Sei doch vernünftig«, versuchte er, ihn zu beschwichtigen, erreichte aber nur das Gegenteil.

Der Säufer heulte wütend auf und stürzte sich erneut auf den Strandvogt. Quedens, erst halb wieder hoch, taumelte nach hinten. Plötzlich blitzte ein Messer auf.

Ohne sich umzublicken, rannte Kerrin los, so schnell sie nur konnte. Der Weg, die Dünen und der Himmel verschwammen in ihren Tränen. Sie konnte nicht fassen, was sie da eben hatte mit ansehen müssen.

Hilfe. Sie musste Hilfe holen. Vielleicht war es noch nicht zu spät. Kimi lief an ihrer Seite und stupste sie immer wieder aufmunternd an.

Da vorne. Gingen da nicht Leute? Ein Hoffnungsschimmer. Kerrin blieb kurz stehen, um sich die Tränen aus den Augen zu wischen. Ihr Herz hämmerte wie wild in ihrer Brust. Sie wollte rufen, aber kein Laut verließ ihren Mund. Wie in einem Albtraum. Noch einmal holte sie tief Luft – aber: Was, wenn die Leute denken würden, sie wäre es gewesen? Sie kam geradewegs vom Strand, wo die schreckliche Tat geschehen war. Was sollte sie nur tun? Auf keinen Fall wollte sie ins Gefängnis.

Instinktiv drehte sie sich nach rechts, wo der Strandhafer etwas höher stand, und versteckte sich in der nächsten Mulde. Die Leute gingen direkt an ihr vorüber zum Strand. Kerrin duckte sich und schluchzte lautlos in Kimis weiches Fell.

Draußen wurde es gerade hell und jemand bollerte ununterbrochen gegen die Haustür aus geschliffenem Treibholz. Als Kerrins Vater öffnete, stand Imke barfuß, zitternd und in Tränen aufgelöst nur mit einem groben Leinen-Nachthemd bekleidet auf der Schwelle.

»Sie haben meinen Vater abgeholt. Er muss ins Gefängnis. Sie sagen, er hätte den Strandvogt getötet. Was sollen wir jetzt bloß tun?«

Was? Kerrin stolperte aus dem Alkoven Richtung Haustür. »Imke, das ist ja schrecklich!«

Sie hatte vor lauter Furcht beim Abendessen keinen Bissen hinunterbekommen. Ihre Mutter hatte sie gescholten:

»Jetzt warst du wieder den ganzen Tag mit diesem Hund unterwegs und nun bist du krank. Leg dich ins Bett, damit du morgen in die Schule kannst.« Natürlich hatte Kerrin nicht widersprochen. Die Angst machte sie wirklich krank und bohrte in ihren Eingeweiden, wie sie selbst manchmal mit dem großen Zeh im Schlick.

»Komm doch herein!«, sagte Kerrins Vater und schloss die Tür wieder hinter ihr. »Ich mach dir einen Tee.«

Wie jeder waschechte Friese hielt Kerrins Vater Teetrinken für ungemein wichtig. Ganz egal zu welchem Anlass. »Erstmal 'nen schönen Tee. Der hilft immer!«, pflegte er zu sagen.

Wenig später saßen Kerrins Eltern, Kerrin und Imke, der Kerrins Mutter eine warme Decke um die schmalen Schultern gelegt hatte, rund um den groben Familientisch in der gemütlichen Küche. Die bernsteinfarbene Flüssigkeit dampfte in den kleinen Tassen.

»Also, jetzt der Reihe nach: Was ist mit deinem Vater? Und deinen Geschwistern?«

Imke erzählte, dass der Strandvogt erstochen worden sei und ihr Vater besonders verdächtig, weil sich die beiden wegen des Leuchtturms ja so oft heftig gestritten hatten. Man hatte ihn in das Inselgefängnis gebracht und bei ihnen zu Hause sei nun die Kinderfrau, die auf alle aufpassen sollte. »Es ist so furchtbar.« Imke fing wieder an zu weinen.

»Die Polizei wird schon aufklären, was wirklich geschehen ist«, sagte Kerrins Vater. Das war Imke jedoch kaum ein Trost.

Kerrin nahm sie in den Arm und flüsterte ihr ins Ohr: »Wir finden heraus, was passiert ist. Natürlich hat dein Vater nichts damit zu tun.« Und laut fragte sie: »Kann Imke nicht hierbleiben?«

Kerrins Eltern schauten sich mit einem Blick an, den Kerrin nicht deuten konnte.

»Nein, nein«, sagte Imke schnell. »Ich muss zurück nach Hause. Sie sollen sich keine Sorgen machen.«

Kerrin konnte nicht wieder einschlafen. Wälzte sich von einer auf die andere Seite. Sie wusste, dass sie Imke helfen musste. Bevor ihre Freundin gegangen war, hatte sie Kerrin noch einmal dankbar angeschaut.

Aber was war jetzt zu tun? Sollte sie gleich sagen, was sie wusste, oder zunächst auf eigene Faust herausfinden, wer der Mann vom Strand war? Wer sollte ihr glauben? Und was würden die Leute sagen, die sie auf dem Strandweg gesehen hatte?

Nein! Morgen würden sie nach der Schule erst einmal Imkes Vater im Gefängnis besuchen. Sie fragte sich, ob man sie vorlassen würde, aber versuchen wollten sie es. Anschließend musste sie sich mit Kimi auf die Suche machen und den Mann finden. Ihn verfolgen. Erforschen, wo er wohnte und wie er hieß.

Sie hatte Angst vor ihm. Schrecklich kalte Angst. Aber noch mehr fürchtete sie sich davor, selbst ins Gefängnis zu kommen. Schließlich hatte sie nichts getan.

Als ihre Mutter »Aufstehen, Kinder!« durchs Haus rief, fuhr Kerrin erschrocken hoch. Von den Ereignissen des letzten Tages und der Nacht erschöpft, musste sie doch eingedöst sein.

Kimi lief die unebene Straße entlang und freute sich auf das Mädchen. Kerrin.

Natürlich wusste sie noch, dass sie Kerrin vor dem gefährlichen Wasser gerettet hatte. Aber das war nicht der Grund, warum sie das Mädchen mochte. Das war nur der Grund, warum sie sich getroffen hatten. Das Mädchen vertraute ihr. Und sie vertraute dem Mädchen. Weil es ehrlich war. Das roch sie. Allen übrigen Zweibeinern misstraute sie.

Manchmal holte sie Kerrin ab, wenn sie laut lachend mit anderen Kindern aus dem großen Haus kam, in das sie an vielen Tagen ging. Kerrin hatte immer eine Tasche dabei, die sie erst nach Hause bringen musste, bevor sie spielen konnten.

Plötzlich trieb ihr der Wind säuerliche Witterung in die Nase. Das war er. Der böse Zweibeiner vom Strand. Vor dem sie weggelaufen waren. Er bog um die nächste Straßenecke und kam wankend auf sie zu. Sie hasste es, wenn Zweibeiner so rochen. Dann waren sie meist aggressiv. Sie knurrte erst und bellte ihn anschließend an.

Er ist böse. Seht, er ist böse. Nehmt euch in acht!

Er versuchte sie zu treten, verlor das Gleichgewicht und fiel auf die Knie. Er schrie wütend. Andere Zweibeiner drehten sich weg und gingen ihrer Wege.

Sie bellte noch einmal, aber niemand beachtete sie.

Er nahm einen Stein und warf nach ihr. Sie war hinkend in Bewegung geblieben, wich geschickt aus und lief davon.

Seht ihr nicht, wie böse er ist?

Seit zwei Tagen war Imkes Vater nun im Gefängnis. Und Kerrin hatte ihrer Freundin versprochen, dass sie ihr helfen würde. Sie konnte ihr unmöglich verraten, was sie wusste. Das musste sie mit sich und Kimi ausmachen.

Der Inselpolizist hatte Imke und ihre Geschwister befragt. Und obwohl sie ihm bestätigt hatten, dass sie den ganzen Sonntag mit ihrem Vater zusammen gewesen waren, wollte er ihnen das nicht glauben. »Sie sind als Zeugen nicht geeignet«, hatte er gesagt, als er von Kerrins Eltern wissen wollte, ob sie etwas darüber sagen könnten, ob Knut Jungbohn Clement am Sonntagnachmittag und -abend zu Hause bei seinen Kindern gewesen war. Schließlich seien sie ja Nachbarn.

Aber Kerrins Eltern konnten sich nicht erinnern, ob sie Imkes Vater hatten kommen oder gehen sehen. Und so war es wohl bei den anderen Nachbarn auch gewesen. Solange es keinen weiteren Verdächtigen gab, konnte Clement nicht aus der Haft entlassen werden und zu seinen Kindern zurückkehren. Es war furchtbar.

Kerrin war mit Kimi heute Nachmittag durch Steenodde gestreift. Sie hatten versucht, sich unauffällig umzuschauen. Aber keiner der Männer, die in den Gärten Holz hackten, im Hafen Boote reparierten oder Hausdächer ausbesserten, hatte auch nur entfernt Ähnlichkeit mit dem Mann am Strand gehabt. Genauso aussichtslos wie gestern in Nebel.

Die Zeit drängte. Morgen sollte ein Richter vom Festland kommen, hatte Imke erzählt. Was das bedeutete, war beiden nicht so recht klar. Nur, dass es nicht gut für Imkes Vater aussah.

Kerrin war verzweifelt. Die Suche war bisher ein Misserfolg gewesen und gleich musste sie sich auch noch von Kimi trennen. Noch zwei Straßen und dann war sie wieder zu Hause.

Kerrin erstarrte. Der Kerl dort drüben. Das war er. Ihn hatte sie an dem Nachmittag gesehen, als der Strandvogt erstochen worden war. Er kam ihr direkt entgegen. Sah sie an. Dann Kimi.

Sie hatte nicht damit gerechnet, ihm irgendwann Auge in Auge gegenüberzustehen. Diese Möglichkeit war in ihren Überlegungen nicht vorgekommen. Wie sollte sie ihn jetzt unauffällig verfolgen, um herauszufinden, wo er wohnte oder arbeitete und vor allem wie er hieß?

Kimi knurrte. Also hatte sie ihn auch erkannt.

Und nun ausgerechnet hier: Mitten in Nebel, auf dem Waasterstigh, an dem auch das Gefängnis lag, trafen sie ihn. So hatte ihr Plan nicht ausgesehen. Sie hatte ihn unbemerkt finden wollen, um dann dem Inselpolizisten alles zu erzählen, auch wenn sie damit ein hohes Risiko einging. Wer wusste schon, ob er ihr glauben würde?

»He da, was starrst du so, Mädchen? Weißt du nicht, dass man das nicht macht?«

Oh, nein! Er hatte sie gesehen und angesprochen. Heimliches Verfolgen war nun nahezu unmöglich geworden.

Aber sie war sich sicher: Das war die Stimme, die sie gehört hatte und nie wieder vergessen würde. Er war wieder betrunken. Hatte ein rotes Gesicht. Wie an dem Nachmittag, der sich in allen grausigen Einzelheiten unauslöschlich in ihr Hirn gebrannt hatte.

Der Säufer kam bedrohlich näher.

Kerrin konnte sich nicht bewegen. Sie sah einen dicken Regentropfen, der direkt vor ihr auf einen abgewetzten Feldstein im Straßenpflaster fiel. Noch ein Tropfen. Dann noch einer. Am Morgen war es windstill und ungewöhnlich heiß gewesen, aber am Nachmittag hatten sich von Süden her Wolken aufgetürmt. Über dem Meer wütete bereits ein Wetterleuchten, das beängstigend schnell näherkam. Der Wind trieb böig den trockenen Staub durch die Straßen. Wenn das Gewitter da war, wollte Kerrin lieber zu Hause sein. Voriges Jahr war der alte Jan Frödden vom Blitz erschlagen worden, unten am Wriakhörnsee.

Kimi bleckte die Zähne und stellte die Rute hoch.

»Was für eine hässliche Töle. Geht mir aus dem Weg!«

»Lass das Mädchen zufrieden! Die Straße ist breit genug«, sagte eine vorübergehende Frau, die auf einen knorrigen Stock gestützt, nur langsam auf dem holperigen Feldsteinpflaster vorankam. Kerrin kannte Anna Nielsen aus der Kirche, weil sie ihr bei der Begrüßung immer über das Haar strich. Früher war sie Hebamme gewesen und hatte auch Kerrin gesund auf die Welt geholt.

»Misch dich nicht ein, Alte! Dem Kind werd ich schon Respekt einbläuen.« Seine Wut hatte sich Kerrin als wehrloses Opfer ausgewählt. Den Hund mit der verkrüppelten Pfote fürchtete er nicht. Der Alkohol machte ihn leichtsinnig.

»Du!«, entfuhr es Kerrin da. »Du hast den Strandvogt erstochen.«

Der Säufer stutzte einen Moment, lachte dann höhnisch auf. »Du redest wirr, Kind.«

Kimi bellte ihn an.

Wegen des lauten Wortwechsels waren einige Leute auf die Straße gekommen. Ein Streit war immer eine willkommene Abwechselung.

Kerrins Herz schlug ihr bis zum Hals. Trotzdem nahm sie jetzt ihren ganzen Mut zusammen. Vor all den Menschen hier würde er ihr sicher nichts tun.

»Ich habe dich gesehen, an dem Nachmittag. Du hattest Streit mit Quedens. Du hast dein Messer gezogen und ihn getötet.«

Aber sie hatte sich getäuscht.

Er war so betrunken, dass er sie mit einem Tunnelblick nur noch fokussierte und als Bedrohung ausschalten wollte.

Wie schon vor ein paar Tagen zückte er sein Messer und stürzte sich auf sie. Aufgeregte Stimmen wehten durch die Straße:

»Helft ihr!«

»Er hat ein Messer!«

»Haltet ihn auf!«

Aber keiner traute sich, tatsächlich etwas zu tun.

Kerrin stolperte rückwärts. Verfing sich mit dem linken Fuß in ihrem Kleid, das der Wind bauschte. Sie fiel hin.

Der Säufer war zwar betrunken, aber er hatte lange Beine und ein Ziel. Nur noch zwei Schritte, dann würde er über ihr sein.

Ein dunkler Schatten flog an Kerrin vorbei und auf ihn zu.

Kimi verbiss sich im rechten Arm, mit dem er das Messer hielt. Er wand sich. Drehte sich, um sie abzuschütteln. Er schrie wütend und vor Schmerz auf. »Verdammte Töle!« Endlich ließ er das Messer fallen.

Kerrin war glücklich.

Sie lag im Bett, war müde und konnte dennoch nicht schlafen. Nicht nach all der Aufregung. Lange hatte der Inselpolizist ihr ganz viele Fragen gestellt. Und es war gar nicht schlimm gewesen. Er hatte ihr alles geglaubt. Sie hätte gleich zu ihm gehen sollen. Das wusste sie jetzt. Trotzdem hatte sie nicht gegen das fünfte Gebot verstoßen. Sie hatte Imkes Vater geholfen. Ihn aus dem Gefängnis befreit.

Natürlich nur mit Kimis Hilfe, die am Fußende ihres Bettes lag. Kerrins Eltern waren mehr erleichtert als wütend darüber gewesen, in welche Gefahr Kerrin sich gebracht hatte. Aus Dankbarkeit, dass Kimi ihre Tochter gerettet hatte, durfte sie nun bei ihr bleiben. Dass es schon die zweite Rettung war, blieb Kerrins und Kimis Geheimnis.

Sie schaute ruhig über das Watt. Das nasse Wesen hatte sich zurückgezogen. Der Weg war frei. Sie konnte dorthin, wo die Lämmer waren.
Aber sie musste es nicht mehr.
Ihre Welpen waren tot, aber sie hatte trotzdem eine Familie. Eine, die für sie sorgte, nicht umgekehrt.
Sie bellte laut, drehte sich um und lief langsam über die Salzwiese zurück.

Historischer Hintergrund

Die Geschichte um Kerrin, Kimi und den Mord ist frei erfunden.
Dabei hat sich der Autor allerdings großzügig einiger historischer Ereignisse bedient, die tatsächlich so gewesen sein sollen, und einige Personen in die Handlung eingebunden, die damals gelebt haben.
Bevor Amrum 1867 an die preußische Provinz Schleswig-Holstein fiel, gehörte es bis 1864 zu Dänemark und wurde in der kurzen Zwischenzeit von Österreich regiert. Schon 1847 bewilligte die dänische Regierung durch den energischen Einsatz Knut Jungbohn Clements (1803-1873) den Bau eines Leuchtturms. Durch politische Querelen und Streitigkeiten verzögerte sich der Bau jedoch immer wieder, sodass der Turm erst in den Jahren 1873/74 errichtet wurde und am 01.01.1875 seinen Betrieb aufnahm.
Der Amrumer Knut Jungbohn Clement hatte tatsächlich acht Kinder, und seine Frau starb im Jahr 1855. Ob eine

der Töchter Imke hieß, ist (zumindest dem Autor) nicht bekannt. Er arbeitete zwar eine Zeitlang als Privatdozent in Kiel, wurde jedoch sehr zu seinem Unwillen niemals zum Professor berufen. Zum Zeitpunkt der Geschichte lebte er nicht auf Amrum.

Die Familie Quedens hat seit Generationen (erstmals erwähnt 1734) das Leben und die Geschichte der Insel Amrum maßgeblich mitgeprägt. Bedeutsam wurde insbesondere Kapitän und Strandvogt Volkert Martin Quedens (1844–1918), der 1889 Wittdün gründete. Über Booye Georg Quedens (1797–1825) ist nicht viel bekannt, sodass der Autor sich die Freiheit nahm, seine Lebenszeit zu verschieben und abrupt zu beenden. Georg Quedens (*1934) ist heute der bekannteste Chronist der Insel.

Pastor Lorenz Friedrich Mechlenburg (1799-1875) war von 1827 bis zu seinem Tod als Pastor tätig. In seinem Nachlass (Legat) finden sich Hinweise zur Aufteilung und Verwendung der Bergungserlöse gestrandeter Schiffe zwischen Strandvogt, Insulanern und Kirche.

Die Teetradition war 1857 erst ca. 100 Jahre alt. Nachdem 1735 ein Schiff mit Tee gestrandet war, dauerte es einige Jahre, bis ein Seemann den Amrumern zeigte, wie Tee in China zubereitet wurde. Dies wurde zu einer eigenen Tradition mit Kandis und süßer Sahne weiterentwickelt.

Bei der frühgotischen Apostelgruppe »Das himmlische Abendmahl« handelt es sich vermutlich um Strandgut. Zunächst wurde davon ausgegangen, dass sie 1634 angeschwemmt wurde, allerdings stellte sich später heraus, dass die Apostel bei der Flut nur zu ihrem Schutz in der flutsicheren Kirche untergebracht wurden, um sie vor dem Wasser zu schützen. Sie befanden sich also schon vorher auf der Insel, verblieben dann aber im Kirchenraum.

Bei Niedrigwasser ist es möglich, von Amrum nach Föhr zu wandern. Erfahrene Wattführer umgehen dabei gefährliche Priele bzw. wissen, welche seichteren Priele einfach zu durchwaten sind. Die »City of Bedford« strandete 1825 *zwischen den Inseln und versank im Watt. Aktuell ragen die Teile einer Bordwand des Frachters aus dem Sand.*

Quellen:

Hanewald, Roland: Insel Amrum, Verlag Peter Rump, 11. Auflage 2011

Quedens, Georg: Das Seebad Amrum. Verlag Jens Quedens, Amrum 1990

Quedens, Georg: Schulen und Lehrer auf Amrum. Verlag Jens Quedens, Amrum 1993

http://www.mein-amrum-urlaub.com/inselgeschichte-amrum.html (zuletzt aufgerufen am 04.07.2014)

http://www.mein-amrum-urlaub.com/leuchtturm-amrum.html (zuletzt aufgerufen am 04.07.2014)

Verschiedene Artikel im »Öömrang Archiff«: http://jessen.bplaced.net/archiif/archiv.htm (zuletzt aufgerufen am 04.07.2014)

Föhr

Föhr liegt relativ geschützt vor der Küste Schleswig-Holsteins und wird auch *Die grüne Insel* oder die *Friesische Karibik* genannt, denn allein wegen ihrer Lage hat sich dort eine andere Vegetation ausgebildet als auf den anderen Inseln. Die Bevölkerungsdichte ist auf Föhr am größten.

Auf der Insel sind steinzeitliche Spuren zu erkennen, schon ab dem 7. Jahrhundert stieg die Bevölkerungszahl stetig an. Auch Spuren der Wikinger sind nicht zu leugnen.

Bis 1840 war die Insel herrschaftlich im Westen Dänemark und im Osten dem Herzogtum Schleswig-Holstein unterstellt.

Ab 1526 wurde Föhr reformiert, diese Entwicklung zog sich über vier Jahre hin. Wie auch auf anderen Inseln bescherte der Walfang im 17. und 18. Jahrhundert den Insulanern ein nicht unerhebliches Einkommen. Man richtete sogar Seefahrerschulen ein.

1819 wurde Wyk zum Seebad und seit 1950 ist es auch Nordseeheilbad. Auch heute leben die Föhrer zum großen Teil vom Fremdenverkehr.

Auf der Insel gibt es die Stadt Wyk und dazu elf malerische Inseldörfer, jedes mit eigenem Charme, wunderbaren reetgedeckten Häusern und vielen pittoresken Winkeln.

Angelika Waitschies

Weiß ist eine schöne Farbe

Dezember 1941
Der Schnee fiel in dichten Flocken und hüllte die Insel in ein weißschimmerndes Festtagsgewand.

Leichentuch trifft es wohl eher, dachte Franz Hellmann bedrückt, als er die erste Zeile der Kurzgeschichte las, die sein Schüler Konrad Matthies am Morgen zusammen mit dem als Hausaufgabe gestellten Deutschaufsatz abgegeben hatte. Hellmann hob den Blick und schaute aus dem Fenster der Zweizimmerwohnung, die sich in einem kleinen und schon etwas baufälligen Haus am Ortsrand von Wyk befand. Der Himmel war wolkenverhangen, seit vier Tagen schneite es fast ununterbrochen, und wenn man der Wettervorhersage glauben konnte, die gerade aus seinem alten Volksempfänger quäkte, würde der Schneefall auch in den nächsten Tagen anhalten.

Leichentuch ...

Die allgegenwärtige Angst vor der Entdeckung hatte sich in den letzten Tagen verstärkt. Dabei lag überhaupt kein Grund dafür vor. An der Schule war alles wie immer gewesen, die wenigen Begegnungen mit Bekannten oder Nachbarn hatten keine Besonderheiten aufgewiesen, nichts hatte einen Anlass zur Sorge geboten. Und doch war das Gefühl, dass sich die Schlinge um ihren Hals zuzog, von Tag zu Tag stärker geworden.

Hellmann stand auf und trat zum Fenster hinüber, von dessen Rahmen die Farbe abzublättern begann. Bei klarem Wetter konnte man in der Ferne die Nordsee sehen. Vor einem Jahr waren sie nach Föhr übergesiedelt, wo der Posten eines Volksschullehrers in Wyk zu besetzen war. Sie hatten aus Münster weggewollt, wo sie seit der Machtergreifung nahezu jeden Tag Repressalien ausgesetzt waren und Hellmann immer wieder nahegelegt wurde, sich endlich von seiner jüdischen Frau scheiden zu lassen. Von der freigewordenen Lehrerstelle auf Föhr hatte Hellmann durch einen Freund erfahren, der in Husum lebte, und schon alle Wege geebnet hatte. Einschließlich der Beschaffung einer kleinen Wohnung und falscher Papiere.

»Auf der Insel seid ihr sicherer als auf dem Festland«, hatte sein Freund gemeint, doch als Hellmann bei ihrer Ankunft im Wyker Hafen auf das Schild »Juden sind hier nicht erwünscht« aufmerksam geworden war, hatte ihn trotz der neuen Papiere die Angst übermannt, dass der Umzug nur ein Aufschub war und sie Hitlers Schergen irgendwann doch in die Hände fallen würden.

Hellmann drehte sich um, als er das Schließen der Haustür vernahm. »Lene?« Er trat auf den winzigen Flur hinaus und sah, wie seine Frau in der Küche verschwand. »Wieso bist du schon hier?« Lene arbeitete als Kassiererin in dem kleinen Krämerladen im Ortskern von Wyk und hatte normalerweise erst um achtzehn Uhr Feierabend.

Seine Frau stand an der Spüle und hatte ihm den Rücken zugewandt. Ihre Schultern zuckten, Hellmann vernahm ein unterdrücktes Schluchzen. Er trat zu ihr, voller Angst, und wollte sie in die Arme schließen, aber sie entwand sich ihm.

»Was ist denn passiert?«

Lene sank auf einen der beiden Küchenstühle, der ebenso wie der Rest der spärlichen Wohnungseinrichtung schon bessere Tage gesehen hatte. »Ich bin schwanger.«

Das ist ja wunderbar, wollte Hellmann ausrufen, weil er es im ersten Moment genauso empfand, aber dann blieben ihm die Worte im Hals stecken. Sie waren jetzt seit zehn Jahren verheiratet, beide Mitte dreißig, und hatten sich all die Jahre sehnlichst ein Kind gewünscht. Mittlerweile hatten sie die Hoffnung aufgegeben und ausgerechnet jetzt musste es passieren.

»Bist du dir sicher?«

»Ich komme gerade vom Arzt. Es gibt keinen Zweifel.«

Es ist der falsche Zeitpunkt, warnte Hellmann eine innere Stimme. Deutschland befindet sich im Krieg, das Kind wird eine jüdische Mutter haben, es ist unverantwortlich, in diesen Zeiten neues Leben in die Welt zu setzen. »Wir schaffen das«, sagte er laut und bemühte sich, so viel Zuversicht wie möglich in seine Stimme zu legen. »Hörst du, Lene, wir schaffen das!«

Lene hob den Kopf. Als Hellmann das zaghafte Lächeln gewahrte, das ihr Gesicht überzog, krampfte sich sein Herz schmerzhaft zusammen. Mein Gott, was liebte er diese Frau. Ohne sie wäre sein Leben nichts. »Wann ist es so weit?«

»Im Mai«, sagte Lene und wischte sich die Tränen aus dem Gesicht. »Unser Kind kommt im Frühling zur Welt, das habe ich mir immer gewünscht.«

Hellmann versuchte, den Kloß in seiner Kehle herunterzuschlucken, aber es gelang ihm nicht. Ich bin schuld, hämmerte es in seinem Kopf, ich hätte besser aufpassen müssen. Aber woher hätte ich denn wissen sollen …

Er riss sich zusammen. Es brachte nichts, weiter darüber nachzugrübeln. Lene war schwanger, und er würde alles daran setzen, dass es ihr und dem Kind gut erging.

»Hast du schon zu Mittag gegessen?«, fragte Lene und stand auf. Sie ging zum Herd hinüber, und an den energischen Bewegungen, mit denen sie nach einem großen Topf und einer Bratpfanne griff, sah Hellmann, dass etwas von ihrer alten Tatkraft in seine Frau zurückgekehrt war.

»Ich hab mir ein Butterbrot geschmiert.«

»Ein Butterbrot? Aber du musst doch etwas Warmes essen. Sonst hast du dir doch auch immer was gemacht.«

»Ich hatte keinen großen Hunger.« Hellmann sah, dass ein besorgter Ausdruck in Lenes Augen getreten war.

»Das geht jetzt schon seit Tagen so, Franz. Nie hast du Hunger. Was ist denn bloß los mit dir? Macht dir etwas Sorgen?«

Hellmann schüttelte den Kopf. Er wollte Lene nicht mit seiner Unruhe anstecken und griff zu einer Notlüge. »Ich glaube, mir steckt eine Erkältung in den Knochen.«

»Kein Wunder bei diesem Wetter.« Lene schien seine Ausrede geschluckt zu haben, und als er wieder nach nebenan ging und sich an den kleinen Schreibtisch setzte, folgte sie ihm.

Hellmann richtete seinen Blick erneut auf das vor ihm liegende Heft und fuhr mit der unterbrochenen Korrektur der Geschichte *Weiß ist eine schöne Farbe* fort. Konrads Schrift war wie immer ungelenk, sie passte zu dem vierzehnjährigen Schüler mit der blassen Haut und den blonden Haaren, der stets ein wenig linkisch wirkte. Dabei war Konrad hochintelligent, was angesichts des Klassendurchschnitts allerdings eher von Nachteil für den Jungen war, der daher auch von seinen Schulkameraden gemieden wurde. Hellmann versuchte, seinen Schüler zu fördern, soweit es ihm möglich war, und hatte bei Konrads Eltern einen zusätzlichen Unterricht an zwei Tagen in der Woche durchgesetzt, den er und der Junge in ihrem Klassenraum abhielten.

Hellmann nahm eine Bewegung neben sich wahr und bemerkte, dass Lene ihm über die Schulter blickte.

Föhr war Claas noch nie so verwunschen erschienen. Er war auf der Insel geboren, dort aufgewachsen und hatte schon viele Winter erlebt. Aber noch nie war das Eiland von einer solch märchenhaften Schönheit gewesen. Der Schnee hatte sich auf Dächer und Straßen gelegt und das Land unter seinem jungfräulichen Weiß verborgen. Wo ihn die Sonne traf, gleißte er auf wie ein mit tausend Brillanten besetztes Collier, schöner, als es ein Menschenauge jemals gesehen hatte.

»Puh«, sagte sie. »Was ist das denn für ein Schwulst? Etwa wieder ein Werk von deinem hochbegabten Schüler? Das ist ja noch schlimmer als das letzte, das du mir zu lesen gegeben hast.«

Hellmann musste trotz seiner gedrückten Stimmung lachen. Konrads einziges Manko waren die Aufsätze und die hin und wieder mitgebrachten Kurzgeschichten, die er ihm mit der Bitte um Beurteilung in die Hand drückte. Hier lieferte der Junge, der Hellmann einmal schüchtern gestanden hatte, dass es sein größter Wunsch sei, Schriftsteller zu werden, in schöner Regelmäßigkeit Arbeiten ab, die vor Kitsch und Übertreibungen nur so triefften. Hellmann hatte ihn vor einiger Zeit behutsam darauf hingewiesen, dass weniger mehr wäre, aber wie es aussah, war die Botschaft nicht bei Konrad angekommen.

»Dieser Junge macht mir Angst«, sagte Lene und wirkte auf einmal angespannt. »Hast du gesehen, wie der mich anstiert, wenn er uns über den Weg läuft?«

»Du bist eine schöne Frau. Außerdem steckt Konrad mitten in der Pubertät. Ich habe den Eindruck, dass da im Moment ziemlich viel auf ihn einstürmt und er nicht weiß, wie er mit diesen ganzen neuen Empfindungen umgehen soll.«

»Das meine ich nicht, Franz. In Konrads Blick liegt eine tiefe Abneigung gegen mich, fast so etwas wie Hass.«

Hellmann drückte beruhigend ihre Hand. »Das bildest du dir ein.«

»Nein«, sagte Lene mit Nachdruck, »das tue ich nicht. Ich habe das Gefühl, dass er in mir eine Rivalin sieht.«

»Was ist das denn für ein Unsinn, Lene?« Hellmann sah seine Frau kopfschüttelnd an.

»Du hast mir erzählt, dass der Junge einen sehr verlorenen Eindruck gemacht hat, als du an die Schule gekommen bist. Er war unterfordert, aber seit du dich seiner angenommen hast, ist er aufgeblüht. Ich glaube, dass er dich verehrt, Franz. Und diese Verehrung geht meiner Meinung nach weit über das normale Maß hinaus. Er will dich mit niemandem teilen.«

Später am Abend, als Lene mit einer Handarbeit auf dem Sofa saß, dachte Hellmann noch einmal über ihre Worte nach. Sicher, Konrad legte ihm gegenüber eine Anhänglichkeit an den Tag, die über ein normales Schüler-Lehrer-Verhältnis hinausging. Hellmann hatte schon häufiger darüber nachgedacht, aber letztendlich war er zu der Überzeugung gelangt, dass der schwärmerisch veranlagte Junge nur die Vaterfigur in ihm suchte, die er daheim offensichtlich nicht fand. Also nichts, worüber man sich Sorgen machen musste, und deshalb hatte Hellmann dem Wunsch seiner Frau, den zusätzlichen Unterricht für Konrad doch bitte einzustellen, auch nicht entsprochen. Lene sah Gespenster, das war alles. Außerdem brauchten sie das Geld, erst recht, da sie jetzt bald zu dritt sein würden.

21. Februar 1942
Die Frau war schwanger. Der Mantel spannte über ihrem prallen Bauch, ihre Bewegungen wirkten schwerfällig, als sie neben Franz aus dem Haus des Dorfarztes trat. Konrad blieb wie angewurzelt stehen und duckte sich in den Schatten einer Haustür, damit die beiden Menschen auf der anderen Straßenseite nicht auf ihn aufmerksam wurden. Es hätte allerdings nicht dieser Vorsicht bedurft, denn die zwei waren so miteinander beschäftigt, dass sie niemanden um sich herum wahrzunehmen schienen. Konrad sah, wie Franz' Hände über den Bauch seiner Frau glitten, er erwiderte ihr glückliches Lachen, dann küsste er sie lange und zärtlich.

Bittere Galle stieg in Konrad auf. Er drehte sich um und hetzte die Straße hinunter, als wäre der Teufel hinter ihm her. Zu Hause, in dem kleinen Verschlag im Keller, ließ er seinen Tränen freien Lauf.

Das konnte nicht sein! Franz Hellmann gehörte doch zu ihm. Schlimm genug, dass Franz eine Frau hatte, die Konrad mit ihm teilen musste, aber jetzt auch noch ein Balg in die Welt zu setzen ... Wie konnte er ihm das antun?

Seit Franz' Ankunft auf der Insel hatte sich Konrads Leben verändert, hatte es eine Richtung genommen, die er immer ersehnt, an deren Erfüllung er aber niemals geglaubt hatte. Endlich hatte er jemanden gefunden, der sich um ihn kümmerte, ihn ernst nahm und an ihn glaubte. Mit dem er über alles reden konnte, was ihn beschäftigte. Musik, Malerei, aber vor allen Dingen die Literatur und das Schreiben, das ihn so ausfüllte, dass er manchmal das Gefühl hatte, überzufließen.

Franz hörte zu, war einfühlsam und verständnisvoll, ganz anders als Konrads Vater, der am Sonntag das Wort Gottes von der Kanzel predigte und ansonsten als NSDAP-Ortsgruppenleiter dafür sorgte, dass die wenigen auf Föhr ansässigen Juden ihren Grundbesitz verkaufen mussten. Einziehung des jüdischen Vermögens als Sühneleistung für die feindliche Haltung des Judentums gegenüber dem deutschen Volke.

»Order von oben, mein Junge«, hatte Anton Matthies gemeint, als Konrad ihn einmal darauf angesprochen hatte. »Wenn ich mich weigere, die Befehle auszuführen, sind wir dran.«

Einige Juden hatten die Insel bereits verlassen, weil sie nicht mehr gewusst hatten, wohin; andere hatten mehr Glück gehabt und waren bei Bekannten untergeschlüpft, die den Mut gehabt hatten, ihnen Zuflucht zu gewähren.

Konrad schniefte und lehnte sich gegen die schmutzige Wand seines Zufluchtsortes. Es war kalt hier unten und trotzdem zog es ihn immer wieder an diesen Platz, wenn er nicht mehr weiter wusste.

Die Frau musste weg. Der Gedanke überfiel ihn so unvermittelt, dass er zusammenzuckte. Für einen Moment schloss er die Augen und überließ sich den Fantasien, die sein Hirn überschwemmten. Er sah sie im Feuer lodern, sah, wie gierige Flammen an ihrem zuckenden Körper leckten und ihn schließlich ganz umschlossen. Hörte ihren gellenden Schrei, der nicht enden wollte und sein Trommelfell fast zum Bersten brachte.

Ohne es recht zu bemerken, zogen seine Finger die Streichholzschachtel aus der Hosentasche und begannen damit herumzuspielen. Er hatte sie immer dabei, auch wenn er der Versuchung des Zündelns schon länger widerstanden hatte. Zu groß war seine Angst geworden, doch irgendwann erwischt zu werden. Beim letzten Mal, als die Scheune plötzlich in hellen Flammen gestanden hatte und die Feuerwehr schneller da gewesen war, als erwartet, wäre es beinahe dazu gekommen.

Konrad zog die Schachtel auf, holte eines der Hölzer heraus und riss es an. Die Flamme wurde rasch größer, er schützte sie mit der anderen Hand und spürte, wie ihn der helle Schein in die vertraute Erregung versetzte.

Die Frau musste weg!

»Konrad? Ich weiß, dass du da unten bist. Komm rauf, sonst ziehe ich dir die Hammelbeine lang. Wir haben Besuch.«

Die donnernde Stimme seines Vaters, die aus dem Erdgeschoss zu ihm herunterdröhnte, brachte Konrad wieder in die Wirklichkeit zurück. Als er die Kellertreppe hinaufstieg, lag ein Lächeln auf seinem Gesicht.

Der Besuch trug eine schwarze Uniform unter seinem schwarzen Mantel, sein Gesicht war starr, seine Bewegungen reduziert, was die dämonische Ausstrahlung noch verstärkte. Dies schien auch Konrads Vater zu empfinden, dessen ansonsten stolzgeschwellte Gestalt seltsam in sich zusammengesunken war, als er seinem Gast Frau und Sohn vorstellte.

Nach einem späten Mittagessen zogen sich die beiden Männer in das Arbeitszimmer des Hausherrn zurück. Konrad trödelte auf dem Flur herum, denn er hatte das Gefühl, dass etwas in der Luft lag. Er bemerkte, dass die Schiebetür, hinter der die Männer verschwunden waren, einen Spaltbreit offenstand und trat unwillkürlich näher heran.

»Sind Sie sicher, Obersturmbannführer?« Diesen unterwürfigen Tonfall hatte Konrad noch nie bei seinem Vater gehört.

»Natürlich bin ich sicher!«, schnarrte die metallische Stimme des Besuchers, die Konrad bereits beim Mittagessen eine Gänsehaut über den Rücken gejagt hatte. »Wie kommen Sie dazu, meine Worte anzuzweifeln?«

»Nein ... nein ...«, hörte Konrad seinen Vater stammeln. »So habe ich das doch nicht gemeint. Ich bin nur so überrascht von dem, was Sie gesagt haben. Franz Hellmann ist ein angesehener Mann, ich hätte doch nie gedacht, dass so jemand mit einer Jüdin verheiratet ist.«

»So ist es aber nun mal. Und was das bedeutet, muss ich Ihnen ja wohl nicht erklären, Ortsgruppenleiter.«

»Natürlich nicht, Obersturmbannführer.«

Auch wenn er ihn nicht sehen konnte, wusste Konrad, dass sein Vater jetzt strammstand und, zumindest innerlich, die Hacken zusammenschlug.

»Hellmanns Frau und die anderen Juden hier werden morgen früh deportiert. Ich leite die Aktion, die sich auf die ganzen nordfriesischen Inseln erstreckt.« Ein kaltes Lachen erklang. »Morgen Abend werden die Inseln judenfrei sein.«

»Wo bringen Sie die Menschen hin?«

»In den Osten. Mehr müssen Sie nicht wissen.«

»Ich verstehe, Obersturmbannführer.« Die Stimme von Anton Matthies klang auf einmal seltsam belegt. »Brauchen Sie meine Hilfe?«

»Was glauben Sie, warum ich zu Ihnen gekommen bin?«

Konrad spitzte die Ohren und trat noch ein Stück näher heran, als er sah, wie etwas Dunkles im Türspalt erschien. Erschrocken wich er einen Schritt zurück und wäre fast gegen die Kommode gestoßen, die unter dem Spiegel stand. Wenn sein Vater ihn hier erwischte, würde es Prügel geben, und zwar nicht zu knapp. Konrad hörte Schritte auf dem Parkett und hielt den Atem an. Im nächsten Moment wurde die Tür mit einem harten Ruck geschlossen.

Mit einem besorgten Ausdruck betrachtete Franz Hellmann seine Frau, die sich gerade auf dem Sofa ausgestreckt hatte. Die Schwangerschaft setzte ihr zu. Ihr Körper war aufgedunsen, ihre Beine geschwollen, und die morgendliche Übelkeit wollte einfach nicht weichen.

Hellmann zog einen Stuhl neben das Sofa und setzte sich. Er griff nach Lenes Hand. »Ich denke, es ist besser, wenn wir heute Abend zu Hause bleiben.«

»Nein!«, protestierte seine Frau. »Ich habe mich schon so auf das Biikebrennen gefreut. Und dieser kleine Racker hier«, sie strich mit einer liebevollen Geste über ihren aufgetriebenen Leib, »wird mich nicht darin hindern, es mir anzusehen.«

»Das ist unvernünftig, Lene. Bis zum Biikeplatz ist es ein ganzes Stück Weg. Das ist zu anstrengend für dich.« Die Sorge um das Wohlergehen seiner Frau war einer der Gründe für Hellmanns Widerwillen, die Wohnung zu verlassen. Mindestens ebenso schwer aber wog diese unbestimmte Angst, die ihn schon den ganzen Tag über nicht aus den Klauen ließ, die Ahnung einer nahenden Katastrophe. Aber davon durfte Lene auf keinen Fall etwas erfahren.

Und so gelang es Franz Hellmann nicht, seine Frau zu überzeugen. Nachdem Lene zwei Stunden geschlafen hatte, erhob sie sich und meinte, dass es an der Zeit sei, aufzubrechen. Hellmann brachte einen letzten Widerspruch an. »Aber wenn es dir zu viel wird, kehren wir sofort wieder um.«

Lene versprach es, und so machten sie sich auf den Weg zum Strand, wo schon am Vortag der große Holzstapel errichtet worden war.

Konrad war nach dem belauschten Gespräch ins Freie geflohen. Sein Herz raste, sein Kopf fühlte sich an, als wenn er gleich zerspringen wollte, und war von einem einzigen Gedanken erfüllt: Morgen würde *die Frau* verschwinden. Denn hatte er Franz endlich für sich.

Er wird sie nicht allein lassen. Er wird sie nicht allein lassen. Er wird sie nicht ...

Die Worte sprangen ihn an und dröhnten in seinen Ohren als stünde jemand neben ihm und spräche sie laut aus. Konrad presste die Hände an den Kopf und taumelte auf die Straße, wo er mit zwei Paaren mittleren Alters zusammenstieß, die ihn verwundert ansahen und dann ihren Weg fortsetzten. Konrads Blick folgte ihnen, und als er sie in Richtung Strand gehen sah, fiel es ihm plötzlich wieder ein. Heute war der 21. Februar, der Tag der Biike. Über den Geschehnissen des Nachmittags hatte er keinen Gedanken mehr an das alte Volksfest der Friesen verschwendet, obwohl sie am Vormittag in der Schule noch darüber gesprochen hatten. Konrad erinnerte sich, dass Franz angekündigt hatte, hinzugehen und hinzugefügt hatte, dass er hoffe, sie alle dort zu sehen.

Konrad überlegte noch einen Augenblick, dann lenkte er seine Schritte ebenfalls in Richtung Strand. Vielleicht traf er Franz alleine an und es ergab sich eine Möglichkeit, mit ihm zu sprechen. Was er ihm sagen wollte, wusste Konrad nicht, er wusste nur, dass er Franz jetzt unbedingt sehen musste.

Der aufgeschichtete Hügel aus alten Weihnachtsbäumen, ausrangierten Adventsgestecken und zusammengesammeltem Holz war an vereinzelten Stellen bereits in Brand gesetzt worden, als Konrad den Biikeplatz erreichte. Schnell vermehrten sich die Flammen und loderten zum tiefschwarzen Himmel empor. Es waren viele Menschen gekommen, lebhaftes Stimmengewirr hallte durch die Nacht. Konrad ergriff die Fackel, die ihm gereicht wurde, aber er zündete sie nicht an. Er blickte sich um, doch es dauerte einige Zeit, bis er Franz in der Menschenmenge entdeckte. Er war nicht allein gekommen, *die Frau* war bei ihm. Sie standen in einiger Entfernung vom Biikestapel und hielten sich an den Händen. Der Schein des Feuers huschte über ihre Gesichter und malte gespenstische Schattenbilder darauf.

Konrad erschrak, als er auf den Mann aufmerksam wurde, der plötzlich mit schnellen Schritten über den Biikeplatz eilte. Was um alles in der Welt wollte sein Vater hier?

Anton Matthies ging zu Franz und *der Frau* hinüber und zog sie ein Stück zur Seite, als hätte er etwas Wichtiges mit ihnen zu besprechen, das niemand anderer hören durfte. Er sprach auf Franz ein. Allem Anschein nach voller Erregung, und Konrad sah, wie Franz mehrere Male heftig mit dem Kopf schüttelte. *Die Frau* stand da wie erstarrt, selbst als Franz seinen Arm in einer beschützenden Geste um ihre Schultern legte, rührte sie sich nicht. Erst nach einer ganzen Weile ging ein Ruck durch ihre Gestalt und auch Franz schien seinen offensichtlichen Widerstand aufgegeben zu haben. Er wechselte einige Worte mit Anton Matthies, dann setzten sich die drei in Bewegung und verließen den Strand.

Was war da los? Konrad stand da wie angewurzelt. Hätte er doch bloß den Rest der Unterhaltung mit diesem Nazikacker mitbekommen, dann wüsste er, was sein Vater jetzt vorhatte.

Und dann durchfuhr ein eisiger Schreck Konrads Glieder. Sollte Franz etwa auch deportiert werden? Aber das konnten sie doch nicht machen. Er musste ihm helfen. Konrad löste sich aus seiner Erstarrung und schlich den dreien hinterher.

Als er eine halbe Stunde später den Dünenkamm erreichte, der die kleine Anlegestelle an der Südspitze des Hafens überblickte, verstand Konrad die Welt nicht mehr. Er beobachtete, wie sein Vater Franz und *die Frau* zu dem altersschwachen Kutter führte, den Anton Matthies von seinem Onkel geerbt hatte. Der schmale Steg, der im fahlen Mondlicht glitzerte, schien glatt zu sein, denn die drei kamen mehrere Male ins Straucheln, bis sie endlich am Schiff angelangt waren. Die beiden Männer halfen *der Frau* hinüber und verschwanden dann mit ihr in dem kleinen Kabinenaufbau.

Konrad warf die Fackel, die er immer noch bei sich trug, zu Boden, und rieb die Hände aneinander, die trotz der wollenen Handschuhe eiskalt geworden waren. Er duckte sich und schlich die Düne hinunter, bis er am Rand des Hafenbeckens angekommen war und den Steg betrat. Vorsichtig, Schritt für Schritt, bewegte er sich auf den Kutter zu.

Diffuses Licht drang durch das kleine Fenster der Kabine, auf dem Eisblumen ein bizarres Wunderwerk erschaffen hatten. Außer sich hin und her bewegenden Schatten konnte Konrad, der sich hinter eine Kiste gekauert hatte, nichts erkennen. Während er noch überlegte, was hier vor sich ging, öffnete sich die Kabinentür. Mit angehaltenem Atem beobachtete Konrad, wie sein Vater und Franz Hellmann heraustraten.

»Warum wollen Sie uns helfen?«, hörte Konrad Franz fragen.

Anton Matthies blieb stehen und drehte sich zu Franz herum. Seine Bewegungen hatten etwas Schwerfälliges, und als das Licht aus der Kabine sein Gesicht traf, sah Konrad, dass sich eine tiefe Resignation darin breitgemacht hatte.

»Weil ich das alles nicht mehr verantworten kann«, brach es aus Anton Matthies heraus. »Am Anfang habe ich an die Sache geglaubt, an den Führer, daran, dass alles besser wird. Aber er hat uns betrogen, und ich werde mich seinetwegen nicht zum Mörder machen lassen.«

Franz Hellmann schloss die Kabinentür, und als er wieder sprach, klang seine Stimme gedämpft, als wolle er vermeiden, dass *die Frau* etwas mitbekam. »Wissen Sie, wohin meine Frau deportiert werden sollte?«

Konrads Vater stieß ein bitteres Lachen aus. »In den Osten, hat der Obersturmbannführer gesagt. Mehr müsse ich nicht wissen.« Er ging einige Schritte über das Deck und blieb dann wieder vor Franz stehen. »Aber ich weiß mehr. Im Osten haben sie Lager gebaut, in denen sie Juden und andere unerwünschte Personen unterbringen. Ich habe gehört, dass dort niemand mehr lebend rauskommt.«

»Und wer sagt mir, dass ich Ihnen trauen kann? Sie haben auf mich bis jetzt immer den Eindruck eines überzeugten Nazis gemacht.«

Die große und kräftige Gestalt von Anton Matthies schien zu schrumpfen. Es dauerte einen Augenblick, bis er zu einer Antwort fähig war. »Das war ich auch«, sagte er mit belegter Stimme. »Und jetzt schäme ich mich dafür. Aber ich hatte Angst um meine Familie und auch um mich, deshalb habe ich mich nie einem Befehl widersetzt.«

»Und jetzt haben Sie keine Angst mehr?«

»Doch«, gab Konrads Vater zu. »Große sogar. Und trotzdem werde ich Ihnen helfen. Sie haben so viel für Konrad getan.« Er wies zum Steg. »Lassen Sie uns jetzt Ihre Sachen holen. In einer Stunde kommt die Flut, dann müssen wir los.«

Konrad duckte sich noch tiefer in den Schatten der Kiste. Panik erfasste ihn, dass die beiden Männer auf ihn aufmerksam werden könnten, wenn sie wieder auf den Steg zurückkamen. Aber es waren keine Schritte zu hören, und als Konrad hinter der Kiste hervorlugte, sah er, dass sein Vater noch immer auf dem Kutter stand und Franz mit *der Frau* sprach, die aus der Kabine herausgekommen war.

»Wir sind gleich wieder zurück«, hörte er Franz sagen. »Du brauchst keine Angst zu haben, hier bist du sicher.«

Die Antwort *der Frau* ging im Heulen des Windes unter. Konrad zögerte einen Moment, und schickte ein Dankgebet zum Himmel, als der Mond hinter einer Wolke verschwand und die Umgebung in eine fast undurchdringliche Schwärze tauchte. Im nächsten Moment sprang er auf und huschte über den Steg an Land zurück, wo er in den Dünen verschwand.

Während Konrad zum Dünenkamm emporstieg, nahm der bisher vage Plan Gestalt an. Wenn er jetzt schnell und entschlossen handelte, würde er Franz nicht verlieren.

Schwarz hob sich die Fackel von der weißen Schneedecke ab, die sie umgab. Konrad hatte sie gerade aufgehoben, als er das Geräusch schwerer Stiefel im Schnee vernahm. Mit klopfendem Herzen ließ er sich in das schützende Dünengras sinken und kam erst wieder hoch, als sich die Schritte in Richtung des Ortes entfernten. Er wusste, dass er nicht viel Zeit hatte, seinen Plan zu vollenden, denn schon sehr bald würden Franz und der Vater zurückkommen.

Den Riegel der Kabinentür so zu sichern, dass sie sich nicht mehr von innen öffnen ließ, war keine große Sache. Auch das Verschütten des Benzins, das Anton Matthies in einem Kanister am Heck des Schiffes unter einer Plane verwahrte, ging ohne größere Probleme vonstatten. Konrad bemühte sich, so leise wie möglich zu sein, damit *die Frau* nicht bemerkte, was draußen an Deck vor sich ging.

Als schließlich alles erledigt war, zog Konrad die Streichhölzer aus seiner Jackentasche und griff nach der Fackel, die er auf den Planken abgelegt hatte. Sie entzündete sich schnell, nachdem er im Windschatten der Kabine Schutz gesucht und die ersten Streichhölzer angerissen hatte. Wie gebannt starrte er in die lodernde Flamme und nahm einen leichten Pechgeruch wahr. Dann stieg er wieder auf den Steg hinüber und warf die brennende Fackel auf das Deck.

22. Februar 1942
Ein grauer Morgen dämmerte herauf, als Anton Matthies Konrad in sein Arbeitszimmer bestellte.

»Es hat heute Nacht ein schreckliches Unglück gegeben.«

Konrad blickte auf die Hände seines Vaters, die dieser auf der Unterlage seines Schreibtisches abgelegt hatte. Sie zitterten.

»Dein Lehrer und seine Frau sind bei einem Brand ums Leben gekommen.«

Konrad vernahm die Worte, aber sein Gehirn weigerte sich, ihre Bedeutung zu erfassen. Er stand einfach nur da, starrte seinen Vater mit offenem Mund an und wunderte sich ein wenig über das Kribbeln, das in seinem Nacken hochstieg.

»Lene Hellmann war Jüdin und sollte heute Morgen deportiert werden. Ich … ich konnte das alles nicht mehr verantworten, deshalb habe ich sie und ihren Mann heute Nacht zum Kutter gebracht, um sie zum Festland zu fahren. Hellmann und ich wollten noch schnell ihre Sachen holen, aber seine Frau hatte Angst, allein auf dem Schiff zurückzubleiben, deshalb bin ich ohne ihn gegangen.«

Ein verzweifelter Schrei brach sich Bahn, als Anton Matthies mit beiden Händen auf den Schreibtisch hieb. »Als ich zurückkam, stand der Kutter in Flammen. Ich konnte nichts mehr für die beiden tun.«

Vor Konrads Augen begann es zu flirren. Ein hoher Ton hatte sich in seinem Kopf eingenistet und steigerte sich zu einem dröhnenden Crescendo, das ihm Übelkeit verursachte. »Franz ist auf dem Schiff geblieben? Aber ihr wolltet doch …«

Konrad verstummte, als ihn der Blick seines Vaters traf, in dem jähes Begreifen aufloderte. »Du? Junge, mein Gott, was hast du getan?«

Konrad rannte aus dem Zimmer.

Historischer Hintergrund

Das Dritte Reich und die Ideologien des Nationalsozialismus haben auch vor den nordfriesischen Inseln nicht Halt gemacht. Der Siegeszug der NSDAP auf Föhr war beachtlich, im September 1930 entstand die erste Ortsgruppe der Partei auf der Insel. Auch auf Föhr kam es zu antisemitischen Reaktionen und Repressalien, allerdings wurden die wenigen dort ansässigen Juden aufgrund der Insellage und vielleicht auch aufgrund eines Zusammengehörigkeitsgefühls der Inselbewohner vor dem Schlimmsten bewahrt.

Quelle: Ferring-Stiftung

Claudia Schmid

Föhrer Bildersturm

Magdalene kniete nieder. Der aufgekratzte Mückenstich an ihrem Hals blutete. Es war brütend heiß an diesem Sommermorgen im Jahre 1527 auf Föhr. Seit Tagen versengte eine glühende Sonne das Gras auf den Dünen.

Magdalenes Gesicht spiegelte sich in der Oberfläche des Priels, an dem sie stand. Sie musste sich weit vornüber beugen, um ihr Bild sehen zu können. Hoffärtig schalt sie Roluf, wenn er sie dabei erwischte. Roluf – Magdalene wurde warm ums Herz, wenn sie an den Pfarrer der Wyker Nicolaikirche dachte. Sie streifte ihre blonden Strähnen aus dem Gesicht und flocht sie zu einem Zopf. Gleich würde die Morgenglocke zum Gebet in die Kirche rufen, sie musste sich beeilen, um nicht zu spät zu kommen.

Immer mehr Menschen schlossen sich den Lehren Martin Luthers an und zeterten gegen die altgläubigen Geistlichen. Gott würde die Menschen aufgrund seiner Gnade lieben und man könne sich sein Wohlwollen nicht mit Ablassbriefen kaufen. Auch müssten alle am Abendmahl teilnehmen dürfen, die ganze Gemeinde. Die Pfarrer seien doppelzüngig, so hieß es. Sie würden von ihren Gläubigen etwas verlangen, woran sie sich selbst nicht hielten.

Magdalene zog den Rotz in ihrer Nase hoch. Ihr war es recht, dass Roluf es etwa mit seinem Keuschheits-Gelübde nicht allzu genau nahm. Magdalene kaufte regelmäßig Kerzen in der Kirche, dabei hatte sie Roluf kennengelernt.

Sie hatte die Münzen in seine Hand gelegt, dabei berührten ihre Fingerkuppen seine Handinnenfläche. Sie ließ sie eine Weile darauf ruhen und er schaute ihr in die Augen. Einen Moment zu lange. Eine Röte überfloss ihr Gesicht, tauchte es in heiße Flammen. Dennoch hielt sie dem Blick stand. Am Abend ging Roluf wie zufällig über den Markt und folgte ihr bis zu den Dünen.

Als sie später von Elisabeth in der Küche gefragt wurde, wo sie so lange gewesen sei, hatte sie ausweichend geantwortet und mit abgewandtem Gesicht.

Mit Elisabeth teilte sie sich die Kammer. Vor der galt es, sich in Acht zu nehmen, damit die nichts mitbekam. Denn die Treffen mit Roluf mussten heimlich bleiben. Wer weiß, wie ihr Herr und erst recht seine Frau darauf reagieren würden. Der Borchers und seine Frau waren ehrliche Christenleute. Ihre Vorfahren hatten mit Salz gehandelt, seit zwei Generationen waren sie Krabbenfischer. Magdalene war dankbar, dass sie bei Borchers in Diensten sein konnte, war sie doch die Älteste eines Haufens vaterloser Geschwister. Borchers steckten ihr oft was zu für die Mutter, die nun vier Kinder ohne Ernährer durchs Leben bringen musste.

»Der Prädikant von St. Johannis spricht sogar die Sprache des Alten Testaments«, sprach Eike Borchers voller Ehrfurcht zu seiner Frau Meike, als sie wenige Tage danach abends im Hof bei einem Becher Met saßen und Magdalene ihnen einen neuen Krug brachte. »Er sagt, die Bibel muss in der ursprünglichen Sprache gelesen werden. Es hätten sich beim Abschreiben Fehler eingeschlichen.«

Meike Borchers nickte bedächtig. »Und seine Predigten sind angenehm, er spricht gebildet. Nicht so derb, wie der Pfarrer poltert.«

»Die Altgläubigen halten an den Lehren Roms fest.«

»Rom ist weit von Föhr. Sogar der dänische König ist für Luther.«

Magdalene hatte sich um das Kräuterbeet im Küchengarten gekümmert, um in der Nähe bleiben zu können und noch ein wenig zu lauschen. Alles, was mit der Kirche zusammenhing, interessierte sie brennend. Sie überlegte: Wenn nun Roluf sich für die neue Lehre entscheiden würde? Dann könnte er ein Weib haben. Die Evangelischen durften das schließlich.

Gleich beim nächsten Treffen, versteckt in den Dünen, brachte sie das Thema auf den Punkt. Roluf lag auf dem Rücken und schaute in den Himmel. Magdalenes Kopf lag auf seiner Brust. Kraulend fuhr sie mit der Hand darüber. »Roluf, es gibt eine Möglichkeit, dass wir für immer zusammen sein können.«

Er sah sie träge an. »Willst du als meine Magd arbeiten?«

Das war nicht die von Magdalene gewünschte Richtung des Gesprächs. Sie kuschelte sich noch näher an ihn. »Nein, Roluf. Es ist doch so«, sie suchte nach Worten, nach den richtigen. Sie fühlte, dass ihre Wortwahl unheimlich wichtig war. Vieles hing davon ab, dass sie den richtigen Ton traf. »Schau mal, die Evangelischen«, weiter kam sie nicht, denn Roluf setzte sich mit einem Ruck auf und schob sie grob von sich weg.

»Was ist mit denen? Du hängst doch nicht der neuen Lehre an?«

Magdalene erschrak. Rolufs Ausbruch passte nicht zu dem, was sie vorhatte, ihm zu sagen. Dafür hätte sie ihn sich in angenehmer Stimmung gewünscht, damit er aufgeschlossen wäre gegenüber ihrem Vorschlag. »Was denkst du von mir?«

»Dein Herr ist evangelisch! Und er fordert einen Prädikanten für die Nicolaikirche.« Rolufs Augen wurden kohlrabenschwarz vor Zorn. »Der Prädikant würde zusätzlich zu meiner Messe predigen.«

»Aber das ist es ja, was ich dir sagen will.« Kleinlaut sah sie zu ihm auf. »Die Evangelischen dürfen ein Weib haben.«

Roluf starrte sie an. Es dauerte eine Weile, bis er begriff, was Magdalene ihm da sagen wollte. »Du meinst …?«

»Wenn du nun evangelisch wärst, Roluf …«, sie rückte mit gesenktem Kopf wieder näher an ihn dran. »Du könntest doch als Prädikant …«

Er starrte sie entsetzt an. »Das darfst du nicht mal denken!« Er packte sie an den Schultern und zwang sie so, ihn anzuschauen. »Ich habe es meiner Mutter auf dem Sterbebett versprochen, dass ich ins Kloster gehe und für ihr Seelenheil bete. Ich gehöre dem rechten Glauben an! Ich gehe nie und nimmer zu den Abtrünnigen, schlag dir das aus dem Kopf!« Roluf sprang auf, schüttelte den Sand von seiner Kutte und streifte sie über. Er stapfte wütend davon und ließ Magdalene alleine in den Dünen zurück.

Es gelang ihm, in die Kirche zu kommen, ohne von jemandem gesehen zu werden. Er wusste nicht, ob es ihm möglich gewesen wäre, seinen Seelenaufruhr zu verbergen. Was dieses Weib sich auch einbildete! Roluf ging in die Kirche und verneigte sich tief vor dem Marienbild. Er zog seine Kutte zurecht und kniete nieder.

Dieses Weib war eine Versuchung des Teufels. Der Leibhaftige persönlich hatte sie ihm gesandt. Maria, hilf mir!, flehte er stumm vor dem Bild. Er fühlte, dass er unschuldig war. Es war Magdalene, die schuldig war an dieser Sünde, die er mit ihr beging. Es war wirklich eine schwere Prüfung.

Roluf seufzte. Wenn die heimlichen Treffen mit Magdalene weniger süß wären, würde es ihr nicht ständig gelingen, ihn erneut zu verführen. Aber diese Augen! Wie sie ihn ansah, wenn sie ihm das Geld für die Kerzen gab. Und wie sich ihre weiblichen Rundungen unter ihren Kleidern abzeichneten. Wie sie roch!

Roluf schloss die Augen. Das Bild ihrer geöffneten, weißen Schenkel gaukelte durch seinen Kopf. »Maria, Mutter Gottes, voll der Gnade, steh mir bei! Hilf mir, meine Gelübde zu halten!« Er verharrte noch eine Weile vor dem Bild, immer wieder seine Gebete murmelnd, um die wollüstigen Bilder aus seinem Kopf zu vertreiben. Schwerfällig erhob er sich nach unendlich langer Zeit. Die Knie waren von der Demutshaltung steif geworden und schmerzten. Er nahm sich vor, noch öfter und ausdauernder vor dem Marienbild zu beten, wenn ihn die Fleischeslust überkam. Er musste sein schwaches Fleisch besiegen. Und nur diesen Weg wollte er gehen.

Was diesem Weib aber auch einfiel. Er solle evangelisch werden! Erst verführte sie ihn und nun verlangte sie gar Unmögliches von ihm. Was er am Sterbebett seiner Mutter versprochen hatte, würde er halten. Da konnte der Teufel ihm so viele Weiber schicken, wie er wollte.

Der Abt des Klosters im nahen Tondern wurde zunehmend durch den Rat in Bedrängnis gesetzt. An einem Sommertag pochte es hart an der Klosterpforte. Eine Abordnung mehrerer Bürger forderte Einlass. Der Prediger war dabei und der Schulmeister. Sie verlangten, im Kloster und in den Kirchen der Umgebung nicht mehr die päpstliche Messe abzuhalten. Es sei ein Gräuel, dass dies immer noch geschehe. Ebenso wurde gefordert, dass die Bilder, die in den Kirchen hingen, abgenommen werden.

Der Abt starrte die Abordnung feindselig an.

Nun ergriff einer der Räte das Wort: »Wenn Ihr als Abt und Euer Konvent uns nach den Worten der Heiligen Schrift widerlegen könnt, dass diese Punkte keine Gräuel vor Gott wären, so fordern wir euch hiermit dazu auf. Da wir aber gewiss sind, dass Ihr dieses nicht vermögt, so fordern wir dringend, die Gräuel einzustellen.«

Der Abt sah für den Moment nur die Möglichkeit, Zeit zu schinden. »So gewährt mir denn Bedenkzeit, Ihr Herren«, brachte er schließlich stockend hervor.

Auch Roluf wurde zugesetzt, die »Messegräuel« einzustellen. Und er solle das Abendmahl in beiderlei Gestalt austeilen. Völlig aufgewühlt ging er im Altarraum auf und ab. Seine Gebete zu Maria wiesen ihm keinen Weg auf, der für ihn gangbar wäre. Wie sollte er sich nun verhalten? Er musste ins Kloster und sich mit dem Abt besprechen.

Schon am nächsten Tag bat er einen der Fischer, ihn mit seinem Kahn überzusetzen. Dann machte er sich zu Fuß auf nach Tondern. Er hatte Wasser in einer tönernen Flasche dabei und etwas Brot sowie ein Stück harten Käse. Das musste ihm als Wegzehrung reichen.

Magdalene vermisste die wenigen Momente des seligen Glücks mit Roluf. Er war schon seit einigen Tagen weg und wurde von Hinnerk, einem jungen Mönch mit pockennarbigem Gesicht und schielendem Blick, vertreten. Als sie ihm das Geld für die Kerzen auf den Tisch legte, umfasste er mit geschwindem Griff ihre Hand. Sie wollte sie ihm entziehen, aber er hielt sie fest. »Könnte dir einen besseren Preis machen, Magd.« Seine wulstigen, aufgesprungenen Lippen entblößten schiefe Zähne. Seine Kutte roch, als habe er sie seit Langem nicht gewaschen.

»Hat Er nicht ein Gelübde abgelegt?«, fragte Magdalene spöttisch und riss mit aller Gewalt ihre Hand los.

Wütend starrte ihr Hinnerk hinterher. Er war eifersüchtig auf Roluf, der im Kloster, das für ihre Kirche zuständig war, mehr Ansehen genoss als er selbst. Und was dieser mit Magdalene trieb, hatte er kürzlich beobachtet, als die beiden zwischen den Dünen lagen und so mit sich selbst beschäftigt waren, dass sie nicht merkten, dass er ihnen gefolgt war.

Magdalene war nach dieser Begegnung aufgewühlt. Hoffentlich kam Roluf bald wieder zurück. Sie hatte ihn vor einigen Tagen auf einem Kahn gesehen, der aufs Festland übersetzte. Sie müsste mit ihm reden. Er musste irgendwie dafür sorgen, dass ihr dieser Hinnerk nicht mehr nachstellte. Allein der Gedanke an diesen Kerl war ihr schon zuwider. Roluf sollte sich entscheiden, denn sie wollte ihn ganz für sich haben und sein Weib werden. Etwas musste geschehen, und zwar rasch. Sie war mit ihrer Geduld am Ende.

Als Roluf nach einigen Tagen zurückkam, passte Magdalene ihn ab, als er in den frühen Abendstunden in der Nicolaikirche betete. Die Worte, die sie sich vorgenommen hatte, ihm zu sagen, waren das Ergebnis langer Überlegungen. Vielleicht wäre es von Vorteil für ihr Anliegen, ihn ein wenig eifersüchtig zu machen? Dann würde er sich womöglich schneller für sie entscheiden.

Magdalene wähnte die Stunde günstig, da niemand in der Nähe war. Sie kniete hinter ihm und begann zu flüstern. »Roluf, ich will dich ja nicht drängen, aber es wäre mir doch recht, wenn du dich bald entscheiden würdest. Ich habe es satt, mich heimlich mit dir zu treffen.«

Da er nicht reagierte und sie nicht zu schweigen hieß, fasste sie ihren ganzen Mut zusammen und fuhr fort: »Hinnerk stellt mir nach. Als Eheweib wäre ich davor geschützt.«

Roluf rang mit sich, ob er überhaupt das Wort an diese aufdringliche Person richten sollte. Er hatte ja auch selbst schon gemerkt, dass dieser Hinnerk ihnen nachspionierte.

Vielleicht würde Magdalene von selbst wieder verschwinden, wenn er sie einfach nicht wahrnahm. Er musste standhaft bleiben, denn er war beim Beichten gewesen und hatte dem Beichtvater bei seiner seligen Mutter geschworen, dass er der Versuchung des Fleisches fortan nicht mehr erliegen würde.

Er nahm den Duft Magdalenes wahr. Sie roch nach Thymian und ein wenig nach Sommerblumen. Seine Lenden wurden warm. Das durfte er nicht zulassen! Er heftete seinen Blick auf das Marienbild. Dann sagte er mit lauter Stimme: »Geh hinweg, Satan. Weiche von mir! Und führe mich nicht in Versuchung! Maria, stehe mir bei! Nimm dieses Weib hinweg!«

Magdalene schluchzte laut auf. Sie liebte ihn doch, wie konnte er nur derart kalt sein? Sie wusste genau, dass er auch ganz anders sein konnte. Sie legte von hinten die Arme sanft um ihn.

Roluf rang mit seinen inneren Teufeln. Er schnellte um sich, sprang hoch und verpasste Magdalene eine schallende Ohrfeige. »Weib, was fällt dir ein! Du bist hier in einer Kirche und vor dir steht ein Mönch!« Er versetzte ihr noch einen Tritt mit dem Fuß und rannte aufgewühlt aus der Kirche fort.

Magdalene fiel der Länge nach hin. Sie war fassungslos. Die Seite schmerzte, da, wo sie der Fußtritt getroffen hatte. Die Wange brannte von dem Schlag. Tränen strömten über ihr Gesicht. Was fiel diesem Kerl nur ein! Sie zu schlagen! Noch dazu in der Kirche. Wo sie ihn doch liebte! Sie blieb noch eine Weile liegen, trocknete dann mit dem Saum ihres braunen Leinenkleides ihr Gesicht, rieb den Rotz von der Nase und schaute zu dem Marienbild hoch.

Vor einem roten Hintergrund schaute die Mutter Gottes auf sie herab. Die hatte es gut. Die wurde von ihrem Roluf geliebt. Magdalene schenkte dem Bild einen hasserfüllten Blick und begab sich schleppend auf den Heimweg. Sie ging zum Brunnen im Hof des Anwesens ihres Herrn, um ihr Gesicht zu reinigen, bevor sie womöglich auf Elisabeth und deren neugierig forschenden Blick traf. Sie hörte Stimmen aus der Stube ihres Herrn.

Er sprach zu jemand. »Wir wollen nicht länger hinnehmen, dass unseren Forderungen nicht nachgekommen wird. Die Bilder müssen aus der Kirche weg!«

Nun antwortete die andere Person: »Wir müssen denen zeigen, wer das Sagen in Wyk hat.«

Magdalene musste an das Marienbild denken, vor dem Roluf wieder mal gebetet hatte, als er dann anschließend derart gemein zu ihr war. Wie er zu dem Bild aufgeschaut hatte! Als ob er dieses Bild lieben würde! Diese Liebe gebührte doch eigentlich ihr. Womöglich war dieses Bild daran schuld, dass er sich nicht zu ihr bekannte. Wenn nun dieses Bild weg wäre? Sie entfernte sich, bevor sie beim Lauschen erwischt würde.

Elisabeth war es, die Magdalene von der Ungeheuerlichkeit berichtete, die sich in ihrem Heimatort ereignet hatte. »Die Evangelischen sind dort ins Kloster gestürmt und haben sämtliche Bilder entfernt! Das muss man sich vorstellen! Alle Bilder haben sie mitgenommen.« Fassungslos hatte sie ihre Augen weit aufgerissen. »Denn du sollst dir kein Bild machen, stünde in der Bibel, sagen sie. Es sei Götzendienst, ein Bild zu verehren.«

In Magdalene gärte es. Roluf schien dieses Marienbild zu lieben. Sie könnte sich für seine Gemeinheit an ihm rächen, indem sie seine Liebe zerstörte. Dieses Bild musste weg. Vielleicht würde er dann ja auch wieder zu ihr finden. Aber solange er stundenlang vor diesem Bild kniete, würde er sich nicht mit ihr treffen, davon war sie überzeugt.

Am übernächsten Sonntag fasste Magdalene all ihren Mut zusammen und sagte zum Borchers: »Herr, andernorts sind die Evangelischen in die Kirche gestürmt und haben die Bilder abgehängt. Das habe ich auf dem Markt gehört.«

Der Borchers blickte nachdenklich. Er musste das mit den anderen besprechen.

Schon am nächsten Morgen in aller Herrgottsfrühe stürmten wackere Wyker mit Beilen, Äxten und Hämmern in die Nicolaikirche und entfernten sämtliche Bilder. Ein paar besonders eifrige zerstörten auch noch den Hochaltar. Zwischen den Männern war eine zarte Person, die eine Kapuze weit ins Gesicht gezogen hatte. Sie riss das Marienbild von der Wand und lief aus der Kirche, immer weiter, bis zu den Dünen.

Roluf wollte eine Weile allein mit Maria sein. Doch wie groß war sein Schrecken, kaum als er die Kirche betrat. Alle Bilder waren entfernt und der Hochaltar zerstört worden. Aber das Schlimmste war für ihn, dass jemand das Bildnis Marias roh von der Wand gerissen hatte. Völlig fassungslos stand er da und starrte auf das Loch, das da entstanden war, wo der Nagel für das Bild in die Mauer geschlagen wurde und den nun jemand grob herausgehauen hatte.

Hinnerk, der das ganze Treiben im Beichtstuhl verborgen, mitbekommen hatte, schlich nun heraus. Er witterte auf der Stelle die günstige Gelegenheit. Der Pöbel hatte die Kirche geschändet und dabei einen Mönch getötet! Er näherte sich Roluf von hinten und ergriff dabei einen schweren Kandelaber, der umgestoßen auf dem Boden lag. Den hob er an und schlug ihn mit voller Wucht auf seinen verhassten Mitbruder, der das hatte, was ihm selbst das Leben ungerechterweise vorenthielt.

Lautlos sackte Roluf auf die Knie und fiel dann der Länge nach hin. Hinnerk eilte davon.

Die Glocke rief zum Gebet. Gleich würden die Gläubigen in ihre Kirche gehen und die Bescherung entdecken. Magdalene schleuderte das Bild auf den Boden, sprang mit aller Wucht darauf und zerbrach den Rahmen. Sie packte es und warf es wutentbrannt in die Nordsee. Mit in die Seite gestemmten Armen stand sie am Strand und schaute auf das Ergebnis ihrer Tat. Da lag Maria mit dem Gesicht nach oben im Wasser. Die Farben des Gesichts und des Hintergrunds auf dem Bild lösten sich bereits auf und bildeten eine rote Farbwolke. Eine zurückschwappende Welle nahm das Bild mit hinaus auf die offene See.

Donner grollte. Ganz plötzlich trieben mächtige Wolken am Himmel auf, die sich nun heftig entleerten. Magdalene legte ihren Kopf in den Nacken und hielt ihr Gesicht den dicken Tropfen entgegen. Der Regen war warm und weich.

Historischer Hintergrund

Luthers Thesenanschlag im Jahre 1517 veränderte die gesamte christliche Welt. Bis heute hält die Kirchenspaltung, die er selbst nicht gewollt hat, an. Ob er die Thesen, in denen es vor allem gegen den Ablasshandel der römischen Kirche ging, tatsächlich auch an das Tor der Wittenberger Schlosskirche schlug, die als eine Art schwarzes Brett der Universität diente, ist nicht eindeutig belegt. Martin Luther vertrat die Ansicht, Gnade gäbe es nicht zu kaufen, sondern sie würde den Menschen durch Gottes Liebe zuteil. Der Mensch müsse an Gott glauben.

Zwei der Hauptkritikpunkte der Lutheraner, wie seine Anhänger bald hießen, waren neben dem Streit um das Abendmahl das immer wieder zelebrierte Messopfer in der Kirche und die dort angebrachten Bilder. An vielen Orten kam es deshalb zu Störungen des Gottesdienstes und zu sogenannten »Bilderstürmen«, bei denen Bildnisse aus den Kirchen mit Gewalt entfernt wurden. In den Anfangsjahren der Reformation verließen viele Ordensbrüder und Nonnen ihre Klöster, es kam teilweise zu Plünderungen und Zerstörungen der Gebäude.

Vor allem in Ostfriesland fiel das Gedankengut der Reformation auf fruchtbaren Boden.

Sabine Prilop

Der Fremde im Mantel

In einer Nacht im Spätsommer des Jahres 1844, in der das Mondlicht die Gegend in ein bläuliches Licht tauchte, verließ ein offener Kutschwagen Flensburg. Hans Christian Andersen drückte sich in eine Ecke und schlug den Kragen hoch, es fröstelte ihn wegen der kühlen Luft. Mit Unbehagen erinnerte er sich an die Überfahrt mit dem Dampfschiff, das ihn nach Flensburg gebracht hatte. Bei strömendem Regen und einem Sturm, der Furcht und Schrecken verbreitete, hatte er drei Stunden lang die Qualen einer üblen Seekrankheit abwenden müssen, indem er ausgestreckt auf einer Bank lag.

Der Dichter dachte mit Grausen an die bevorstehende Fahrt von Dagebüll nach Föhr. Würde sich erneut ein Unwetter aufmachen und auch die Fähre wie einen Spielball hin- und herwerfen? Gedankenverloren griff er an seine Hemdbrust und fühlte, ob die Einladung noch an ihrem Platz lag. Wegen ihr war er zu der beschwerlichen, kostspieligen Reise aufgebrochen, obwohl ihn Geldnöte plagten. Auf gar keinen Fall hätte er die Einladung ablehnen können! Wer würde sich weigern, wenn ihn der König einlud? So hatte er sich erst gehorsam gefügt, und mittlerweile freute er sich auf den Aufenthalt in Wyk auf Föhr. Nicht nur, weil der Ort ein bekannter Badeort war, seit Christian VIII. ihn zu seiner Sommerresidenz erkoren hatte, auch reizte den Dichter die Landschaft, die im Gegensatz zur dänischen Ostseeküste rau und wild sein sollte. Zudem hoffte Andersen, dass das Reizklima seiner oft angeschlagenen Gesundheit zuträglich sein würde.

Mit diesen und anderen Gedanken beschäftigt, ließ er sich durch die Nacht kutschieren. Warum erschien ihm alles so bedeutsam? Welche Geheimnisse verbargen sich im

Heidekraut, welche Zeichen wollte ihm die Hatz der Wolken am Himmel mit auf den Weg geben? Beinahe schauderte es ihn, den Empfindsamen, und er war froh, als er und sein Kutscher im ersten Morgenlicht ein unwirtliches Dorf erreichten und eine Rast einlegten. Zum Glück gelang es, die Pferde mit Wasser und Hafer zu versorgen, aber für eine Mahlzeit in dem armseligen Wirtshaus reichte die Zeit nicht aus. Kurz vertraten sie sich die vom Sitzen steifen Beine, dann setzten sie die Fahrt fort. Die Fähre in Dagebüll würde nicht auf sie warten, wenn sie zu spät kämen.

Der morastige Weg führte sie durch blühende Heide und ein weiteres Dorf, und die Fahrt wurde zusehends beschwerlicher. Die Pferde kamen nur noch mühsam voran, sie sanken ein, quälten sich vorwärts. Der Wagen schaukelte wie wild hin und her, und als sie den Deich hinauffuhren, fürchtete der Dichter einen Absturz den Steilhang hinunter. Das ganze Land rechts und links des Dammes war durch die Regenmassen der letzten Tage überschwemmt worden, sogar die Kornfelder standen unter Wasser.

Dagebüll erreichten sie nach zehnstündiger Fahrt und Andersen war froh, als er nach nochmaliger stundenlanger Wartezeit endlich die Fähre betreten durfte, die ihn nach Wyk auf Föhr bringen sollte.

Wenn man mit dem Schiff von Husum nach Wyk reiste, passierte man eine Hallig namens Oland. Auf zwei Warften drängten sich die Häuser, Kühe liefen auf den Wegen entlang, und auf den Salzwiesenflächen brüteten in jedem Frühjahr unzählige Möwen und Limikolen. Vermutlich ein friedlicher Ort, doch weit gefehlt. In einem der Warfthäuser standen sich zwei Männer gegenüber, die Gesichter gerötet. Sie stemmten die Hände in die Hüften, schüttelten die Fäuste in der Luft und schrien sich an. Die abgehackten Sätze drangen durch die Fenster hinaus ins Freie in die beginnende Dunkelheit. Sie fanden ihren Weg durch offenstehende Türen hinein in benachbarte Behausungen. Dort warteten die Frauen und Mädchen darauf, dass die Männer heimkommen würden, die alle auf Seefahrt vor Grönland und Holland unterwegs waren. Alle, bis auf die sich streitenden Petersen-Brüder und ein Greis, Thevs Munthe. Der Redmer wieder, sagten sie, und Okko. Stehen voreinander wie zwei Rindviecher und brüllen sich an. Wie gut, dass ihre Eltern das nicht mehr erleben müssen, Gott sei ihrer Seele gnädig. Sie hörten, wie Türen geschlagen wurden, dann senkte sich die Stille über den Ort und wenig später die Nacht. Alles schlief, auch die beiden Fischer würden am nächsten Tag früh aufs Meer fahren, um sich den Fang zu sichern. Doch einer von ihnen stand am Ufer, dort, wo die letzte Sturmflut große Böschungsteile mit sich fortgerissen hatte, die Fäuste in den Taschen vergraben. Hier befand sich der Kirchhof, mit menschlichen Gebeinen bedeckt, die die Wassermassen dem Erdreich entrissen hatten. Vermoderte Särge ragten über die Abbruchkante hinaus. Redmer blickte auf die See, in deren Wellen sich das Mondlicht spiegelte. Seine Lippen formten einen Schwur. Er schwor bei den Gebeinen seiner Mutter, die an ihrer weiter landeinwärts gelegenen Ruhestätte von der grausamen Flut verschont worden waren, dass er ihr Geheimnis mitnehmen würde in sein eigenes Grab. Jeder, der versuchen würde, es zu verraten und so ihren Namen in den Schmutz zu ziehen, würde vor ihm in die Grube fahren, so wahr er Redmer Petersen hieß!

Von der Fähre aus, auf der Andersen in Begleitung eines Rudels blökender Schafe nach Föhr reiste, erblickte der Dichter nach einstündiger Fahrt die Häuser Wyks und eine Vielzahl grüner Bäume. Die Insel und die Stadt gefielen ihm auf Anhieb. Neugierig setzte er seinen Fuß auf die Erde und betrachtete die Häuser, die nur eine Etage aufwiesen und mit Strohdach und Giebel versehen waren. Er lief durch die Straßen und erfreute sich an der Lebendigkeit in der Hauptstraße, die er auf die Anwesenheit des königlichen Hofes zurückführte. Die dänische Flagge wehte, von irgendwoher erklang Musik, er fühlte sich, als käme er mitten während eines Festes auf die Insel. Allerdings sah er in seinem Reisekostüm, das während der furchtbaren Fahrt gelitten hatte, und so erschöpft, wie er war, nicht aus wie ein Festbesucher.

So war es ihm mehr als unangenehm, als plötzlich zwei junge Damen auf ihn zustürmten und ausriefen: »Andersen, Herr Andersen! Mutter, hier ist Andersen!« Am liebsten wäre er im Boden versunken. Wo er doch so viel Wert auf sein Äußeres legte! Verlegen deutete er eine linkische Verbeugung an, und als die herbeigerufene Mutter aus einem Fenster blickte, machte ihn das regelrecht unglücklich: Es war die Herzogin von Augustenburg, die ihn und seine Kunst bewunderte. Ohne Halt eilte er verwirrt weiter und begegnete glücklicherweise dem königlichen Kammersekretär, der ihn zu seinem Quartier brachte.

In seiner Stube wusch er sich und legte sich auf sein Bett. Sofort schlief er ein. Als er wach wurde, setzte er sich mit seinem Tagebuch an den kleinen Tisch und schrieb sorgfältig und mit angespitztem Bleistift Notizen über seine Anreise und die Eindrücke, die Wyk bisher bei ihm hinterlassen hatte. Wenig später klopfte es und ein Bote übergab ihm die freundliche Aufforderung, den Abend bei einem Zusammensein mit dem Herrscherpaar zu verbringen. Hocherfreut kleidete er sich an und eilte zum *Königshaus*, dem stattlichen königlichen Feriendomizil.

Was für glückliche Tage erwarteten ihn! Nach dem ersten Besuch wurde er jeden Mittag an die königliche Tafel gebeten, zweimal verbrachte er das Frühstück am Tisch der Königin im Kreis der anderen geladenen Gäste. Der Poet durfte seine Märchen vorlesen, und sie gefielen dem König und der Königin über alle Maßen.

Am Tag wanderte er über die Insel oder badete in der Nordsee. Das Wetter meinte es gut mit den Feriengästen. Am Strand herrschte rege Betriebsamkeit, die Badekarren erfreuten sich großer Beliebtheit. Vollständig bekleidet kletterte der Dichter hinein, meist in Begleitung weiterer badewilliger Herren, zog sich um und wurde von einem Kutscher und seinem Pferde ins Wasser gezogen. Dort stieg er durch die dem Meer zugewandte Tür über eine Treppe hinab in die Fluten. Nachdem alle Passagiere genug gebadet hatten, ging es auf demselben Wege retour an den Strand.

In der Zeit zwischen seinen Unternehmungen zog Andersen sich zurück und schrieb seine Beobachtungen gewissenhaft in sein Tagebuch.

An einem Nachmittag in dieser Zeit des Aufenthaltes Hans Christian Andersens auf Föhr stand auch auf Oland Okko Petersen mit seiner Braut am Meeresufer. Die Sonne tauchte die Wellen und das Ufer der Hallig in ein warmes Licht. Doch es war keine romantische Szene, die sie da beleuchtete. Okko fasste Estrid hart am Arm und schüttelte sie durch. »Wer war der Kerl?«, fuhr er sie an. Anstatt einer Antwort schlug sie beide Hände vor das Gesicht und begann zu weinen. »Du heulst?«, schrie Okko, »also hast du einen Grund dafür!« Er trat einen Schritt zurück und maß sie mit wütendem Blick. »Hast du mich betrogen?«

»Nein!«, rief die junge Frau und mühte sich verzweifelt, ihren Bräutigam zu beruhigen. »Was denkst du nur von mir?«

»Was lässt du dann einen Fremden in deine Stube? Noch dazu, wenn die Mutter nicht da ist?«

»Ich hätte es nicht ablehnen können!«

Wieder packte Okko sie, diesmal an beiden Armen, er tat ihr weh. »Wer soll das sein, dem du den Zutritt nicht verwehren kannst? Wenn das keine Lüge ist, nenne mir endlich seinen Namen!«

Estrid spürte seinen stoßweisen Atem in ihrem Gesicht und sah das Weiße in seinen Augen. Sie drehte sich weg, doch Okko umfasste mit seiner großen Hand ihr Kinn und zwang sie, ihn anzuschauen. Voller Angst schloss die junge Frau die Augen. »Ich kann es nicht tun«, presste sie hervor, und im nächsten Moment klatsche eine Ohrfeige auf ihre Wange. Es brannte wie Feuer. Okko stieß sie von sich weg, sie strauchelte und fiel mit einem unterdrückten Schrei rücklings zu Boden.

»Okko, nein!«, schrie sie auf, stützte sich ab und drückte sich hoch, doch der Mann, der sie heiraten wollte, lief zornig davon.

Okko vernahm nicht das Brausen des Windes, das Schlagen der Wellen und das Schreien der Möwen, die aufgeschreckt über ihm kreisten. In seinen Ohren rauschte das Blut, in seinem Kopf drehten sich die Gedanken. Was hatte er Verwerfliches getan, dass das Leben ihm so übel mitspielte? Tagtäglich die Beschimpfungen und Erpressungsversuche seines Bruders, gegen die er sich zur Wehr setzen musste, und jetzt betrog ihn seine Braut auch noch mit einem dahergelaufenen Fremden!

Der alte Thevs hatte den Mann im weiten Mantel in das Haus schleichen sehen, als Estrids Mutter einen Besuch bei der kranken Fenne machte, die bestimmt bald auf den Friedhof getragen werden würde. Was für ein schändliches Verhalten von Estrid! Nein, ab heute war sie nicht mehr seine Braut, und seine Frau würde sie niemals im Leben werden.

Eine Schönwetterwolke verdunkelte kurzzeitig die Sonne, und als sie sie freigab, fiel ihm die Tat wieder ein, wegen der er vielleicht so heftig bestraft wurde. Er hatte lange Zeit verdrängt, dass auch er einen großen Fehler begangen hatte, und nicht nur das: Er hatte nicht zu seiner Tat gestanden, und die Folgen seiner Feigheit konnte jeder in Wyk auf einem Grabstein nachlesen. Zwei Menschen mussten sterben, weil er sich nicht zu ihnen bekannt hatte, und er hatte gehofft, niemand würde davon etwas wissen. Doch seit Redmer ihn erpresste, war er sich dessen nicht mehr sicher.

Von wem hatte sein Bruder davon erfahren? Ein Gedanke durchfuhr Okko so heftig, dass er abrupt stehen blieb.

Was, wenn es dieser vermeintliche Mitwisser war, der Estrid besucht hatte? Wenn Redmer bereits seine Drohung wahr gemacht und seinen Informanten zu seiner Braut geschickt hatte, um ihr alles zu berichten? Aber warum hatte sie ihm dann nichts davon erzählt, als er sie zur Rede gestellt hatte? Weil er sie nicht hatte zu Wort kommen lassen, musste er sich eingestehen. Er zögerte kurz, entschloss sich aber doch, umzudrehen und sie danach zu befragen. Bestimmt war sie nach Haus zurückgekehrt, und auf das geheime Zeichen hin würde sie ihm die Tür öffnen und ihn hereinlassen.

Er rannte fast bis zu dem geduckten reetgedeckten Haus, in dem Estrid nach dem Tod ihres Vaters allein mit ihrer Mutter wohnte, umrundete es und klopfte dreimal an ein rückwärtiges Fenster. So sehr hoffte er darauf, dass die junge Frau sein Zeichen gehört haben und das Fenster öffnen würde, dass er um sich herum nichts wahrnahm. Kein Geräusch drang zu ihm durch, das ihn Fußtritte hätte ahnen lassen. Keinen Schatten nahm er wahr, der eine Person dicht hinter ihm verriet. Im nächsten Augenblick spürte Okko einen mächtigen Schlag, der auf seinen Hinterkopf niederfuhr, und um ihn herum wurde es Nacht.

Eilig verließ eine kleine Jolle Oland. Neben dem Mann, der sie steuerte, war nur noch eine Person an Bord. Beide Passagiere blickten sich nicht um, sie hielten den Blick starr nach vorn gerichtet.

Von einer entlegenen Stelle aus stach ein Fischerboot von Olands Küste aus ebenfalls in See. Der Wind hatte aufgefrischt, das Segel blähte sich. Vor Beginn der Dunkelheit wollte der Schiffer Föhr erreichen. Tief sog Redmer Petersen die reine, salzhaltige Seeluft in seine Lungen, während er die feinen Tropfen der Gischt auf seinen Wangen spürte. In seinem Rücken wurde die Hallig kleiner und kleiner. Er liebte seine Heimat, auch wenn er diese Liebe niemals in Worte hätte fassen können oder wollen.

Die Schönheit des blau-violetten Strandflieders, der im Hochsommer in den Salzwiesen blühte, war ihm erst bewusst geworden, nachdem er einen Maler bei der Arbeit beobachtet hatte. Der Mann war wegen des üppigen Flieders auf die Hallig gereist, um ihn in Öl auf der Leinwand festzuhalten. Redmers Züge verfinsterten sich. Auch wenn er das Gefühl nicht beschreiben konnte, das er für Oland empfand – er würde das Haus auf der Warft, in dem er aufgewachsen war, niemals freiwillig verlassen. Hatte er noch vor wenigen Tagen geschworen, das Geheimnis seiner Mutter bis zu seinem Ende bewahren zu wollen, so hatte er mittlerweile einen anderen Plan gefasst. Die Ereignisse hatten sich überschlagen, es war alles so gekommen, wie es kommen musste.

Nun wollte er beweisen, dass es dieses Geheimnis nicht gab, dass es auf einer Lüge beruhte. Deshalb schipperte er jetzt hinüber nach Föhr. Er wollte dort einen Mann treffen, der ihm vielleicht helfen konnte. Wie er es erhofft hatte, legte er mit dem Hereinbrechen der Dunkelheit am Wyker Hafen an.

Nachdem die Tage so glücklich dahingeflossen waren, dass sogar der zum Trübsinn neigende Andersen nichts zum Beanstanden fand, änderte sich die Stimmung unerwartet, nachdem sich eines Abends eine Gesellschaft im Königshaus versammelt hatte. Andersen kam hinzu, grüßte in die Runde und setzte sich bescheiden auf einen der Stühle im Hintergrund. Er fühlte sich unwohl. Bildete er es sich ein oder lag tatsächlich ein Missklang über diesem Zusammensein?

Der Dichter lauschte höflich dem langweiligen Klavierspiel, das einer der Gäste zu Gehör brachte, und dem Gesang einer jungen Dame, die mit dünner ausdrucksloser Stimme vortrug. Anschließend forderte man ihn auf, Märchen vorzulesen. Er las *Däumelinchen, Die Prinzessin auf der Erbse* und *Der standhafte Zinnsoldat*. Obwohl er für seinen Vortrag ehrlichen Applaus erhielt, den Damen hatte er mehrfach ein Lächeln auf die Lippen gezaubert, war für ihn die Stimmung verdorben. Ohne für diese Schwermut eine Erklärung finden zu können, zog er sich in seine Unterkunft zurück und versank in trübselige Gedanken.

Am nächsten Morgen fühlte er sich etwas wohler. Gerade als er überlegte, wo er das Frühstück einnehmen wollte, klopfte es an seine Tür. Andersen öffnete. Derselbe Bote, der ihm an seinem ersten Tag auf der Insel die königliche Einladung zum Abendessen überbracht hatte, reichte ihm eine Depesche, machte einen Diener und huschte auf leisen Sohlen davon. Der Dichter las verblüfft die Nachricht, die dort geschrieben stand.

Er wurde zu einer Privataudienz bei König Christian gebeten! Was das nur zu bedeuten hatte? Mit gemischten Gefühlen machte sich Andersen auf den Weg zum Königshaus mit den vielen Zimmern, das der König seit mehreren Jahren bewohnt und vor nicht allzu langer Zeit erworben hatte. Dort angekommen, begleitete ihn ein Diener zu den Gemächern des Dänenkönigs.

In seinem Kopf kreiste nur ein Gedanke: Warum hatte ihn Christian VIII. zu sich bestellt? Was war geschehen? Es musste sich um etwas Aufsehenerregendes handeln.

Der König erwartete ihn bereits. Er wirkte ungeduldig, als er zusah, wie ihm der Dichter mit einem tiefen Bückling seine Reverenz erwies. »Ist gut, lieber Andersen! Setzen Sie sich dorthin!« Der Monarch wies auf einen der Stühle, es waren die besten und bequemsten, die das Föhrer Sommerquartier zu bieten hatte. Er selbst, ein stattlicher Mann, nicht mehr jung, mit flinken Augen, ausgeprägter Nase und an der Seite gescheiteltem grauen Haar, blieb stehen und umfasste mit beiden Händen die Lehne eines der anderen Stühle. Offensichtlich war König Christian bemüht, souverän zu wirken.

Dennoch merkte Andersen ihm die Anspannung an. Christian VIII. schaute so ernst, wie der Dichter ihn bisher nicht erlebt hatte.

»Es ist etwas geschehen, Andersen, was äußerste Diskretion verlangt, verstehen Sie?«

»Ja, Euer Majestät, ich meine – nein!«

»Ich brauche Ihre Hilfe!«, sagte der König eindringlich. Jetzt setzte er sich doch dem Dichter gegenüber. »Eine furchtbare Sache!«, flüsterte er.

»Furchtbar?«, wiederholte Andersen fragend. Sein Herz begann, heftig zu klopfen, als so außergewöhnlich empfand er die Situation. Der König, sein Gastgeber und Gönner, bat ihn darum, ihm zu helfen – und dazu in einer Angelegenheit, die von höchster Delikatesse sein musste!

»Die Frauen!«, stöhnte sein Gegenüber auf. »Immer sind es die Frauen!«

»Ich verstehe noch immer nicht, Euer Majestät«, sagte Andersen hilflos.

»Also: Im letzten Jahr sah ich bei meinem Besuch auf Oland ein junges Mädchen, dessen Anblick mich im Innersten berührte. Sie erinnerte mich an meine erste große Liebe! Das Mädchen, es heißt Estrid, ging mir seitdem nicht mehr aus dem Kopf. So beschloss ich, in diesem Jahr allein auf die Hallig zu fahren, inkognito, und sie zu besuchen. Heimlich natürlich!«, rief er aus. »Die Königin dürfte niemals davon erfahren! Ich verkleidete mich ein wenig, mietete ein Boot mit einem Schiffsführer, gab mich als mein eigener Bediensteter aus und wählte dem Bootsmann gegenüber als Vorwand für die Überfahrt nach Oland, dort alles für den Besuch des Königs vorbereiten zu wollen.«

Andersen fiel erst jetzt wieder ein, dass um zwölf Uhr eine Ausfahrt mit dem königlichen Dampfschiff zu der Hallig stattfinden würde, zu der auch er eingeladen worden war. Er machte große Augen, schwieg aber und hörte weiter zu.

»Alles lief wie geplant. Ich verbrachte eine wundervolle Stunde im Haus des Mädchens. Zuerst war sie sehr überrascht und wollte mich nicht hereinlassen, doch als sie mich erkannte – auch sie hatte meinen Besuch im Vorjahr nicht vergessen – war sie bereit, mich anzuhören. Wir tranken Tee, und ich deutete im Gespräch an, wie sehr sie mich an eine Frau aus fernen Tagen erinnerte, die ich sehr geliebt hatte. Anschließend nahm ich ihr das Versprechen ab, lebenslang mit niemandem über diese Stunde zu sprechen. Ich wollte meinen Ruf als Verehrer der Frauen nicht im Alter noch einmal in der Öffentlichkeit aufgefrischt sehen, Sie verstehen?«

Diesmal nickte Andersen eifrig.

»Ich verließ Oland, ohne von irgendjemandem erkannt zu werden. Ein harmloses kleines Abenteuer! Und nun das!«

Wieder riss der Dichter die Augen weit auf. »Das?«

König Christian rückte noch enger an seinen Besucher heran. Er roch nach einer feinen Seife. »Der Bräutigam des Mädchens! In den frühen Abendstunden ist er gefunden worden – tot! Okko ist sein Name. Seine Leiche lag hinter dem Haus von Estrid, unter einem Fenster. Er muss uns beobachtet haben, und sein Mörder womöglich auch! Wenn er mich erkannt hat! Andersen, dann werde ich vielleicht des Mordes angeklagt! Schließlich hatte ich allen Grund, meinen Aufenthalt bei Estrid zu verheimlichen, wenn das kein Motiv ist!« Der König sprang auf. »Das müssen Sie verhindern! Ich bitte Sie! Finden Sie den Mörder! Das arme Mädchen, der arme junge Mann!«, setzte er hinzu.

Auch Andersen sprang auf, die Worte seines Königs hatten ihn mehr als erregt.

»Ich?«

»Ja! Sie sind ein einfühlsamer Mensch, lieber Andersen! Reden Sie mit den Leuten! Wenn jemand die Wahrheit heraushören kann, dann Sie. Und es soll Ihr Schaden nicht sein. Erinnern Sie sich an unser Gespräch von neulich? Ich reichte Ihnen verbal die Hand, Sie hätten nur ein höheres Salär fordern müssen, und hätten es bekommen. Aber Ihre Bescheidenheit hinderte Sie, mein Kammersekretär Sally hat es mir später erklärt. Dabei haben Sie kaum ein Auskommen mit dem, was Sie von mir erhalten. Das wird sich ändern, ich verspreche es Ihnen. Lieber Andersen!«

Wie betäubt verließ der Dichter das Königshaus. Er fühlte sich geschmeichelt, gleichzeitig überfordert, andererseits in die Pflicht genommen. In seinem Gästezimmer rüstete er sich fahrig für die Überfahrt nach Oland und steckte auch sein Tagebuch ein.

Pünktlich fanden sich alle geladenen Gäste an Bord des königlichen Dampfschiffes *Kiel* ein, und die Fahrt begann. Der Bug des Schiffes durchschnitt die im Sonnenlicht glitzernden Wellen, gefolgt von einem Schwarm lärmender Möwen, die aufstiegen, sich fallen ließen, um dann wieder von hoch oben über dem Deck auf mögliche Nahrung zu hoffen. Die Stimmung an Bord war fröhlich, die Halligbesucher freuten sich darauf, die merkwürdige kleine Insel einmal aus der Nähe zu betrachten, auf ihr herumspazieren zu dürfen und vielleicht mit den Bewohnern ins Gespräch zu kommen. Für den Abend war ein Festessen an Bord vorgesehen; es erwarteten die Gäste des Königs vergnügliche Stunden.
Nur einer saß mit ernster Miene dabei: Hans Christian Andersen. Er war in Gedanken versunken. Wie sollte er den Wunsch seines Königs umsetzen und den Mörder des Bräutigams finden?
Eine halbe Seemeile vor der Hallig ankerte das Dampfschiff. In kleinen Booten wurden die Schifffahrer hinübergerudert, und als ein Weiterkommen wegen des niedrigen Wasserstandes nicht mehr möglich war, trugen Matrosen die Ausflügler auf ihren Rücken, sosdass sie trockenen Fußes das Ufer erreichen konnten.
Andersen, der sich seines Auftrags wegen den Kopf zerbrach, ließ allen anderen den Vortritt. Erst mit dem letzten Boot erreichte er Oland, und König Christian stand bereits am Ufer, bereit, zum Dampfschiff zurückzukehren. Den Dichter erfüllte sein Anblick mit Panik. Hatte er den Zeitpunkt verpasst, über das Eiland zu spazieren, mit den Einwohnern zu sprechen und so vielleicht den Mörder des jungen Mannes tatsächlich zu finden? Er sprang aus

dem Ruderboot und lief über den Schlick, glitt aus und beschmutzte sich seine Stiefel. Völlig außer Atem stand er plötzlich vor seinem König, der auf ihn gewartet hatte.

»Nur die Ruhe, lieber Andersen! Schauen Sie sich hier alles an, es lohnt sich.« König Christian senkte die Stimme. »Handeln Sie so, wie wir es besprochen haben«, flüsterte er, um dann in normaler Lautstärke seine Ansprache fortzusetzen. »Wenn Sie fertig sind mit dem Sammeln Ihrer Eindrücke, wird ein Boot kommen und Sie zum Schiff übersetzen.« Andersen bedankte sich mit einer tiefen Verbeugung.

Er beschloss zum Kirchhof zu gehen, den die jüngste Sturmflut so grausam zerstört hatte. Schilderungen davon waren bis nach Wyk gedrungen. Auf dem Schiff hatten alle Passagiere entschieden, sich diesen gruseligen Anblick nicht entgehen zu lassen. Andersen wollte nicht auffallen, indem er als Einziger darauf verzichtete. Auf seinem Weg dorthin, ans gegenüberliegende Ufer, begegnete er einem Schäfer mit seiner Herde. Das Blöken der Schafe und das Klingeln der Glöckchen, die die Tiere um den Hals trugen, hörte er noch leise in der Ferne, als er den Gottesacker betrat. Eine alte Frau sammelte dort herumliegende menschliche Knochen in ein Tuch. Als sie den Besucher bemerkte, richtete sie sich mühsam auf, die Hand in den Rücken gestützt, und grüßte ihn freundlich.

»Wie furchtbar!«, entfuhr es dem Dichter. Entsetzt blickte er auf die freigelegten, zum Teil zerborstenen Särge.

Die Alte nickte. »Alles wird eingesammelt und landeinwärts wieder begraben. Die meisten von ihnen waren Seeleute.«

»Die Angehörigen müssen ein zweites Mal leiden, wenn sie dieses Unglück hier sehen, schrecklich.«

»Jede Sturmflut bringt Schrecken mit sich. Aber die letzte war besonders schlimm. Und ja, die Leute leiden. Erst neulich habe ich einen Sohn gesehen, wie er hier zwischen den Knochen gestanden und aufs Meer hinaus gestarrt hat.«

»Warum hat er das wohl getan?«

»Seinen Vater, den alten Petersen, hat es in seiner letzten Behausung auch aufs Meer hinausgezogen. Hatte sich wieder mit seinem Bruder Okko gestritten, der Redmer. Danach ist er hierher.« Sie bückte sich erneut nach einem Knochen und steckte ihn in das geknotete Tuch. »Und jetzt ist Okko tot, erschlagen.«

Andersen hielt den Atem an. »Könnte der Redmer seinem Bruder das Leben genommen haben?«

Die Alte ließ sich nicht mehr unterbrechen und setzte ihre traurige Arbeit fort. Wenn sie eines der Gebeine in das Tuch fallen ließ, gaben die aufeinanderschlagenden Knochen ein helles Geräusch von sich. »Könnte, was heißt das schon? Nichts. Und wissen weiß ich auch nichts.«

»Wo kann ich Redmer finden?«

Die Alte richtete sich doch noch einmal seufzend auf und zeigte in Richtung der Ortschaft. Sie beschrieb Andersen den Weg zur Behausung der beiden Brüder, und der bedankte sich höflich. Sollte alles so einfach sein?

Die Häuser des Ortes drängten sich zusammen, als wollten sie einander Schutz geben. An dem von der Frau bezeichneten Haus angekommen, klopfte der Dichter an. Die Tür war nicht verschlossen, und er betrat die getäfelte Stube. Sie war leer. In einer Ecke stand ein Spinnrocken, der lange unbenutzt schien. Andersen überlegte, ob er rufen sollte, doch irgendetwas hielt ihn zurück. Er durchquerte die Stube und klopfte an die Zimmertür, die offenbar in die Schlafkammer führte. Er prallte zurück. Auf einem Bett lag ein Mann, jung noch, den Kopf bis unter das Kinn mit einem Leinentuch umwickelt. Seine Hände ruhten gefaltet auf der Brust, die Augen waren geschlossen. Offenbar handelte es sich bei dem Aufgebahrten um Okko Petersen.

Um ihn herum saßen drei alte Frauen und hielten die Totenwache. Andersen trat hinzu und verneigte sich vor dem Verstorbenen. Niemand sagte ein Wort, doch die Frauen bewegten die Lippen. Wahrscheinlich sprechen sie ein stummes Gebet, vermutete der Dichter. Noch einmal verbeugte er sich tief, und mit einem letzten Blick auf den Toten verließ er rückwärtsgehend die niedrige Schlafkammer. Rasch durchschritt er die Stube und trat vor das Haus.

Wo war wohl Redmer Petersen, der Bruder des Erschlagenen? Warum betrauerte er ihn nicht? Grübelnd ging er die Straße entlang, an deren Ende eine Gruppe Frauen und Mädchen auftauchte und ihm entgegenkam. Als sie auf gleicher Höhe waren, blieben sie stehen. »Willkommen!«, sagte eine von ihnen, und der Dichter bedankte sich und gab jeder von ihnen die Hand.

Unauffällig betrachtete er ihre Kleidung, die ihm orientalisch erschien, musterte interessiert die halb verhüllten Gesichter und unter dem Kopftuch die rote Kopfbedeckung, die ihn an einen griechischen Fes erinnerte. Um diesen Kopfschmuck trugen sie das zu einem Zopf geflochtene Haar. »Ich bitte um Verzeihung, aber ich suche Redmer Petersen«, wandte sich Andersen an die Halligbewohnerinnen. »Können Sie mir weiterhelfen? In seinem Haus habe ich ihn nicht angetroffen.«

»Er ist fort und sein Boot auch!«, rief ein Mädchen.

Andersen durchfuhr es heiß und kalt. »Aber warum denn?«, fragte er unvermittelt.

Eine Frau schob das vorwitzige Mädchen zur Seite. »Fragen Sie nur unseren ältesten Nachbarn. Er heißt Thevs Munthe und wohnt da vorn, am Ende der Straße.« Der Dichter folgte ihrem Blick und sah ein Haus, das von einem üppig blühenden Garten umgeben war. »Wenn es einer weiß, dann er.«

»Aber er ist doch krank!«, wandte ein anderes Mädchen ein.

»Es geht ihm besser«, widersprach eine Frau, die augenscheinlich die Älteste von allen war.

Andersen dankte mit einer Verbeugung, die wie immer etwas linkisch ausfiel, und ging die Straße entlang, bis er zu dem alten Häuschen kam. Auch hier konnte er ungehindert in die Wohnstube eintreten.

Auf einem Sessel, der schon bessere Zeiten gesehen haben musste, saß ein Greis und blickte ihm entgegen. Offenbar hatte er den Besucher durch das Fenster beobachtet. »Was haben die Frauensleute denn über mich erzählt?«, schrie er Andersen zu. Der Dichter deutete sein Geschrei als Indiz für eine starke Schwerhörigkeit, und er behielt Recht. Auch er musste den Alten anschreien, damit der ihn verstehen konnte. So laut es ging, fragte er ihn nach den Petersen-Brüdern.

»Die haben Streit!«, brüllte der alte Munthe. »Wegen des Erbes!«

Erbstreitigkeiten also, dachte Andersen. Wie oft ist es wohl vorgekommen, dass deswegen gemordet wird? »Und jetzt ist Okko Petersen tot!«

»Was ist er?«

»Tot!!!«

»Ja. Weiß ich doch.«

»Ich überlege, ob sein Bruder – ich meine, ob Redmer ihm das angetan hat?«

Thevs Munthe zog ein Taschentuch hervor und schnäuzte sich. Während er das Stofftuch umständlich wieder verstaute, schaute er Andersen unentwegt an.

»Nein!!!«

»Nein?«

»Nein! Das war der Fremde! Der mit dem Mantel! Hat sich zu Estrid geschlichen, der Schurke.«

Andersen dröhnten die Ohren von Thevs Geschrei. Der mit dem Mantel, dachte er, meine Güte. Hatte König Christian nicht von einer Verkleidung gesprochen? »Ja? Und dann?«

»Dann hat Okko ihn bei Estrid gesehen! Und dann hat der ihn erschlagen!«

»Aber warum denn nur?«

»Weil der nicht wollte, dass man ihn sieht!«

»Wissen Sie denn, wer der Mann im Mantel gewesen ist?«

»Nein!«

»Aber hier fällt doch jeder Fremde auf wie ein fliegendes Schiff!« Andersen begann zu schwitzen.

Der Alte sah ihn verständnislos an. »Fliehendes Schiff? Wohin flieht das Schiff?«

»Sie wissen also nicht, wer der Mann mit dem Mantel war?«

Thevs schüttelte den Kopf. »Aber er ist der Mörder!«

Andersen griff nach der Hand des alten Mannes und schüttelte sie. »Vielen Dank, dass Sie meine Fragen beantwortet haben.« Er schüttelte immer weiter die dürre Hand. Seine Gedanken waren ihm vorausgeeilt, und er merkte gar nicht, was er tat. Endlich zog Thevs Munthe seine Hand weg. Dabei sah er seinen Besucher an, als sei der nicht klar im Kopf. Andersen erschrak, stammelte ein »Auf Wiedersehen« und beeilte sich, aus dem Haus zu kommen.

Draußen atmete er die frische Seeluft ein. Mit einem weißen Taschentuch wischte er sich die Schweißperlen von der Stirn. So kam er nicht weiter! Was war aus den Plänen geworden, die er auf dem Dampfschiff ersonnen hatte? Wie lauteten sie gleich? Ach, er war völlig verwirrt. Sein Blick fiel auf das niedrige Tor, das in den üppigen Garten hineinführte, und ohne lange zu überlegen, betrat er das Grundstück. Die Bank, die er dort erspäht hatte, und die damit verbundene Aussicht, sich ein wenig sammeln zu dürfen, war zu verlockend. Mit einem genussvollen Seufzer ließ er sich auf die von der Sonne ausgeblichene Sitzbank fallen und schloss die Augen.

Doch die Freude über die Ruhepause war nur von kurzer Dauer: Ein Arm schlang sich von hinten um seinen Hals und drückte ihm die Luft ab! Andersen versuchte, sich aus dem Griff zu befreien, er zappelte und wehrte sich, doch seine Kraft reichte nicht aus. Er röchelte, keuchte und merkte dabei, dass ihm gleich die Sinne schwinden würden, als eine

Stimme hinter ihm brüllte: »Lass ihn los, Redmer Petersen, sofort!«

Der Arm lockerte sich und ließ von ihm ab. Immer noch keuchend, mit schmerzendem Kehlkopf, blickte sich Andersen um. Hinter der Bank stand der alte Thevs und schlug mit einem Spazierstock auf einen kräftigen jungen Mann ein. Der war so überrascht, dass er einen Moment brauchte, um den Angriff abzuwehren. Dann hielt er einfach den Stock fest und nahm ihm dem Greis aus der Hand. Immerhin: Seine Wut schien verraucht.

»Was ist nur mit dir los, Junge?«, brüllte Thevs auf ihn ein.

»Okko ist tot! Und der Kerl hier versteckt sich in deinem Garten!«

»Das ist ein Gast des Königs! Von Wyk!«

»Na und?«, murrte Redmer und gab den Stock zurück. »Deswegen kann er doch ein Mörder sein.«

»Du oller Hitzkopf! Warum musst du immer gleich prügeln? Der Mann da glaubt, du hast Okko erschlagen!« Thevs lief rot an vor Aufregung.

Ganz anders der, den er beschimpfte: Redmer Petersen wurde blass wie ein Bettlaken auf der Bleiche. »Was heißt das?«, stammelte er gepresst.

»Okko und du, immer im Streit! Jeder auf Oland wusste das!« Thevs kniff den Mund zu einer schmalen Linie zusammen. »Wo warst du, als es passiert ist?«

»Ich war seit gestern drüben in Wyk. Wollte jemanden sprechen. Wegen Mutter.«

»Mutter?« Thevs hatte sich gefasst, schrie seine Worte heraus und legte anschließend die Hand wie einen Trichter ans rechte Ohr. »Wieso Mutter? Die ist doch auch tot!«

Der Dichter war entgeistert über so wenig Feingefühl, obwohl er eine große Wut verspürte auf den Mann, der ihn gewürgt hatte. Eigentlich hätte er es gern gesehen, dass Redmer der Mörder war und hinter Gitter wandern müsste! Aber dafür kam er jetzt wohl nicht mehr infrage, sein Entsetzen ob der Anschuldigung wirkte echt.

»Die Polizei wird fragen, ob jemand bezeugen kann, was er behauptet!«, grollte Andersen dennoch.

Redmer ging darauf nicht ein. »Was ist denn um Gottes Willen geschehen? Gerade bin ich nach Hause gekommen und finde meinen Bruder tot in seinem Bett! Meine Tanten, die die Totenwache halten, reden nur von Mord!«

Der alte Thevs legte seinen Stock auf die Bank und fasste beide Männer am Arm. So dirigierte er sie in seine Wohnstube, und nachdem Redmer sich bei ihm entschuldigt hatte, erzählte ihm Andersen, was seinem Bruder widerfahren war.

Anschließend verließ Redmer mit gebeugtem Haupt das Haus, um heimzugehen. Andersen bedankte sich bei Thevs für dessen Hilfe und ließ sich den Weg zu der Braut beschreiben, deren Hochzeitsfest nun abgesagt werden musste.

Als er anklopfen wollte, besann er sich und ging um das kleine Warfthaus herum. Vor dem rückwärtigen Fenster waren im Gras noch die Spuren von Okko Petersens Blut zu sehen. Nachdenklich betrachtete Andersen die Stelle, die König Christian ihm beschrieben hatte. Er dachte nach.

Ein Mann beobachtet durch das Fenster, wie seine Braut vertraut mit einem Fremden spricht. Er stellt die junge Frau erzürnt zur Rede, und nur Stunden später liegt er tot neben ihrem Haus. Andersen seufzte tief. Wenn herauskommen würde, dass es der König war, der Estrid besucht hatte, allein, heimlich, was allem Anstand zuwider sprach, wäre tatsächlich er der Hauptverdächtige, keine Frage. Was für eine verfahrene Situation! Andersen straffte sich. Ich muss, nein, ich will meinem König helfen! Entschlossen eilte er zurück und klopfte fest an die Eingangstür.

Estrids Mutter öffnete. Andersen stellte sich vor und sagte mit Inbrunst, dass er in einer wichtigen Angelegenheit mit der trauernden Braut sprechen müsse. Die Mutter, die den Besuch der Gäste König Christians auf der Hallig wie alle Bewohner mitbekommen hatte, hieß ihn einzutreten.

Sie bot Andersen einen der armseligen Stühle an und holte ihre Tochter aus dem Nebenzimmer. Das Mädchen sah zum Gotterbarmen aus, blass, mit rot geweinten Augen. Wie jung sie ist, dachte Andersen erstaunt.

Andersen nahm ihre Rechte in beide Hände. »Mein Beileid, Jungfer Estrid«, flüsterte er und wartete, bis sie sich gesetzt hatte, bevor er Platz nahm. »Ich muss unbedingt mit dir reden. Allein!« Er schaute die Mutter an, und sie verschwand nach nebenan.

Estrid blickte ihn ernst an. »Ich weiß, warum Sie kommen. Ist er noch auf der Insel?«

»Du meinst ...«

»Ja!«

»Nein. Er ist wieder auf dem Dampfschiff, und er ist in großer Sorge.«

»Warum?« Sie sah ihn erstaunt an.

»Weil alle Welt glauben wird, dass er der Mörder ist, wenn der wahre Täter nicht so schnell wie möglich gefasst wird.« Andersen gab seiner Stimme einen möglichst festen Klang. »Erzähl mir alles!«

»Er war hier«, hob Estrid leise an. »Wir haben in der Schlafkammer Tee getrunken und er hat gesagt, ich würde ihn an eine große Liebe erinnern. Dann hat er meine Hand gestreichelt und meinen Arm.« Sie bemühte sich, Andersen nicht anzusehen. »Mit einem Mal dachte ich, am Fenster einen Schatten gesehen zu haben, nur ganz kurz. Er ...«, sie zögerte, »er meinte, ich würde mich sicherlich geirrt haben.«

»Und dann?«

»Dann ist er schnell weggegangen.«

Andersen erschrak. Nein, rief er sich selbst zur Ordnung. Ich werde keine Sekunde lang daran zweifeln, dass Seine Majestät mir die reine Wahrheit gesagt hat. Er beugte sich zu Estrid hinüber. »Der König hat nichts Unrechtes getan, das weißt du, nicht wahr?«

Die junge Frau nickte. »Als er ging, lebte Okko doch noch! Er war rasend vor Eifersucht, wir haben uns gestritten, denn es war tatsächlich er, den ich durch das Fenster gesehen hatte!«

»Hast du deinen Besucher verraten?«, fragte Andersen und hielt den Atem an.

»Nein! Er hat mich doch darum gebeten, zu schweigen! Mein Versprechen habe ich ihm gegeben!«

Andersen nickte. »Gut. Leider hat ihn jemand aus dem Dorf hier herumschleichen sehen. Warum musste er auch diesen auffälligen Mantel tragen! Kein Mensch hat hier auf der Hallig ein solches Kleidungsstück! Er hätte wissen müssen, dass er auffallen würde!«

Estrid zog die Nase kraus, was Andersen ganz bezaubernd erschien. »Welcher Mantel?«

»Bitte?« Andersen hatte sich ablenken lassen durch das hübsche Gesichtchen, das trotz der Zeichen der Trauer allerliebst aussah, wie er fand. Estrid erklärte: »Der Mantel, von dem Sie gerade geredet haben! Was meinen Sie damit?«

Andersen stutzte. »Ja, trug denn der …«, er senkte seine Stimme, »trug Seine Majestät keinen Mantel?«

Estrid wollte antworten, doch sie kam nicht mehr dazu. Die Tür wurde aufgerissen und Redmer Petersen stand in der Stube.

Dieser Wüterich, dachte Andersen entrüstet. »Was will er hier?«, fuhr er den Eindringling an.

»Estrid will ich sagen, dass ich nichts mit Okkos Tod zu tun habe. Das musst du mir glauben!« Redmer blickte die junge Frau mit einem Flehen im Blick an, das den Dichter weicher stimmte. Offenbar litt der Mann Seelenqualen, die er aussprechen musste. »Wir haben uns gestritten, ja. Unser Vater hat auf dem Totenbett behauptet, dass unsere Mutter – dass sie mich bereits unter dem Herzen trug, als sie ihn heiratete. Ich war entsetzt, auch, weil Okko mir deshalb mein Erbe streitig machen wollte. Also habe ich Nachforschungen angestellt, um alles als infame Lüge zu entlarven. Dabei bin ich meinerseits auf ein Geheimnis gestoßen, das Okko mit sich herumtrug. Schließlich habe ich mein Wissen darüber benutzt, um ihn zu erpressen, damit er das Erbe mit mir teilt. Das war schändlich, ja, aber auch er hat sich mir gegenüber gemein verhalten! Aber an einen Brudermord hätte wohl keiner von uns beiden jemals gedacht, das schwöre ich.«

»Was für ein Geheimnis hatte Okko?«, fragte Estrid.

Redmer schüttelte den Kopf. »Diese Antwort werde ich eines Tages genauso mit ins Grab nehmen wie jetzt Okko.«

Nach einer Zeit des Schweigens fragte Andersen: »Aber wer ist dann der Mörder?«

»Der Mann mit dem Mantel!«, sagte Estrid und sah Andersen verschwörerisch an, »der Fremde, der um das Haus geschlichen ist. Was für ein Mantel war das denn? Warum trägt einer einen Mantel, wenn es noch fast Sommer ist?«

Andersen starrte sie entgeistert an. Dann schlug er sich mit der flachen Hand vor die Stirn. Mit einem Mal hatte er es eilig. Er verabschiedete sich hastig und lief zurück zum Haus des alten Thevs, der wieder an seinem Platz am Fenster saß.

»Der Mantel!«, sagte Andersen, außer Atem, weil er zu schnell gelaufen war. »Wie sah der Mantel aus?«

»Welche Haselmaus?«, brüllte Thevs ihn an.

»Nein, nein, nein – Mantel! Der Mantel, den der Fremde trug, was war das für ein Mantel?« Der alte Mann antwortete nicht. Andersen formte aus seinen Händen einen Trichter und schrie: »Mantel!!!«

Thevs Gesicht erhellte sich. »Ein weiter Mantel, fast wie ein Umhang oder –»

»Wie ein Schäfermantel?«, unterbrach ihn Andersen gespannt.

Der alte Mann strahlte. »Ein Schäfermantel!«

Ohne jedes weitere Wort lief der Dichter davon. Er verließ das Dorf, strebte dem Ufer zu, sah aus der Entfernung den Kirchhof, dessen Tote die Sturmflut hatte mit sich nehmen wollen. Weiter eilte Andersen, und endlich hatte er gefunden, was er suchte: die friedlich grasende Schafherde, die ihn bei seiner Ankunft auf Oland ein Stück des Wegs begleitet hatte. Der Schäfer stand auf einen groben Stock gestützt da und zeigte ihm den Rücken. Andersen rief ihn an, um sich bemerkbar zu machen, doch der Hirte wandte sich erst zu ihm um, als er dicht an ihn herangekommen war. Mit durchdringend blauen Augen sah er ihn an.

»Andersen«, keuchte der Dichter, »mein Name ist Andersen.« Er musste verschnaufen, das viele eilige Laufen an diesem Tag bekam ihm nicht. »Sag er mir bitte, es ist mir vorhin schon aufgefallen, ich muss es wissen: Warum trägt er keinen Mantel? Er ist doch das Zeichen seines Berufsstandes, soweit ich weiß. Ist es wegen der fehlenden Kühle?« Er erwiderte den Blick des Schäfers standhaft. Was mochte der jetzt denken?

»Er ist mir gestohlen worden!« Die Stimme des Mannes klang freundlicher als erwartet. »Ein Fremder hat ihn sich ausgeborgt und nicht zurückgebracht.«

»Ein Fremder? Weshalb borgt er fremden Menschen seine Kleidung?«

»Weil ich nicht misstrauisch bin. Er war von Kopf bis Fuß schmutzig und nass. Hat sein Boot durch den Schlick ziehen wollen, ist gestrauchelt und hingeschlagen. Wollte im Dorf fragen, ob ihm jemand mit Kleidung aushelfen würde, und dann meinen Mantel zurückbringen. So kotig, wie er war, meinte er, würde ihm sicherlich niemand die Tür öffnen.«

»Die Geschichte hätte ich ihm auch geglaubt«, sagte Andersen. »Aber wo mag er jetzt sein?«

Der Schäfer stützte sich mit beiden Händen auf dem Stock ab und blickte über seine Herde hinweg aufs Meer hinaus. »Ich würde ihn wiedererkennen. Er war alt und hatte beide Arme verbrannt und auch das Gesicht, alles war voller Narben. Er war völlig außer sich. Wegen einer nassen Hose, habe ich mir gedacht, gerät doch niemand so aus der Fassung.«

»Ob der Mann noch auf der Hallig ist?«

»Dann müsste er sich gut verstecken. Hier fällt jeder Fremde auf.«

Andersen nickte. Gedankenverloren griff er sich in die Jacke und fühlte nach, ob sein Tagebuch noch in der Innentasche steckte, eine oft geübte Handbewegung. Doch diesmal erschrak der Dichter aufs Heftigste: Das Buch war weg, verloren! Nach angestrengtem Nachdenken fiel ihm ein, dass er es auf der Bank im Garten des alten Thevs hervorgezogen hatte, um mit dem Bleistift Eintragungen vorzunehmen, der heimtückische Angriff Redmer Petersen dies jedoch vereitelt hatte. Das Tagebuch musste noch dort liegen!

Er bedankte sich bei dem Schäfer und trat den Rückweg an, nahezu verzweifelt. Einerseits brauchte er das Buch unbedingt, andererseits fürchtete er, letztlich das Boot zu verpassen, das ihn zurück auf das königliche Dampfschiff bringen sollte. Dazu das viele Laufen, das er nicht gewohnt war! Als er endlich bei dem Garten ankam, für dessen Schönheit ihm jetzt jeder Sinn fehlte, lief er mit bangem Herzen zu der Bank. Auf der Sitzfläche war nichts von seinem Tagebuch zu sehen, nur Thevs Stock lag noch dort. Es musste heruntergefallen sein! Mühsam begab er sich in den Vierfüßlerstand und suchte erst unter der Bank, dann neben ihr. Er kroch hier hin und dort hin, bis er erschöpft innehielt und sich mühsam aufrichtete, indem er sich auf der Bank abstützte. Als er stand und den Blick hob, erschrak er fürchterlich: Er sah in zwei Augen, die ihn aus einem von Narben übersäten Gesicht heraus anstierten!

Andersen wusste sofort, wen er da vor sich hatte, und er stieß einen gewaltigen Schrei aus. Dann nahm er allen Mut zusammen und stürzte sich auf den Fremden, und beide fielen zu Boden. In diesem Moment kamen auch schon die Dorfbewohner angelaufen, die in ihren Stuben den Schrei gehört hatten, unter ihnen der alte Thevs und Redmer Petersen, der Andersen zur Hilfe kam. Als Redmer sah, wer da gefangen worden war, stutzte er kurz und half dem Mann auf die Beine. Erst als der zu fliehen versuchte, drehte er ihm den Arm auf den Rücken und hielt ihn fest. Der Mann war alt und wirkte leidend, Redmer musste nicht viel Kraft dafür aufwenden. »Den kenne ich«, sagte er erschrocken.

Andersen rappelte sich hoch, mitfühlend beobachtet von den umstehenden Frauen. »Das ist der Mörder!« Der Dichter zeigte auf den Vernarbten. »Er war es, der um Estrids Haus geschlichen ist, und zwar im Mantel des Schäfers! Die Polizei muss kommen und ihn mitnehmen!«

Vorerst sperrte Redmer den Gefangenen in einen leeren Schweinestall und verriegelte fest die Tür. Andersen und Thevs warteten darauf, dass er zurückkam. »Ich habe was!«, schrie der Alte und zog das Tagebuch hervor, das er die ganze Zeit über hinter dem Rücken gehalten haben musste. »Lag in meiner Hecke! Ist aber nicht meins!«

Andersen fiel ein Stein vom Herzen. »Oh, danke, Sie machen mich überglücklich!«

»Ja, im Herbst! Ist eine Brombeerhecke, die pflück ich! Im Herbst!!!«

Redmer Petersen war zurück. »Er kennt den Kerl?«, fragte Andersen ihn wissbegierig.

Redmer nickte ernst. »Wenn er gesteht, wird er alles verraten. Deshalb kann ich es auch sagen. Er ist ein armer Mensch. Seine Tochter ist von einem geschwängert worden, der sich nicht zu ihr bekennen wollte. Als das Kind da war, ein Mädchen, ist er zu dem Vater gefahren, um ihn an seine Pflichten zu erinnern. Doch der hat alles abgestritten und einen anderen Mann der Vaterschaft bezichtigt. Eine geschickte Lüge, die sich nicht mehr würde aufklären lassen: Der angebliche Vater war nach Amerika ausgewandert. So ist er zurückgefahren nach Wyk, und als er dort ankam, stand sein Haus in Flammen. Seine Tochter war zu schwach, um sich und das Kind vor dem Feuer zu retten. Er hat versucht, sie herauszuholen, aber vergeblich.«

»Daher also die Narben. Das ist ja furchtbar. Woher weiß er von der Geschichte? Hat er sie ihm erzählt?«

»Ja.« Mit versteinerten Zügen blickte Redmer über den Dichter hinweg in die Ferne.

Andersen las in seinem Gesicht, und er irrte sich nicht. »War Okko der Vater des kleinen Mädchens? War das das Geheimnis?«, fragte er.

Redmer gab darauf keine Antwort. Stattdessen sagte er: »Der Mann mit den Narben hat meine Mutter als junge Frau gekannt, Otmar Ohrsen, sie hat den Namen oft genannt. Ich bin gestern zu ihm gefahren. Ich wollte von ihm wissen, ob er sich vorstellen könnte, dass meine Mutter schwanger war, als mein Vater sie heiratete. Doch ich habe ihn nicht angetroffen.« Redmer blickte Andersen hilflos an. »Glauben Sie, dass ich Okko hätte retten können, wenn ich gewusst hätte, was Ohrsen vorhatte?«

»Auch das Alltagsleben kann eine Tragödie sein«, erwiderte der Dichter. »Alles muss wohl so kommen, wie es soll.«

Andersen verabschiedete sich von dem alten Thevs und Redmer Petersen. Wegen der tragischen Umstände wehrte er jeden Dank für das Überführen des mutmaßlichen Mörders ab und wanderte dorthin, wo tatsächlich ein Boot auf ihn wartete. Dort hinten lag die *Kiel* vor Anker, umkreist von kreischenden Möwen, und auf dem Schiff warteten neben einem Festmenü sein König auf ihn, dem er noch heute Abend eine große Sorge würde nehmen können.

Historischer Hintergrund

In den Jahren 1420 bis 1864 gehörte das Föhrer Westerland zum Königreich Dänemark, während Osterland Föhr mit Wyk dem Herzogtum Schleswig unterstellt war.

Der dänische König Christian VIII. verbrachte ab 1842 den Sommer auf Föhr. Er begründete den Ruf der Insel als Kurort, und Wyk erlebte während dieser »Königszeit« bis 1847 eine Blütezeit.

1844 lud König Christian den damals in seiner dänischen Heimat schon sehr bekannten Dichter Hans Christian Andersen ein, die letzten Tage des Sommers auf Föhr als sein Gast zu verbringen.

Sylt

Sylt ist die nördlichste und auch die größte der Nordfriesischen Inseln, und sicher auch die bekannteste. Sie kann über den Hindenburgdamm erreicht werden. Die Insel ist wegen der Winde und Sturmfluten einer ständigen Wandlung unterzogen, bis heute müssen sich die Sylter gegen Dünenabbrüche wehren. Schon im 19. Jahrhundert ging man deshalb dazu über, Buhnen zum Schutz zu bauen. Die anfangs errichteten Holzbuhnen ersetzte man schließlich durch Metall- und Stahlbetonbuhnen. Die Wirkung war allerdings eher verhalten, sodass man heute dazu übergegangen ist, Sand anzuspülen.

Sylt muss es bereits in der Steinzeit gegeben haben, eindeutige Funde weisen darauf hin, erwähnt wird die Insel aber als Erstes 1141.

Die älteste Kirche der Insel steht in Keitum und wurde 1020 von Knut dem Großen erbaut. Eigentlich sollte aber an ihrer Stelle ein Odinheiligtum errichtet werden. Im Dreißigjährigen Krieg kamen etliche Soldaten auf die Insel, nach ihrem Abzug brach die Pest aus.

1644 machte Sylt wegen einer Seeschlacht zwischen holländischen und dänisch-schwedischen Truppen von sich reden.

Die Sylter waren im 17. und 18. Jahrhundert, was den Wohlstand und das Einkommen anging, zweigeteilt. Ein Teil lebte von der Landwirtschaft, was, genau wie auf den anderen Inseln, allein wegen des kargen Bodens mühsam und wenig ertragreich war. Ein anderer Teil verdingte sich im Walfang, in der Zucht von Austern oder fuhr auf See.

1866 wurde Sylt an Preußen angegliedert. Der Erste Weltkrieg hinterließ kaum Spuren. Zur Zeit des Nationalsozialismus aber bereisten Männer wie Hermann Göring Sylt. Die Hoteliers schwammen größtenteils auf der antisemitischen Welle mit und priesen ihre Unterkünfte als judenfrei an. Nach Ausbruch des Zweiten Weltkriegs kam der Fremdenverkehr vollständig zum Erliegen. Sylt wurde zum Bombenabwurfplatz deklariert und war bis 1952 unbewohnbar. Danach aber florierte der Fremdenverkehr und Sylt ist bis heute ein beliebtes Reiseziel.

Monika Buttler

Schatten im Sand

Wieder und wieder stellte ich mir die Frage: Würde sie mir verzeihen? Ich konnte es mir kaum vorstellen, und eigentlich war es unmöglich. Heiß stieg Scham in mir auf, wenn ich daran dachte, was ich damals, 1933, getan hatte.

Und nun, Jahrzehnte später, bin ich in ihrer Nähe. In Kampen auf Sylt. Nur wenige hundert Meter sind es von meinem Hotel bis zu ihrem reetgedeckten Häuschen am Ortsrand. So nah und doch so weit – für mich, den 84-Jährigen, dem eine Schuld die Schritte lähmt. Mein absehbarer Tod hat mich hierhergeführt. Ich möchte mein Lebenskonto ausgleichen, bevor es dafür zu spät ist. Denn über mir hängt schon das »Noch«. Noch drei Monate, dann wird die Krankheit mein Rückgrat zerfressen haben.

In dem kleinen Hotel ist nicht viel los. Hinter den Sprossenfenstern saust der Märzwind, im Frühstücksraum herrscht beklemmende Öde. Ein paar Tische weiter blickt der einzige Gast außer mir in seine Notizen. Weicher schwarzer Filzhut, schreiend roter Schal und eine Kreisbrille – Accessoires für einen Jüngling von Ende dreißig, der den Kreativen gibt.

Ein wahrer Künstler, ein Schauspieler wie ich, der würde sich nie so ausstaffieren. Aber bei mir wirkt so etwas ja ohnehin nicht. Ich war schon damals, mit knapp vierzig, dicklich und weißlich, der Mehlwurm-Typ mit einem Rest Haar auf dem Schädel. Ich habe mich oft gefragt, warum sie gerade mich zu ihrem Geliebten erwählt hat. Dora Naval, Berlins berühmteste und berüchtigtste Tänzerin. Sie war nicht schön, aber intensiv, das faszinierte mich. Wir konnten so gut miteinander lachen.

In alter Gewohnheit ziehe ich ihr Foto aus der Brieftasche und lege es neben meine Friesentasse. Ja, so sah sie einst aus: klein, gedrungen, die teerschwarzen Haare mehr abgeholzt als abgeschnitten. Darunter Augen wie Kohlestücke. Wir haben uns beim Theater kennengelernt. Dora Naval – sie hieß ja in Wahrheit Levinsohn – hat in den Zwanzigern den *Grotesktanz* erfunden, und *tout Berlin* strömte ins Kabarett, um sich diese neuartige Skandalnummer anzuschauen. Wie sie in orangefarbenen Pluderhosen, knallblauen Bändern und mit kalkweiß geschminktem Gesicht das klassische Ballett karikierte; wie sie provozierend in grellen Verrenkungen Dirnen, Kupplerinnen und all die verlorenen Seelen der Straße tanzte. Und sogar den Tod, ergreifend und obszön zugleich.

Der Tod. Der Gedanke an mein eigenes Ende schnürt mir die Brust zu. Aber ich habe eine Mission. Und noch einmal will ich mich schonungslos erinnern.

Meine Dora wurde gefeiert. »Getanzte Zeitsatire«, »Fabelhafte Technik«, »Unerhört schmissig«, jubelten die Kritiker. Aber bald kamen andere Töne auf. Braun gefärbte wie die Uniformen der SA-Horden.

»Hör dir das an«, sagte ich zu Dora. »Hier steht, die Juden würden alle Rassen verpesten. ›Dora Naval möge sich in Jerusalem produzieren und ganz dort bleiben‹. Und hier: ›undeutsche Entartung‹ ...«

Meine Geliebte winkte ab. »Kunstbanausen. Kleingeistige Spießer.«

»Und wenn du ins Ausland gehst?«

»Aber Kurtchen, ick bin Balinerin.«

Statt ins Ausland fuhren wir nach Sylt. Im Sommer 1933.

Jetzt ist mir kalt. Das Alter lässt mich frieren. Ich nehme das zweite Foto heraus. Vor ein paar Jahren hab ich es aus einer Zeitung geschnitten. Dora mit über achtzig. Da hatte sie gerade einen schrillen Auftritt in einer Talkshow gehabt. Noch immer sieht sie wie ein dunkler Kobold aus, doch das Gesicht ist nun zerknittert. Wie das Papier in meinen Händen. Wieder einmal vertiefe ich mich in ihr Bild. Es reflektiert mein

Versagen wie ein Spiegel. Ein Zittern ergreift mich und – ach! – nun ist mir der Ausschnitt zu Boden gefallen.

Der junge Mann mit dem Filzhut ist schneller. Er reicht mir meinen Schatz zurück und bleibt mit seinem Blick an dem Foto hängen.

»Dora Naval! Was für ein Zufall!« Hinter seinen Brillengläsern erscheint ein Leuchten.

»Sie kennen sie?« Schon bereue ich meine Worte. Ich bin zu alt für Dinge, die mich aus dem Takt bringen.

»Aber ja. Ich bin ihr Biograf.«

Ich bemerke Stolz in seinen Augen. Und eine kaum verhohlene voyeuristische Gier.

»Darf ich?« Der Mann fasst nach dem freien Stuhl an meinem Tisch.

»Bitte.« Nein, ich schätze keine Verwicklungen. Doch andererseits ... Nun kommt doch Neugier bei mir auf.

»Gabriel Breuer.« Der Fremde stellt sich vor. »Ich leite das Tanzarchiv in Bonn.«

»Kurt Hahnemann. Aus Berlin.«

Als Schauspieler scheine ich ihm kein Begriff zu sein. Dabei war ich einmal ein bekannter Komiker. »Und Sie wollen also ein Buch über Dora schreiben.«

»Ja, wir sind mittendrin. Ich kenne Dora schon lange.«

Wieder dieses Leuchten hinter den Gläsern. Ich versuche, mir seine Beziehung zu Dora vorzustellen. »Sie sind wohl – na, Muse kann man bei Männern ja schlecht sagen.«

»Ich bin ihr Inspirator. – Und Sie?«

»Ich war ihr Geliebter.«

Bei meinem Gegenüber schlägt grad eine kleine Bombe ein. Doch der Mann fasst sich schnell. »Ich würde Sie gern ... ein Gespräch mit Ihnen ...«

Der wird ja ganz hektisch. Als wolle er mich gleich am Ärmel packen.

»Nein, nein. Nicht jetzt. Ich muss zu Dora. Ich habe nicht mehr so viel Zeit.«

Nicht mehr so viel Lebenszeit, denke ich.

Mein Tischnachbar springt auf. »Ich begleite Sie.«
»Ich bin entschieden zu langsam für Sie.«
»Da passe ich mich schon an.«
»Also gut, Herr –«
»Breuer.«

Draußen auf der Hauptstraße, die auch so heißt, macht es mir der Wind nicht leicht. Ja, ich trete ihm nur noch gebeugt entgegen und spüre schmerzvoll meine Knochen. Herr Breuer, umhüllt von einem rabenschwarzen Mantel, wirft seinen Schal zurück und bietet mir seinen Arm. Mit ihren tief gezogenen Reetdächern scheinen sich auch die Häuser zu ducken. Würde ich den Weg noch finden? Das einstige Fischerdorf ist längst zum dicht bebauten noblen Badeort geworden. Jetzt bin ich doch froh, dass dieser Archivleiter mich hinführt. Und nun erkenne ich alles wieder. Aber wie klein ist Doras Haus ... eigentlich nur eine Kate.

1931 hat Rudolf Bonnier, ihr Ehemann, das Häuschen für sie gebaut. Und alle, alle kamen. Friedrich Hollaender, Erich Kleiber, Carola Neher, Hubert von Meyerinck, Herbert Ihering. Musiker, Schauspieler, Theaterkritiker. Unversehens war Doras Ferienoase zum Fixpunkt der Berliner Bohème geworden. Fiebrige Nächte, gewagte Liaisons, Champagner ohne Ende – ich habe es genossen. Bis zu jenem Sommer 33, als Rudolf, Dora und ich in Kampen am Strand lagen ...

Das Anwesen wirkt verlassen. Die seltsame Stille bedrückt mich, während meine Erregung sekündlich steigt. Wie wird Dora reagieren, wenn ich ihr gegenüberstehe? Ich, ein Gespenst der Vergangenheit. Mein Begleiter läutet. Wir warten lange. Nochmaliges Läuten. Die Stille wächst. Und ein dritter langer Klingelton. Nichts.

Doras Jüngling späht durch die Puppenfenster, zuckt ratlos die Achseln. Vor der blau gestrichenen Haustür liegen ein paar Zeitungen. Er sieht sie durch. Die älteste ist vor vier Tagen erschienen.

Wir blicken uns an, und zweifellos denken wir das Gleiche. Etwas Schlimmes muss passiert sein. Vielleicht das Schlimmste.

»Ich hab einen Schlüssel«, sagt der Mann.

»Und?« Ich weiß nicht, ob ich das gut oder schlecht finden soll.

»Noch nie benutzt.«

»Dann tun Sie es jetzt.« Kälte durchschauert mich, und ich will nicht vergebens gekommen sein.

In den beiden Stuben mit den Diwandecken und zerschlissenen Sesselchen ist es so unordentlich, dass ich kurz die Augen schließe. Sie ist nicht da.

»Gehen wir in die Scheune«, fordert Breuer mich auf.

In dem Anbau, ich weiß das aus der Zeitung, betreibt Dora seit den 50er Jahren ihren *Lästerschuppen*, ein kleines Lokal, in dem sie ihre Kabarettkunst von einst beschwört. Doch wer interessiert sich für eine zurückgekehrte Emigrantin? Unsere Glanzzeit ist lange vorbei.

Breuer presst seinen Schal vor den Mund. Ein monströser Gestank schlägt uns entgegen, und ich drücke meine Nasenflügel zusammen. Zuerst sehe ich nur die wild bemalten Wände, die Bierfässer-Tische und Flaschen mit kleckenden Kerzen, doch dann ... Sie liegt neben dem Tresen. Teerschwarze Haare stehen borstig vom Kopf. Glieder, verdreht wie in ihrem *Grotesktanz*, der kurze Körper zusammengeschnurrt.

Herr Breuer weicht ein paar Schritte zurück, dann flieht er zum Ausgang. Ich folge ihm. Irgendwie fühle ich mich betrogen. Keine Absolution für mich. Wer zu spät kommt, den bestraft der Tod.

Im Wohnraum lässt sich mein Begleiter auf einen Diwan fallen. »Das ist der Supergau. Jetzt kann ich auch mein Buch begraben.«

Ich bin zu erschöpft, um darauf zu antworten. »Wir müssen die Polizei rufen«, sage ich.

»Ja.« Der Mann tippt auf seinem Handy herum.

Nach kurzer Zeit erscheinen zwei Uniformierte, gehen durch zur Scheune und kehren zurück in die Stube. Man befragt uns. Inzwischen ist auch ein Arzt eingetroffen. Er bestätigt den Tod. Ich atme auf, als wir endlich entlassen sind.

Draußen wieder ermüdender Wind. An der Seite des Fremden kämpfe ich mich zurück zum Hotel.
»Was wollten Sie eigentlich von Dora?«, fragt er mich, als wir uns in der kleinen Lounge bei einer Tasse Tee erholen.
»Sie um Verzeihung bitten.«
Er beugt sich vor. Der wird mich nicht mehr loslassen.
»Mögen Sie mir Ihre Geschichte erzählen?«
Der Gedanke gefällt mir. Dieser Gabriel Breuer ist vielleicht ein wenig kühl, aber intellektuell auf der Höhe. Irgendjemand muss mir meine Last abnehmen.
Ich lächle ihn an. »Ja, ich schenke sie Ihnen.«

Kampen, Sommer 1933. Rudolf, Dora und ich hocken in Schwimmtrikots vor dem Strandkorb und lassen Sand durch unsere Finger rieseln. Ehemann, Ehefrau und der Geliebte. Nein, kein Eifersuchtsdrama habe ich zu bieten, wir sind in bestem Einvernehmen. Rudolf Bonnier, der schlanke Gelehrte mit dem klugen Kindergesicht, ist Doras Lebensfreund. Immer bereit zu geben und nichts zu verlangen. Er blickt gerade zu einer nahen, mit Hakenkreuz-Fähnchen besteckten Sandburg.
»Dora, gegen dich sind wieder Hetzartikel erschienen.«
»Weiß ich. Aber hört, was mir heute passiert ist.«
Heute Morgen ist sie einkaufen gegangen, in einen Fleischerladen, und hat sich etwas Aufschnitt geben lassen. Die Verkäuferin hat die Wurstwaren in eine Zeitung eingewickelt, es ist der *Völkische Beobachter*, und auf der Titelseite sieht Dora plötzlich – sich selbst. Überschrift: *Die Fratze des Judentums*.
Rudolf ist bestürzt. »Du musst so schnell wie möglich außer Landes.«

»Zum Glück sind wir nicht in Berlin, sondern hier im abgeschiedenen Kampen.« Dora reckt ihr Gesicht in die Sonne.

Ich denke an meine Karriere und fühle mich unwohl. Vielleicht ist es besser, wenn ich nicht mehr mit Dora verkehre. Bis dieser Arier-Spuk vorbei ist.

»Thomas Mann und Erich Maria Remarque sind schon emigriert«, sagt Rudolf. »Am 1. Mai haben die Nazis ihre Bücher verbrannt. Bald wird man auch die Menschen verbrennen.« Er erhebt sich. »Besprecht das mal. Die Situation ist ernst. Bis später.«

Wie immer kann der Herr Doktor dem Strandleben nicht viel abgewinnen. Ihn zieht es zurück ins Häuschen, zurück zu seinen Sanskritstudien.

Dora und ich bleiben schweigend sitzen. Von rechts sehe ich einen Mann näherkommen: dunkles Marine-Jackett, weiße Hose, Seglermütze. Er schwingt einen Stock vor sich her, wohl mehr der Eleganz wegen. Denn alt wirkt er noch nicht. Jetzt ist er in Höhe unseres Strandkorbs angelangt, ich schaue in ein feistes Gesicht – und erschrecke zutiefst. Mein Gott, es ist Göring. Leibhaftig Hermann Göring, Hitlers Minister und Polizeichef.

Der Mächtige fixiert mich, dann Dora, dann wieder mich. Klar, er hat uns erkannt. Ich, der populäre deutsche Schauspieler, in intimer Gesellschaft mit einer Jüdin. Er ist schon ein paar Schritte entfernt, da wendet sich Göring noch einmal um. Als wolle er mich ein letztes Mal warnen. Wie zu Stein geworden blicke ich ihm nach. Ihm und seinem Schatten im Sand.

Ich reise sofort ab. Filmverhandlungen, erkläre ich Dora und Rudolf. Und das stimmt sogar. Ich soll eine Rolle in einem Film mit dem großen Hans Albers bekommen. Wir werden ein ungleiches Brüderpaar spielen. Was das für mich bedeutet? Den endgültigen, phänomenalen Durchbruch als UFA-Star. Natürlich undenkbar mit einer Dora Naval an meiner Seite. Panik überfällt mich. Vielleicht sind sie mir schon auf den Fersen und nehmen mich in Schutzhaft.

Ich bin wieder in Berlin. In meiner Grunewald-Villa weise ich meine Haushälterin an, niemanden – wirklich niemanden – zu mir vorzulassen. Ich müsse den Text für meine neue Rolle lernen. Dora und Rudolf werden inzwischen zurück sein. Tage vergehen in angespannter Ruhe.

»Mehrmals war Frau Naval hier«, sagt mir die Haushälterin. Dann schreibt mir Dora Briefe, der Ton wird immer verzweifelter. Ob ich sie nicht mehr liebe? Ob ich sie verleugnen wolle? Gerade bei mir, ihrem »Dickerchen«, habe sie sich immer so beschützt gefühlt. Rudolf sei bedrängt worden, in die NSDAP einzutreten und habe sich in einen kleinen Ort im Schwarzwald begeben. Sie, Dora, erhalte keine Auftritte mehr, habe buchstäblich kein Brot mehr im Haus ...

Ich verbrenne die Briefe. Alle.

Mein friesischer Tee ist kalt geworden. »Ja, Herr Breuer, nicht einmal ein Stück Brot habe ich für sie übrig gehabt.«

»Schlimme Zeiten«, murmelt der Mann mit dem Hut.

»Den Rest der Geschichte kennen Sie.«

Dora hat sich von Rudolf Bonnier scheiden lassen und einen englischen Theaterleiter geheiratet. Als britische Staatsbürgerin gelang ihr die Emigration nach London und dann nach New York. So überlebte sie den Krieg.

Ich wusste, dass sie sich danach auf Sylt etabliert hatte. Aber Jahr für Jahr verging, ohne dass ich es fertigbrachte, sie persönlich um Verzeihung zu bitten. Meine Scham und meine Feigheit waren zu groß.

»Danke, dass Sie mir Ihre Geschichte erzählt haben«, sagt mein Zuhörer. »Auch wenn Dora nicht mehr lebt: Ich werde dieses Buch zu Ende schreiben. Wir sind es ihr schuldig.«

Ich stimme ihm zu. Er verspricht mir, dass ich ein signiertes Exemplar bekomme. Auch dafür dürfte es für mich zu spät sein.

Am nächsten Morgen treffen wir uns wieder im Frühstückssalon. Der Schriftsteller reicht mir wortlos die Sylter Lokalzeitung: *Dora Naval leblos aufgefunden. Die Besitzerin der Literaturkneipe ›Lästerschuppen‹ starb zwischen dem 15. und 18. März in ihrem Haus in Kampen. Wie die Polizei mitteilt, ist von einem natürlichen Tod auszugehen.*

Historischer Hintergrund

Die Autorin ließ sich vom Schicksal der Tänzerin Valeska Gert inspirieren.

Valeska Gert (1892-1978) wurde im Berlin der 20er Jahre durch ihren ausdrucksstarken »Grotesktanz« berühmt. Als Künstlerin wie als Jüdin war sie bald den Anfeindungen der Nazis ausgesetzt. Anfang der 30er Jahre ließ ihr Ehemann, der Wissenschaftler Helmuth von Krause, in Kampen auf Sylt ein Ferienhäuschen für sie bauen.

Mit ihm und ihrem Geliebten, dem Schauspieler Aribert Wäscher, machte sie dort 1933 Sommerurlaub. Böse Pikanterie: Ihr Strandkorb-Nachbar war Hermann Göring. Dieser erhielt im August 1933 die Ehrenbürgerschaft der Gemeinde Kampen. Erst 2005 wurde der Titel aberkannt.

Valeska Gert heiratete in zweiter Ehe einen Londoner Theateragenten und konnte nach New York emigrieren. Nach dem Krieg kehrte sie nach Deutschland zurück und eröffnete 1951 in ihrem Häuschen in Kampen die Künstlerkneipe »Ziegenstall«. Dort starb sie, tagelang unbemerkt, 1978.

GITTA EDELMANN

Das Mädchen und das Meer

Das Mädchen stand regungslos auf dem Deich und starrte nach Westen. Der Wind zauste sein langes, blondes Haar und zupfte an seinen Röcken. Der Wind war sein Freund. Eines Tages würde er kommen und es einfach mitnehmen.

Das Mädchen schloss die Augen und träumte. Es träumte von einer großen Welle, auf der es davonritt, weit über die Insel und die von Prielen durchzogenen Marschlande, die Sylt mit dem Festland verbanden. Es streckte die Arme aus, als wolle es das Meer willkommen heißen.

»Mädchen!«

Er rief es nie bei seinem Namen. Ja, tatsächlich hatte das Mädchen seinen Namen nicht mehr gehört, seit die Alte gestorben war. Da war es noch klein gewesen. Wie die Alte hieß und ob sie seine Großmutter gewesen war, wusste das Mädchen nicht. Doch seinen Namen hatte es aus dieser Zeit heimlich behalten: Matta. Und wenn es im Geiste sein Gebet aufsagte, begann es stets mit den Worten: Lieber Gott, hier spricht Matta.

Manchmal antwortete Gott, dann schickte er dem Mädchen den Wind aus dem Westen und Träume, in denen es den Vater nicht gab.

»Mädchen!«

Seine Stimme klang ungehalten. Das Mädchen wusste, dass es sich beeilen musste. Es raffte seine Röcke und lief zu dem reetgedeckten Haus, das nicht weit hinter dem Deich stand. Der Vater erwartete es mit verschränkten Armen.

»Mein Morgenbrei!«, befahl er und das Mädchen beeilte sich, den fertigen Getreidebrei von der Herdstelle zu nehmen und in zwei Holzschüsseln zu füllen. Eine Schüssel reichte es dem Vater, der etwas von Dank für Speis und Trank murmelte und, als hätten ihn die Worte daran erinnert, gleich darauf aufstand, um aus der Truhe eine Flasche klarer Flüssigkeit zu holen, aus der er einen kräftigen Schluck nahm.

Er sprach während der Mahlzeit kein einziges weiteres Wort – wozu auch. Das Mädchen war stumm und würde nicht antworten.

»Morgen fahre ich nach Rungholt«, sagte er schließlich, als er aufstand.

Das Mädchen zuckte zusammen. Es wusste, was die Worte bedeuteten. In der Nacht, bevor er nach Rungholt fuhr, musste es stets sein Bett teilen, weil es keine Mutter hatte, die mit dem Vater das tun konnte, was Männer tun wollten. Dass das mit den Männern so war, hatte sie aus dem Getuschel der anderen Mädchen nach der Kirche erlauscht, die davon träumten, einen Mann zu finden, dem sie eine gute Frau sein konnten. Vater hatte keine Frau, die war im Jahre fünfzig in der großen Pestepidemie gestorben, als das Mädchen ein Jahr alt gewesen war. Vater hatte nur das Mädchen.

Die Nacht kam. Der Vater, der nach der klaren Flüssigkeit aus der Flasche roch, lag auf ihm, grunzte und stöhnte und fiel endlich zur Seite.

Lieber Gott, hier spricht Matta. Schick mir den Westwind! Schick mir eine Welle, die mich fortträgt!

Wie zur Antwort pfiff der Wind ums Haus. Das Mädchen schlüpfte aus dem Bett und zog seine warmen Kleider an. Dann lief es in die Nacht hinaus.

Es war zu dunkel, um über die Marschflächen zum Festland zu gelangen, selbst jetzt bei ablaufendem Wasser. Zu viele Priele unterbrachen den Weg, die nicht einmal bei Tageslicht einfach zu überqueren waren. Doch der Wind gab dem Mädchen Hoffnung. Etwas würde geschehen.

»Sturmflut!«, sagte Vater kurz angebunden, als sie beim Morgenbrei saßen. »Ich fahre erst morgen nach Rungholt, wenn das Wetter sich gebessert hat.«

Das Mädchen zuckte zusammen.

Später im Laufe des Tages, während seiner Arbeiten im Haus, lauschte es mit wachsender Freude dem immer stärker werdenden Wind, und sobald es konnte, lief es hinaus zum Deich, an dem die weißen Wellen des auflaufenden Wassers leckten. Es lächelte.

»Mädchen!«

Plötzlich stand der Vater neben ihr.

»Geh ins Haus.«

Der Geruch nach der Flüssigkeit aus der Flasche, der ihr entgegenschlug, war schärfer als sonst, und der Vater kratzte sich im Schritt. Sturmfluten machten ihn unruhig. Das Mädchen zögerte, doch der Vater packte es am Arm und zog es fort von der Deichkante.

Das Feuer war fast erloschen und mit einer Handbewegung wies der Vater das Mädchen an, es wieder zu schüren. Gehorsam nahm es den Schürhaken und beugte sich nach vorne, während der Vater erneut die Flasche aus der Kiste holte.

Plötzlich spürte das Mädchen, wie er hinter es trat und seine Röcke hob. Ihm im Dunkel der Nacht im Bett zu Willen sein zu müssen, war eine Sache, doch jetzt und hier?

Der Wind rüttelte am Haus, als sich das Mädchen mit einem einzigen Schwung umdrehte und zuschlug. Wieder und immer wieder traf der eiserne Schürhaken. Der Vater fiel zu Boden und das Blut sammelte sich um seinen Kopf. Draußen pfiff der Westwind, der zum Sturm angewachsen war, nach dem Mädchen. Es folgte dem Ruf.

Am Deich tobten die Wellen und lachten ihm zu. Doch ein wenig machten sie ihm auch Angst. In den Wohnteil des Hauses konnte es nicht zurück; so kroch es schließlich in den Stall zu den Tieren und wartete auf den Morgen.

Es war der Tag Marcelli Pontificis, der Tag des heiliggesprochenen Papstes Marcellus, wie der Pfarrer am letzten Sonntag erzählt hatte. Und schon gleich nach der Messe hatte das Mädchen gewusst, dass dies ein besonderer Tag sein würde.

Lieber Gott, hier spricht Matta.

Das Mädchen stand regungslos auf dem Deich und starrte nach Westen. Der Sturm drohte es umzuwerfen, doch er war sein Freund. Das Mädchen schloss die Augen und wartete. Der Deich war schwach. Gleich würde eine große Welle kommen und es einfach mitnehmen, fort von Sylt, vom Vater, von diesem Leben.

Als der Deich schließlich brach, streckte das Mädchen die Arme aus und hieß das Meer willkommen.

Historischer Hintergrund

Die Grote Mandränke
Das 14. Jahrhundert war ein schweres für Sylt und Nordfriesland. Eine Klimaveränderung sorgte Anfang des Jahrhunderts für schlechte Ernten. 1350 gelangte der Schwarze Tod, die große Pestepidemie, nach Sylt und dezimierte innerhalb dreier Monate die Bevölkerung drastisch. Die wenigen und geschwächten Menschen konnten die Deiche nicht mehr unterhalten.

Dazu kamen die Folgen der Landnutzung: Seit dem 11. oder 12. Jahrhundert schützten die Bewohner der Marschen ihre Äcker mit Deichen vor den Gezeiten. Die eingedeichten Gebiete sackten jedoch durch die natürliche oder künstliche Entwässerung (Siele) ab. Gleichzeitig nahm der Tidenhub in abgedämmten Prielen zu. Gepflügter Boden bot dem Wasser eine größere Angriffsfläche und erleichterte die Erosion.

Ein weiteres Absinken des Landes verursachte der Torfabbau zur Gewinnung von Salz und Brennmaterial. Große Gebiete der nordfriesischen Küste lagen so unter dem Meeresspiegel.

Eine besonders verheerende Sturmflut traf die deutsche Nordseeküste der Überlieferung nach vom 15. bis zum 17. Januar 1362, also um den Tag des heiligen Marcellus, nach dem die Zweite Marcellusflut genannt wurde, denn bereits 1219 hatte es zu Marcelli Pontificis eine schwere Flut gegeben.

Die Zweite Marcellusflut ist jedoch vor allem unter dem Namen Grote Mandränke in die Überlieferung eingegangen – das »große Menschenertrinken« forderte Tausende von Opfern und veränderte das Aussehen der nordfriesischen Küste völlig. Ein Chronist berichtet, dass die stürmische Westsee vier Ellen (ca. 2,4 Meter) über die höchsten Deiche gegangen sei und 21 Deichbrüche verursacht habe. In dieser Flut seien der reiche Handelsort Rungholt und sieben weitere Kirchspiele untergegangen.

Bis zu Groten Mandränke gab es eine praktisch durchgehende Küstenlinie von Eiderstedt bis Sylt. Sylt war durch von Prielen durchzogenes Marschland, das bei Ebbe trockenfiel, mit dem Festland verbunden. Nach der Marcellusflut waren weite Landgebiete mitsamt ihren Dörfern verschwunden und Wattströme ließen das Wasser mit jeder folgenden Flut tiefer in das Land vordringen. Die Halligen und die große Insel Strand entstanden. Und wie Amrum und Föhr wurde auch Sylt endgültig zur Insel.

Sabine Reins

Mordfall Ziegenstall

Sommer 1952. Hindenburgdamm.
Die blonde Perücke gibt ihr etwas Mädchenhaftes. Mit einem Blick in den Autospiegel fasst Sylvette eine Strähne ihres Ponys und legt sie geschickt in die Stirn. Weit vorne an der Autoabfertigung erkennt sie schemenhaft ihren Mann. Roy am Steuer im Wageninneren ihres grauen Familienautos. Sie schaut hierhin, dorthin.

Es klopft an ihrer Autoscheibe. Sie kurbelt die Scheibe der Autotür herunter. Kaut ein lang gezogenes: »Jaaaa, was willst du, Rico?«

»Was willst DU? Ich habe Roy gesagt, ich müsse vor der Überfahrt noch mal kurz für Knaben. Habe dich wiedererkannt. An deinem Pullover. Auf den solltest du lieber verzichten, wenn du nicht erkannt werden willst. Das weiße Angora-Ding trägst du zu häufig. Dass du deinen Mann im geliehenen Auto verfolgst, stört mich. Und ich warne dich, meine Liebe! Komm uns auf der Insel nicht in die Quere. Verdirb uns nicht das Wochenende. Der Geburtstag vom *Ziegenstall* ist nichts für eine Frau wie dich, die ... «

Mitten im Satz wendet er sich abrupt ab und geht Richtung Toilettenhäuschen.

Rico Meurer, Ballett-Tänzer auf internationalen Bühnen, und Roy lernten sich im Sommer 1927 auf Sylt kennen. Eine Schülerliebe – eine versteckte Liebe. Sie blüht bis heute im Schatten des Alltags. Sylvette weiß vom Doppelleben ihres Mannes – sie wird es beenden. Sie reist nicht zufällig, doch heimlich, nach Sylt.

Ihre Freundin hatte ihr für einige Wochen, während ihrer Überseereise, den Schlüsselbund für Auto sowie Wohnung auf Sylt geliehen. Nach vollendeter Tat wird Sylvette den

Wagen ihrer Freundin umgehend zurückbringen. Keiner, außer Rico, wird von ihrem Kurztrip nach Sylt etwas erfahren ...

An diesem Morgen ist das Geschiebe bei der Autoverladung am Hindenburgdamm groß.

Die Autos sind bunter geworden. Neben dem Benz hält ein bizarres Töfftöff, dessen Vorderfront die Tür ist, aus der sich eine Brünette hinausschraubt. Isetta heißt das Döschen, die Fahrerin Jil. Sie trägt übergroße Herrenhosen, gehalten mit einem stramm gezogenen Krokodilgürtel. Eine schwarze, eng anliegende Bluse endet tief im Hosenbund.

Rico tätschelt Roys Hand. Er will ihn ablenken, damit er sich nur nicht umschaut. Wenn er Sylvette erkannte, würde er die Reise abbrechen. Rico schiebt sein Kinn leicht nach links, in die Schlange der wartenden Automobile neben ihnen, zur Isetta. »Roy, sieh dir die Kleine nebenan mal genau an. Dieses Luder, hier spielt sie die Lady, in Berlin die Hure. Nicht nur auf der Bühne. Sie wird uns nicht mehr lange im Weg stehen.« Verschwörerisch blickt er seinem Freund in dessen kobaltblaue Augen.

»Ich werde sie heute Nacht im *Ziegenstall* mal ordentlich auspressen, dieses Früchtchen. Schulden von 1800 DM für ihre durchgefeierten Nächte sind keine Kleinigkeit. Sie schuldet mir einiges, zumal ich sie einmal gemanagt habe. Und von Dietrich soll sie sich auch fernhalten. Sie spielt nicht in seiner Liga.« Dabei fährt seine Hand mit einem festen Griff beinahe automatisch an die Titaniumbälle zwischen den Schenkeln des Fahrers.

Die Syltreisenden haben sich verändert. Sie wirken eiliger. Sichtlich preiswerte Anzugstoffe, Frauen ohne Seidenstrümpfe, aber in extrem schwingenden Röcken. Die Farben und Muster sollen womöglich noch das Kriegsgrau verdrängen. Ein paar hübsche Gesichter. Wie ehedem. Sehr hagere Burschen und wanstige Herren mit zurückgeschobenem Strohhut. Gegen die Sonne. Die Macher. Roy Schwarz nimmt auf einer verblassten Wand eine verwitterte Sinalco-

Reklame wahr. Beim Anblick der sprudelnden Limonade hatte er als Junge sofort Durst verspürt.

Rico Meurer streift seine Hand. Dann breitet er die Arme aus und atmet tief ein: »Voilà, Sylt, wir kommen!«

»Ja«, lächelt Roy. Seine Gedanken schweifen weit, sehr weit zurück. Sylt. Der Sommer 1927. Kein einziger Regentag. Die Strandkörbe waren meist schon am frühen Morgen reserviert und belegt. Nur die älteren Herrschaften trugen lange Badekostüme. Die Jugend stürzte sich in kurzen Hosen in die Flut. Nach dem ersten Erfrischen ölte man sich auf Handtüchern ein. Die Jüngsten schaufelten Sand in ihre Eimerchen, watschelten zum Nordseeschaum und schütteten ihre Last ins Nass. Die Familie Meurer hatte in demselben Hotel gewohnt wie die vier Schwarzens.

Zunächst hatte sich nichts Besonderes in der Sommerwelt ereignet. Das reetgedeckte Hotel hatte bestochen durch seine warme, in dunklen Rottönen gehaltene Atmosphäre. Sehr schön ausgewählt – die rötlichen Backsteine der Gemäuer, auch im Inneren mit dem alten Holzparkett. Das Gemütliche und Unkomplizierte hatte diese Ferienburg ausgemacht. Im Speisesalon hatten sich die Gäste stets begrüßt und beim Frühstück für den Tag gestärkt. Dann waren die Sommerfrischler im Bademantel mit Proviantkorb und Lektüre in die Brise marschiert. Am Abend servierte die Hotelküche Seezunge nach *Müllerin Art*. Danach stahlen sich die jungen Männer in die nahen Dünen. Roy war 14 Jahre jung gewesen, Rico gerade 16.

Wurrelschlucht. Der *Ziegenstall*, Kabarett-Bar. Jil bewegt sich ruhig. Traumschön. Beinah religiös mutet ihr Zucken an, das Räkeln in Schlangenbewegungen. Barfuß und gehüllt nur in ihre gelbgrünroten Chiffontücher. Ihr geht es um den Ausdruck. »Zwischenweltliches Mirakel«, nennt Dietrich sie zärtlich. Dietrich, der hier besser bekannt ist als Didi- oder Marie Klamott, Marionettenspieler aus Hamburg. Wenn sie nach zehn Minuten Tanz in die kleine Küche zurückeilt, beruhigt es sie, eben noch im Vorbeigehen Valeskas immer gleichen Kommentar, »Lauter begabte Dilettanten«, zu hören.

Zarah Leanders *Nur nicht aus Liebe weinen*[1] hängt in den Steinwänden des schwülwarmen *Ziegenstalls*. Nahe den Krippen stehen die barfüßigen Feriengäste Haut an Haut, das Stroh sticht unter den Fußsohlen. Ada, das jüngste Talent heute Abend, streicht flüchtig mit der offenen Hand über ihr schwarzes samtenes Jugendstilkleid. Ein kleines Strohnest, das auf ihrer Schulter ruhte, wirbelt zu Boden. Ein Blick seitwärts auf die kleine grüne Feder im Ausschnitt erinnert sie an ihren Auftritt. *Madame Arthur*. Noch sieben Minuten.

Rico ist seit gut einer Stunde im Getümmel der Gäste verschollen. Er hat Sylvette unter ihnen erkannt. Mit ihrer Perücke kann sie ihn nicht täuschen. Er wird ihr draußen zum letzten Mal sagen, dass sie unerwünscht sei. Leise schleicht er über das Stroh hinaus in Richtung Schuppen.

Roy kann Rico nirgends entdecken. Er hatte sich vorgenommen, heute Abend bei einem Cocktail wieder einmal mit seinem Freund über ihre gemeinsame Zukunft zu sprechen. Egal. Sie würden noch Zeit dafür finden später am Abend. Mit festem Schritt rückt er seinen Barhocker näher an Valeska heran. Massiert ihr mit hartem Griff den Rücken. Hebt sie samt ihres Barhockers zu sich. Er lässt sich durch ihre Raubvogelnase nicht irritieren und beharrt: »Valeska, überleg' es dir. Ich leih dir das Geld für die Tänzer in Berlin. Die *Badewanne*[2] läuft ohne dich nicht. Und ...«

Valeska senkt ihren Blick in die züngelnde Flamme der Kerze. In wenigen Minuten feiert ihr Ziegenstall den zweiten Geburtstag. »Nein. Ich bleibe hier auf der Insel. Das ist mein Kabarett. Roy, du, ihr alle habt immer nur den Glanz der Weltstadt gewollt. Die bemalten Wände der Großstadt speien die Banalität des Bösen dem Betrachter entgegen. Diesen falschen Glanz brauch ich nicht mehr. Die selbst

---
[1] (1939) aus dem Film »Es war eine rauschende Ballnacht«
[2] Künstlerlokal und Treffpunkt vieler Maler, Literaten, Tänzerinnen und Musiker im Keller der Femina, Berlin 1949

gebastelten Lampen mit den bunten Lampenschirmen hier erhellen die Tänze, das Verborgene und Mehrdeutige. Das Stroh auf dem Fußboden schluckt den Krampf, der dann kommt, wenn ich die begabten Dilettanten tanzen lasse. ›Kupplerin‹, ›Straßenverkehr‹ und ›Prostituierte‹[3]. Das Peinliche und Lockende verschwindet Abend für Abend in den Krippen. Gemolken wie Ziegen und ewig meckernd halten die Gäste doch zu mir.[4] Bekniet mich nie wieder, noch einmal den Orgasmus zu tanzen. Den Laden wieder zu verkaufen!« Sie will die Großstadt nicht mehr. Sie ist nicht für das Mittelmäßige. Das bleibt ihr Grauen. Sie liebt die Zurückgezogenheit der Insel.

Valeska, sie, die Katze von Kampen, tanzt nur mehr ausschließlich in den Dünen. Schleicht abends, nachdem die Kerzen in der Bar erloschen sind, den Weg der Schlucht entlang zum Dorf. Die Wurrelschlucht. Vorbei an Heckenrosen, an der Kupferkanne, wo längst schon alles schläft, hinunter zur Sturmhaube. Einmal am Tag, besser nachts, das Meer atmen, die nackte Wahrheit. Den Wind im Gesicht.

Sie springt herunter von ihrem Barhocker, Roy stellt sich ihr entgegen. Sie schiebt ihn jedoch wortlos beiseite.

Valeska pufft Jil an, die schaut erschrocken auf, aus ihren Gedanken gerissen. Sie tippt auf ihre Armbanduhr, fünfzehn Minuten sind um, die Musik geht aus. Jil ist wieder an der Reihe:

Ein verliebter Samurai beendet seinen Liebeskummer durch Harakiri. Jil wechselt ständig vom Samurai mit tiefer Stimme zur zierlichen Angebeteten mit Piepsstimmchen. Abrupt wandelt sich der Mann in die Frau und die Frau wiederum zum Mann. Sie rollt sich von der Bühne ab, und Horst, der Mann, der sich zur Frau hat operieren lassen, wirbelt mit einem übergroßen Schleier durch die Luft. Das Kummerlied folgt; Horst wimmert, weint, heult, jammert,

---

3 Valeska Gert – Ästhetik der Präsenzen (2010)
4 Gerts eigene Aussage über die Gäste des Ziegenstalls, die diesem zu seinem Motto verleitete, Sylter Rundschau v. 12.04.2012 – ›Ein Ziegenstall im Dachgeschoss‹

mischt Elemente von Pantomime mit modernen Schritten zu Trommeln aus dem Hintergrund. Die Feriengäste rufen im Chor »Canaille, tanz' die Canaille.«[5]

Horst springt auf den Steinboden, sodass Stroh im hohen Bogen auffliegt. Wenn der Körper sich spaltet, verdoppelt, vervielfacht, beginnt er zu sprechen. Valeska tippt Horst an.

»Didi soll den Schrankkoffer mit den Utensilien für den Zirkustanz jetzt hereinholen …! Er kann sich während seiner Nummer das Clownskostüm umtun. Er weiß Bescheid …«

Jil zieht am Bund ihrer Pluderhose, die sie im Hüftbereich großzügig genäht hat, weil sie immer meint, ihr Hintern sei zu dick.

Nun kommt Jil in der Rolle des Mannequins, das sich dem bekanntesten Sylter Bestattungsunternehmer Rodbeck anpreist: »Ich bin seit zehn Jahren aus dem Exil zurück«, haucht sie, »und fühle mich, als sei ich längst gestorben. Nehmen Sie mich als Mannequin, um die Särge in allen Breiten für schlanke und beleibte Leichen vorzuführen!«

Die Gäste grölen.

Ganz wie nebenbei hievt Didi die große Kiste, um die Valeska vor Minuten gebeten hatte, für den Zirkustanz vom Schuppen in den *Ziegenstall*. Der Kofferschrank wirkt massiv, doch er ist aus dünnem Sperrholz, an den Seiten verzieren ihn Messingverschläge. Didi platziert die Kiste mitten im Raum, umkreist sie mit hüpfenden Bewegungen. Er schwitzt. Die rot geschminkte Clownsnase verläuft immer mehr. Mit einem flinken Griff zieht er den Hebel aus dem Scharnier. Es knarrt. Die Tür des Kofferschranks öffnet sich.

Ein starres Gesicht blickt aus der Zirkusbox. Kalkweiß, gepudert, roter Mund unter violettem Lidschatten. Im nächsten Moment kippt ein Körper nach vorne. Fällt wie ein Mehlsack vornüber.

---

5 »Valeska Gert. Die Katze von Kampen« ist der Titel einer Ausstellung des Tourismus-Service Kampen in Kooperation mit dem Moses Mendelssohn Zentrum für Europäisch-Jüdische Studien, die 2012 in der Galerie im Kaamp-Hüs auf Sylt gezeigt wurde.

»Aufstehen, aufstehen.« Die Gäste sind außer sich, warten.

Der Körper regt sich nicht. Da liegt jemand. Tot? Roy und Rico wechseln stumm Blicke. Daher Ricos Abwesenheit in der vergangenen Stunde ..., schießt es Roy durch den Kopf.

Die Lichter gehen an im Raum. Was ist passiert? Wer ist die Tote? Der Dorfpolizist Schmitz, aus Köln vor Jahren nach Sylt versetzt, ist zufällig unter den Anwesenden. Er nimmt die ersten Ermittlungen auf, führt Gespräche mit den verstörten Gästen.

Die Mädchen haben derweil die Gläser eingesammelt. Die kleine Küche biegt sich unter dem Abwasch. Valeska hört flirrende Stimmen aus der Küche, jemand rezitiert den braven Soldaten Schwejk als Pfeifendeckel. Dazwischen dringen Wortfetzen des Polizisten an ihr Ohr.

Wie ist die Frau aus dem Koffer umgekommen? Ermordet? Traum? Tanz der Zwischenwelten? Valeska hebt ihre schwarzen Augen. Aus langen verklebten Wimpern schaut sie ihr Gegenüber fragend an: »Didi, 1932 mein wildestes Kabarett beim Ku'damm. Die *Hexenküche*, dann kam der Nationalsozialismus. Brodelnde, elektrische Spannung jetzt sogar hier. Mord. Für alle Ausgeglitschten werde ich nur hier zwischen Heckenrosen und Dünensand die kleine Bühne bieten. Aber für heute reicht's.«

Didi unterbricht ihre Gedanken. »Lass uns hochgehen«, raunt er ihr ins Ohr und fällt ihr beinahe in den Schoß. Er gibt nicht auf. Jeden Abend wartet er, dass alle Gäste verschwunden sind. Nimmt seinen filzigen Pullover von der Lehne des Barhockers und zieht Valeska mit einem festen Griff an sich.

In der Sylter Rundschau liest man Tage später: *Gewalteinwirkung am Hals ist laut Inselpolizei die Todesursache im Mordfall Ziegenstall. Die Frau wurde erwürgt. Die Leiche hat jemand in dem Koffer entsorgen wollen. Der Mörder ist durch einen gewissen Didi gestört worden, als dieser den Kofferschrank mit Requisiten für eine Darbietung aus einem dem Ziegenstall angrenzenden Schuppen geholt hat. Auf dem Holzboden des Schuppens fand die Polizei noch einen weißen Unterrock, einen seidenen Schal sowie ein Stofftaschentuch mit dem Namenszug Sylvette. Die Frau ist weder den befragten Anwesenden bekannt, noch bei der Inselhotellerie als Gast gemeldet. Die Ermittlungen gehen weiter.*

Danksagung
Danke sagen möchte ich Christiane Retzlaff, heute Redakteurin beim Sylter Spiegel. Ich habe Anfang 2014 ein Interview mit ihr führen dürfen. Sie hat mir als Zeitzeugin und Kellnerin wie ›Akteurin‹ im Ziegenstall der 70er Jahre auf Sylt/Kampen viele authentische Geschichten erzählt, wodurch die Figuren in der fiktiven Kurzgeschichte ihr Leben eingehaucht bekommen haben. Mögliche Ähnlichkeiten zu Lebenden sind dennoch rein zufällig.

Heute veranstaltet Christiane Retzlaff im Heimatmuseum Keitum Valeska-Gert-Abende. Näheres unter:
www.shz.de/lokales/sylter-rundschau/ein-ziegenstall-im-dachgeschoss-id145363.html

Historischer Hintergrund

Wer von Sylt spricht, meint Dünen, Meer und Sonne. Nur wenige wissen, dass es auf der Nordseeinsel beinahe drei Jahrzehnte ein Kabarett gab, das in der Welt einzigartig war: Die Katze von Kampen, Valeska Gert, Jüdin, eröffnet 1951 in einer alten REETKATE in Kampen das Kabarett Ziegenstall, wo junge Talente tanzen und singen. Die Wahl-Sylterin gilt in den 20er Jahren Berlins und der Weimarer Republik als modernste Frau wie Tänzerin der Modernen Welt. Zugleich ist sie skandalumwittert: Sie tanzt den Orgasmus auf der Bühne, hält sich an keine Regeln, Dichter und Künstler sind begeistert. Sie flieht vor den Nazis nach

New York, wo sie eine Bar eröffnet, nach dem Krieg geht sie nach Berlin, später dann nach Sylt. Hier wird sie bekannt als Katze von Kampen, weil sie häufig in schriller Kleidung in Kampen unterwegs ist. 1978 stirbt sie einsam in ihrem Haus, erst Tage später brechen Nachbarn die Tür auf und finden sie. – So weit die Historie.

Quellen:
Valeska Gert - Die Bettlerbar von New York
Valeska Gert - Ästhetik der Präsenzen
wikipedia

REGINE KÖLPIN

Er ist mein

Eis. Immer wieder dieses Eis. Feemke starrte verzweifelt auf die sich übereinander geschobenen Eisschollen. Sie würden verhindern, dass Torbjörn Hansen nach Sylt kam. Er hatte ihr versprochen, noch vor Weihnachten um ihre Hand anzuhalten. Ein Blick zum Himmel, der beinahe wütend seine Schneemassen über die Insel spie, sagte Feemke aber, dass dieses Vorhaben auf das neue Jahr verschoben werden musste. Ein Ende war nicht abzusehen in diesem Winter 1875. Der Winter, in dem ihr großes Glück besiegelt werden sollte und der sie endlich und endgültig von Sylt wegbringen würde.

Es klopfte. Feemke ahnte, wer es war. Trude, die Nachbarstochter, die ebenfalls ein Auge auf den schmucken Hamburger Mann geworfen hatte. Tief enttäuscht, weil er seine Zuneigung Feemke zuteilwerden ließ, wurde sie nicht müde, deren Schwächen Tag für Tag deutlich zu machen. »Der Rock spannt über deinem Gesäß und deine Haut hat zu viel Sonne abbekommen.« Das sagte sie sogar im Winter und Feemke hatte nichts Besseres zu tun, als sofort zum Spiegel zu laufen und das Unmögliche zu kontrollieren.

Auch jetzt musterte Trude die um ein Jahr jüngere Feemke mit abschätzendem Blick. »Ich glaube nicht, dass Torbjörn gern ein Weib haben will, das den Haushalt so führt wie du.« Ihr Finger deutete auf das misslungene Brot, das zu dunkel und in sich zusammengefallen auf dem Herd lag. Es sah aus wie ein Stein.

Wenn ein gebackenes Brot ungenießbar war, galt das in Zeiten wie diesen als Katastrophe, wo doch die Insel vom Festland abgeschnitten und das Mehl knapp war. Trudes Laib hingegen hatte den Ofen köstlich duftend verlassen. Die süßliche Wolke schwappte zu Feemke herüber, denn natürlich hatte sie ein paar Scheiben mitgebracht, als hätte sie das Missgeschick Feemkes erahnt. »Bei dem Wetter kommt Torbjörn wohl nicht.« Sie seufzte, setzte sich zu Feemke an den Tisch und reichte ihr eine Scheibe Brot. »Koste mal. Es ist vorzüglich. Er würde es mögen.«

»Beim nächsten Mal backe ich auch so gut«, sagte Feemke.

Trude lächelte. »Sei froh, dass dein Verehrer nicht kommen kann. Er wäre erschrocken über das, was du ihm vorsetzt. Eine Frau sollte backen können.«

Feemke wusste genau, dass Trude, während sie und Torbjörn an dem harten Kanten gekaut hätten, denn es war ausgeschlossen, etwas wegzuwerfen, mit ihrem typisch süffisanten Lächeln und dem frischen Brot hereingestürmt wäre und es ihm vorgesetzt hätte. So, wie sie es stets tat, um ihm ihre Vorzüge anzupreisen.

Es wurde Zeit, dass Torbjörn endlich mit Feemkes Vater sprach und Trude einsehen musste, dass all ihre Bemühungen vergebens waren. Waren sie das aber wirklich? Hin und wieder musterte Torbjörn Trude und dann glaubte Feemke, einen Funken Bewunderung in seinem Blick zu erkennen. Sie hatte große Angst, ihn zu verlieren.

Torbjörn war nicht nur ein gut aussehender Mann, er hatte auch ein ansehnliches Vermögen. Sie aber konnte nur mit einer kleinen Kate an Sylts Ostspitze *Nösse* dienen. Trude hingegen war die einzige Tochter des Kaufmanns Petersen und eine hervorragende Partie. Sie würde keinen armen Mann ehelichen. Darauf würde ihr Vater ein Auge haben, denn das Geschäft sollte in Familienbesitz bleiben. Torbjörn wäre ganz sicher ein angemessener Ehemann für sie. Trude wartete also sehnsüchtig auf den Augenblick, dass er es auch endlich bemerkte und von Feemke abließ.

Feemke, die viel zu dick war. Deren Haar keine eindeutige Farbe aufwies und die zu dumm war, ein Brot zu backen. Sie, Trude hingegen war mit einem schlanken, wohl proportionierten Körper gesegnet, mit honigblondem Haar, das in keiner Lebenslage wirr oder ungepflegt wirkte. Nicht einmal, wenn sich der Nordseewind darin verfing.

»Torbjörn kommt bald«, sagte Feemke. »Der Frost kann ja nicht ewig dauern.« Ihre Stimme piepste wie bei einem Vogel, der aus dem Nest gestürzt war und verzweifelt nach seinen Eltern rief. Doch die kamen ihr nicht zu Hilfe.

Sie hätten für ihre Tochter lieber Knut als Ehemann gehabt. Der war einfacher Fischer und passte problemloser zu Feemke, ja, zur gesamten Familie. Sie fühlten sich Torbjörn Hansen gegenüber nicht gewachsen. »Lass den mal die Trude nehmen. Das fügt sich besser. Geld muss zu Geld.« Feemke aber wollte ihn nicht an ihre Nachbarin abtreten. Sie liebte ihn. Er liebte sie. Das hatte er oft genug gesagt, ihr dabei in die Augen gesehen und die hatten nicht gelogen.

Eine Böe wehte gegen die Kate. Das Feuer sank kurz in sich zusammen, flackerte aber mutig wieder auf, als wolle es sich nicht unterkriegen lassen.

»Bald wird es nicht mehr so schwer sein, nach Sylt zu kommen«, sagte Trude, während sie genüsslich in das frischgebackene Brot biss. »Selbst im Winter nicht.«

»Warum das?«

»Die wollen im Sommer wieder bohren. Dieser Ludwig Meys rückt nicht von der Idee ab, eine Eisenbahnbrücke vom Festland bis hierher zu bauen.«

»Dann kann man Sylt immer erreichen? Egal, ob Ebbe oder Flut, egal, ob Sommer oder Winter?«

Trude nahm sich noch eine Scheibe. »So ist es. Genauso ist es.«

Feemke war das gleichgültig. Sie würde mit Torbjörn nach Hamburg gehen. Und nicht mehr zurück nach Sylt kommen.

Ein halbes Jahr später
Torbjörn stand am Bug des Raddampfers. Er konnte den Hafen *Munkmarsch* bereits erkennen. Feemke würde dort

stehen und warten. So wie sie es immer tat. In ihrem weiten hellen Kleid, das nur notdürftig das kaschierte, was nicht zu kaschieren war. Feemke war zu dick und doch war es gerade das, was er besonders anziehend fand. Dennoch kam er nicht umhin, sie heute zu verletzen. Die Frau, mit der er sein Leben verbringen wollte. Sie wartete schon so lange darauf, dass er endlich mit ihrem Vater sprach und sie die Hochzeit vorbereiten konnten. Er hatte es ihr für den Winter versprochen und es dann immer wieder aufgeschoben. Nun würde das nie geschehen und er wusste nicht, wie er es ihr beibringen sollte.

Das Schiff machte fest, er nahm seine Tasche und ging von Bord. Feemkes schlichtes Kleid betonte ihre wunderschönen blauen Augen. Im Arm hielt sie ein kariertes Tuch, und als er sie begrüßte, nahm er den Duft von frischgebackenem Brot war. Dieses Exemplar schien ihr endlich gelungen zu sein. »Für dich«, sagte sie mit schüchternem Blick. Den hatte sie auch nach der langen Zeit, in der sie sich kannten, noch nicht abgelegt.

Torbjörn verneigte sich höflich vor ihr und bot ihr den Arm, in den sie ihre Hand legte. An der Ecke kam ihnen Trude entgegen. In Torbjörn krampfte sich alles zusammen.

»Wie ist es dir ergangen?«, fragte Feemke, als Trude außer Sicht war. Er blieb stehen und sah ihr in die Augen. »Nicht gut, Liebste.«

Etwas in seinem Blick ließ sie innehalten. Er musste es nicht sagen, Feemke sah auch so, worauf er hinauswollte. »Du kannst mich nicht heiraten, obwohl du vor zwei Wochen noch mit mir ...« Sie sprach den Satz nicht zu Ende.

Er nickte unmerklich. Sie wartete seine Antwort gar nicht ab, sondern stürzte von dannen.

Drei Tage später
»Da hast du dich wohl zu früh gefreut, was?« Trude baute sich vor Feemke auf. »Torbjörn hat eben mit meinem Vater gesprochen.«

Feemke wollte nicht mehr hören, aber Trude ließ nicht locker und schon gar kein Detail aus. »Er wird sich in den nächsten Tagen mit Ludwig Meys treffen. Torbjörn hat großes Interesse, beim Bau des Damms einzusteigen.«

Der Damm, der viel eher hätte fertig sein müssen, dachte Feemke. Dann wäre Torbjörn jetzt schon mein Mann. Sie wollte nicht wissen, aus welchem Grund Torbjörn sich doch für ihre Rivalin entschieden hatte. Es lag auch so auf der Hand. Trude war schöner, sie konnte besser backen, kochen. Einen Haushalt führen und nicht zuletzt fügte sich hier Geld mit Geld zusammen.

Feemke wollte sich nicht selbst quälen. Vermutlich würde sie nun Knut zum Mann nehmen, denn jetzt war ihr alles gleich. Sie würde Sylt niemals verlassen. Ob mit Damm oder ohne. Sie war für den Rest ihres Lebens eine Gefangene der Insel.

Feemke nahm die Hochzeitsvorbereitungen Trudes nur schemenhaft wahr, sie fühlte sich wie eingemauert. Torbjörn ging sie aus dem Weg. Er wirkte nicht glücklich und hin und wieder beschlich Feemke doch die Idee, dass sie ihn hätte nach dem Anlass fragen sollen, warum er den letzten Schritt nie getan hatte. Ob Trude den Grund für seine Entscheidung kannte, wagte sie zu bezweifeln. Vermutlich war es für sie sonnenklar, weil ihre Vorzüge auf der Hand lagen. Sie tanzte wie auf Wolken und wurde nicht müde, Feemke von Torbjörn vorzuschwärmen.

Kurz vor der Hochzeit wich Feemkes Starre und machte einer Wut Platz, die sie selbst überraschte. Diese Wut richtete sich in erster Linie gegen Trude, sie schaffte es nicht, Torbjörn wirklich böse zu sein. Die Vermählung fand mit Glanz und Gloria statt. Feemke war Brautjungfer und hätte am liebsten jede einzelne Blume des Brautstraußes zertreten. Knut war an ihrer Seite und machte ihr den Hof. Sie wies ihn nicht ab, versprach ihm aber auch nichts.

Fünf Wochen später

»Ich bekomme ein Kind von ihm«, strahlte Trude Feemke an.

Die sprach kein Wort, sondern packte sich unwillkürlich an den Bauch. Sie hatte diese Ahnung bislang ignoriert. Nun aber arbeitete sie sich nach oben, eroberte ihren Kopf. Feemkes Blutung war ebenfalls ausgeblieben.

»Freust du dich für mich?«, holte Trudes schrille Stimme sie aus den Gedanken.

»Ja, sicher.« Feemke lief in die Dünen, setzte sich dort in eine Senke und weinte bitterlich. Nun hatte sie keine Wahl. Sie musste Knut zum Mann nehmen, ihm das Kind unterjubeln und trotzdem würde ganz Sylt ahnen, wer der wirkliche Vater war. Sie hatte sich Torbjörn bei ihrem letzten Treffen, als sie noch fest daran glaubte, dass er sie heirate, hingegeben. Mit allem, womit sich ein Weib hingeben konnte. Alle würden tuscheln, alle würden sich das Maul zerreißen. Doch niemand würde sie darauf ansprechen. So wie es war. Hier auf der Insel. Auf engstem Raum. Ohne Möglichkeit, sich aus dem Weg zu gehen.

Feemke stand auf, lief weiter zur verlassenen Fischerhütte, die verborgen in der Nähe des Wattenmeeres lag. Dort, wo die Männer ihre Untersuchungen für den Damm machten. Hier war lange keiner mehr gewesen, hier hätte sie ihre Ruhe.

Sie öffnete die Tür und glitt hinein. In der Ecke, auf dem Boden neben dem Tischbein, befand sich ein kleines Loch im Holz, aus dem Wespen flogen. Feemke beobachtete sie eine Weile. Sie hatte keine Angst vor diesen Insekten. Im Gegensatz zu Trude, die geradezu in Panik geriet, wenn ihr auch nur eine einzige zu nahe kam. Sie war mal von einer gestochen worden, dabei ganz dick angeschwollen und hatte kaum Luft bekommen. Nur wie durch ein Wunder hatte sie das überlebt. Feemke verließ die Hütte und setzte sich auf die Bank neben der Tür.

Über ihren Fuß huschte eine Spinne. Sie schüttelte sie ab und zertrat sie mit trampelnden Füßen. Als sie am Ende nur noch ein einzelnes Spinnenbein am Rocksaum kleben hatte, erschrak sie zutiefst über ihre Reaktion. Doch es hatte ihr auch etwas gezeigt. Sie war in der Lage, sich zu wehren. Und sei es nur gegen eine fette Spinne.

»Ich kann mich auch ganz anders verteidigen. Auch gegen Trude. Sie hat den Mann, der mich wollte. Sie trägt sein Kind und es wird seinen Namen tragen. Mir bleiben Armut, Gerede, ein Bastard oder eine unglückliche Ehe mit einem untergeschobenen Kind.« Vor ihrem inneren Auge tanzten die Bilder des Wintertags. Die übereinander geschobenen Eisschollen, die Torbjörns Kommen und damit seinen Heiratsantrag verhindert hatten. Danach hatte er stets Ausflüchte gehabt und es hatte sich zwischen ihnen etwas verändert. Von einem Besuch zum nächsten war er ihr fremder geworden, bis er sich schließlich für die Ehe mit Trude entschieden hatte.

Die hatte nun alles. Feemkes große Liebe, sein Kind, sein Geld. Und sie würde Sylt verlassen können, wann immer es ihr beliebte, denn bestimmt würden sie einen beträchtlichen Teil der Zeit in seiner Stadtwohnung in Hamburg leben. Wenn dieser Damm tatsächlich gebaut wurde und damit die Reise nach Sylt schnell und einfach wurde, war Feemke dazu verdammt, die vom Glück überhäufte Trude wieder und wieder vorgeführt zu bekommen. Zuzusehen, wie sie ein Torbjörn-Kind nach dem anderen bekam. Allein die Vorstellung, dass er mit ihr dasselbe tat, wie er es mit ihr getan hatte, schmerzte Feemke.

Sie stand auf, wischte sich die Tränen aus dem Gesicht und erhob die geballte Faust in die Luft. Sie wandte ihren Kopf zum Meer, das in gleichmütiger Regelmäßigkeit mit seinen Wellen an den Strand donnerte, und stieß einen Schrei aus, der sofort vom Wind in die unendliche Weite getragen wurde. Danach wusste Feemke, was sie zu tun hatte.

Einen Nachmittag später
Torbjörn war auf dem Weg zum Watt. Ludwig hatte ihn gebeten, bei der nächsten Messung dabei zu sein. »Dieser

Damm wird der Durchbruch sein«, sagte er. »Man kann Sylt zukünftig so schnell erreichen, als sei die Insel dem Festland angegliedert.«

»Vorbei ist bald die Zeit mit dem Raddampfer und die sechs Stunden lange Anreise«, bestätigte Torbjörn. Er dachte mit Wehmut daran, dass sein Leben ein anderes hätte sein können, wenn es den Damm schon im Winter gegeben hätte. Dann hätte ihn Trudes Vater nicht drüben aufgehalten. Ihn erpresst mit einem windigen Geschäft, auf das sich Torbjörn einst mit Petersen eingelassen hatte, ohne ihm zu misstrauen. Er wäre erledigt gewesen, wenn er sich den Bedingungen seines Widersachers nicht gebeugt hätte und so ward Torbjörn gezwungen, dessen Tochter zu ehelichen.

Ein halbes Jahr lang hatte er versucht, sich dem Mann zu widersetzen, doch der alte Petersen war stärker, hatte den Knebel immer enger gezogen und es am Ende geschafft, Torbjörn zu ruinieren. Sein Geschäft bestand nur noch auf dem Papier. Ohne die Heirat mit Trude gäbe es das Erbe seiner Eltern nicht mehr. Das wäre schändlich gewesen. So schändlich.

Sein Opfer war Feemke. Die Frau, die er liebte. Die er immer lieben würde. Nie würde er die leeren Augen auf der Hochzeit vergessen und bei dem Gedanken, dass sie nun bald mit Knut das Bett teilte, krampfte sich sein Magen zusammen.

Dieser Damm musste gebaut werden. Allein, dass kein anderer an seinen Lebensträumen scheiterte, weil er Sylt nicht schnell genug erreichen konnte. Er sah sich mit Ludwig Meys die Ergebnisse an. Noch war nicht klar, ob es je zum Bau des Damms kommen würde. Es war zu viel ungeklärt. Aber sie waren auf einem guten Weg. Torbjörn schaute über das Wattenmeer in Richtung Küste. Es war Ebbe, die Luft geschwängert vom Duft des Schlicks, der gerade jetzt im Sommer seinen unvergleichlichen Geruch absonderte. »Ich bleibe noch ein bisschen«, sagte Torbjörn und setzte sich in die Salzwiesen. Der Boden rings um ihn herum knackte und arbeitete, die letzten Wattvögel gaben ihre Laute von sich. Er betrachtete den Ring an seinem Finger. Er kam ihm wie ein Fremdkörper vor. Dann zog er einen Brief aus der Tasche.

Ich weiß, dass du dir heute mit Ludwig Meys die Untersuchungsergebnisse ansiehst. Ich möchte dich noch einmal sehen. Ich habe dir etwas zu sagen. Warte in den Salzwiesen. Du weißt schon, wo. Dort, wo die Sonne im Abendwind das Wattenmeer küsst. Bin kurz nach fünf dort. Feemke

Torbjörn lauschte in den Abend.

Trude faltete den Brief auseinander, der eben unter der Tür hindurchgeschoben worden war.

Ich warte auf dich gegen fünf an der Fischerhütte. Beeil dich und bring den Brief mit! Überraschung, meine Liebste! Torbjörn

Die Schrift war etwas ungelenk, entsprach nicht ganz seiner sonstigen Art, etwas aufzuschreiben, dennoch war dies unverkennbar seine Handschrift.

Trude wickelte sich ein Tuch um die Schultern und machte sich auf den Weg. Es war ein gutes Stück zu laufen und sie fragte sich zum wiederholten Mal, was es so Wichtiges gab, dass ihr Mann sie um diese Zeit an diesen abgelegenen Ort bestellte. Er hatte offenbar hin und wieder ein paar seltsame Einfälle und er liebte Überraschungen. Sie war ganz gerührt.

Die Hütte lag im Sonnenschein, sah nicht so aus, als hielte sich dort jemand auf. Trude tastete sich durchs hohe Gras, eigentlich wirkte der ganze Schuppen nicht so, als sei er in den letzten Monaten betreten worden.

Die Tür war einen Spalt breit offen. Vorsichtig öffnete sie die und sah hinein. Sonnenstrahlen schienen durchs Fenster, zeigten deutlich die vielen Spinnweben, die den Raum wie mit einem Kokon umspannen. »Torbjörn?«, rief sie und trat ganz hinein. In dem Augenblick fiel die Tür hinter ihr ins Schloss. Sie hörte, wie ein Riegel vorgeschoben wurde. Und sie hörte ein unheilvolles Brummen, das sich verstärkte, als sie panisch um sich schlug. Unter ihrem Rock bewegte sich etwas. Nein nicht etwas. Wespen.

Plötzlich waren es ganz viele, die um sie kreisten und ihr die Sicht versperrten. Sie schrie, schlug um sich. Dann stürzte sie hin. Mit dem Kopf neben das Loch, aus dem immer mehr der Tiere schwebten. Schon der erste Stich brachte ihr Herz zum Rasen, beim zweiten blieb ihr bereits die Luft weg.

Feemke wartete noch eine Weile, tastete sich mit ruhigen Bewegungen zu Trude, die den Brief in ihren Händen hielt. Sie nahm ihn ihr ab und ließ die Tür der Hütte weit offen stehen.

Nun würde sie zu Torbjörn gehen. Er wartete auf sie. An ihrem Platz. Sie hatten sich viel zu erzählen. Und morgen würde sie ihm ihr Beileid aussprechen. Er war eben zum Witwer geworden, würde es aber erst später erfahren. Ein tragisches Unglück hatte ihm die Frau genommen. Aber er war frei.

Ihr Kind war kein Bastard. Sie konnten Sylt bald verlassen, auch ohne den Damm. Die Leute würden reden, das war ihr egal. Ihr Kind hatte einen Vater.

Historischer Hintergrund

Sylt konnte im 19. Jahrhundert nur mit dem tideabhängigen Schiff, einem Raddampfer, erreicht werden. Zuvor waren die Reisenden auf die Marschbahn, die von Altona nach Husum und von dort nach Niebüll und Tondern fuhr, angewiesen. Der Dampfer legte am Hafen Munkmarsch auf Sylt an. Im Winter, wenn die See gefroren war, konnte das Schiff häufig nicht fahren. In den Jahren 1875 und 1876 führte Ludwig Meys Bohrungen und Untersuchungen durch, weil er einen Eisenbahndamm plante, der die Ostspitze Sylts (Nösse) mit dem Festland verbinden sollte.

Erst 1910 begann man aber mit der eigentlichen Planung, 1914 mit den Bauvorbereitungen, die vom Ersten Weltkrieg unterbrochen wurden. Wegen der wechselnden politischen Verhältnisse zog sich die Planung weiter in die Länge, sodass der Damm, den man den Hindenburgdamm nannte und der bis heute nur dem Eisenbahnverkehr dient, erst am 1.6.1927 nach insgesamt vierjähriger Bauzeit eröffnet wurde.

Helgoland

Helgoland ist eine Nordseeinsel und gehört weder zu den Ostfriesischen noch zu den Nordfriesischen Inseln sondern zu Schleswig-Holstein. Außerdem ist sie zweigeteilt in Helgoland und Düne. Oft wird sie als einzige deutsche Hochseeinsel bezeichnet. Bei guter Sicht ist sie von Wangerooge aus zu erkennen. Helgoland an sich teilt sich in verschiedene Bereiche auf. Die Insulaner sprechen vom Ober-, Mittel- und Unterland. Kennzeichnend sind die circa 50 Meter steilen und abfallenden Klippen mit der *Langen Anna* am Nordwestende. Die Düne wird als Badeinsel genutzt.

Helgoland war nachweislich schon zur Steinzeit besiedelt, ab dem 7. Jahrhundert lebten die Friesen dort. Vermutlich hatte später auch Klaus Störtebeker hier einen seiner Stützpunkte. Als dort auf Helgoland Napoleon 1806 die Kontinentalsperre verhängte, entwickelte sich die Insel zu einem Schmuggelplatz. Nach dem Kieler Frieden war Helgoland eine Zeit lang britisch und wurde 1826 zu einem Seebad. Heinrich Heine suchte Helgoland regelmäßig auf und Hoffmann von Fallersleben dichtete hier das *Lied der Deutschen*.

Während des Ersten Weltkriegs fanden 1914 und 1917 zwei große Seegefechte vor Helgoland statt. Im April 1945 wurde die Insel schwer bombardiert. Heute ist der Tourismus ein wichtiger Wirtschaftszweig, den Status Seebad hat Helgoland nie verloren. Mittlerweile gibt es sogar ein Meerwasserschwimmbad und ein Spa Hotel und viele Gäste kommen noch immer. Allein, um den zollfreien Einkauf zu nutzen.

Gitta Edelmann

Die Farben von Helgoland

Helene Kaysersberg war also tot.

Alphonse Meunier las die Depesche ein zweites Mal. In seinen Ärger mischte sich Befriedigung. Sie würden eine andere Frau finden.

Straßburg 1811
Helenes Herz klopfte viel zu schnell, als Meunier ihr einen Platz anbot. »Nun, ma chère«, sagte er und seine schmalen Lippen verzogen sich zur Andeutung eines Lächelns. »Ich bin sehr froh, dass Sie sich zur Mitarbeit entschlossen haben. Wann können Sie abreisen?«

»Morgen. Ich habe bereits gepackt.«

»Très bien. Hier sind die Unterlagen.«

Meunier schob eine lederne Tasche über den Tisch und gab Helene mit einer Geste zu verstehen, dass sie sie öffnen sollte. Sie gehorchte. Ausweise, Passierscheine, ein Geldbeutel mit Geld darin. Viel Geld. Ein Brief eines gewissen Doktor Selz, der ihr für ihre Lungenkrankheit dringend das stärkende Klima der Nordsee empfahl, und ein Dossier mit der Aufschrift Lord Jonathan C. Benton.

Helene nickte kurz.

»Dann will ich Sie nicht länger aufhalten, ma chère«, sagte Meunier und stand auf. »Sie wissen, wie Sie mich erreichen können. Ich erwarte Ihre Berichte.«

Helene nickte wieder. Meuniers Lächeln umspielte immer noch seinen Mund, doch sein Tonfall hatte einen drohenden Unterton angenommen.

»Au revoir«, hauchte sie.

»Au revoir, ma chère. Und bonne chance.«

Helgoland 1811
Die Insel war völlig anders, als Helene sie sich vorgestellt hatte. Zum einen hatte sie einen ganz besonderen Geruch nach Salz und Meer und – Freiheit. Der Wind sang fremde Gesänge und die Brandung schlug tosend ans Ufer, selbst wenn man oben in gehöriger Entfernung einsam über den Klippen stand.

Im Hafen dagegen herrschte reges Treiben. Waren wurden von großen Schiffen auf kleine Segler umgeladen, die die Helgoländer dann durchs Wattenmeer leiteten, um die französische Blockade zu umgehen. Und nicht nur Waren. Helgoland war auch der Umschlagplatz für Spione gegen das napoleonische Frankreich.

Und deshalb war sie hier.

Lord Jonathan hatte eine anstrengende Woche hinter sich. Für einen reibungslosen Ablauf des Warenumschlags zu sorgen, konnte äußerst nervenaufreibend sein, wenn bis zu tausend Schiffe auf Reede lagen. Ruhm würde es ihm kaum bringen, der »Schmuggelbeauftragte« der britischen Regierung zu sein, aber die launische Idee, die er im Club geäußert hatte, hatte der zufällig anwesende Außenminister mit Begeisterung aufgenommen. Die Kronkolonie Helgoland war ideal, um Napoleons Kontinentalsperre zu umgehen.

Durch eine dringende Depesche aus London, die die *Pride of Kent* heute Morgen mitgebracht hatte, war es Lord Jonathan nicht gelungen, zum sonntäglichen Gottesdienst zu gehen. Er war kein besonders frommer Mensch, doch glaubte er an die christlichen Werte und genoss die friedliche Zeit im Gottesdienst, selbst wenn der einheimische Pfarrer die Predigt in Halunder hielt, einer Sprache, die Lord Jonathan selbst nach fast zwei Jahren auf der Insel immer noch ziemlich unverständlich fand. Und das, obwohl es ihm als Kind leicht gefallen war, neben Latein und Griechisch auch Französisch und Deutsch zu lernen.

Ein Blick auf seine Taschenuhr zeigte, dass der Gottesdienst mindestens noch eine halbe Stunde dauern würde. Andererseits war das Wetter herrlich sonnig und hinter der Baustelle des Leuchtturms würde das Oberland um diese Zeit menschenleer sein.

Sie stand viel zu nah an den Klippen! In die Überraschung, hier heute einen Menschen anzutreffen, mischte sich Beschützerinstinkt, denn die Gestalt, deren Kleid durch den Wind an ihren Körper gepresst wurde, war einwandfrei weiblich. Die Frau hob ihre Arme, schob ihre Haube vom Kopf und löste ihr Haar. Es gab Jonathan einen Stich, als die hellen Strähnen im Wind flatterten. Sie würde doch nicht springen wollen? Er beschleunigte seine Schritte.

Kurz bevor er sie erreicht hatte, drehte sie sich um. Ihr strahlendes Gesicht ließ sein Herz hüpfen und er konnte nicht anders, als sie anzulächeln. Erschrocken schlug sie ihre rechte Hand vor den Mund und versuchte mit der linken, ihr Haar einzufangen.

»Sie sollten nicht so nahe an den Klippen stehen!«, rief Jonathan ihr entgegen.

Sie schaute zur Klippenkante und entfernte sich ein paar kleine Schritte davon. Jonathan trat neben sie. Einen Augenblick schwiegen beide. Dann entsann sich Jonathan seiner guten Erziehung, verbeugte sich kurz und stellte sich vor: »Jonathan Benton, at your service.«

Die Frau riss ihre Augen auf und hauchte: »Lord Jonathan Benton?«

Irritiert sah Jonathan sie an. Das zarte Stimmchen passte nicht zu der Frau, die ihn mit ihren grünen, klaren Augen eher an eine wilde und freie Inselkönigin denken ließ. Er nickte kurz.

»Helene Kaysersberg«, säuselte sie. »Meine Wirtin führt ständig Ihren Namen auf den Lippen ...«

Jonathan runzelte die Stirn. Er war kurz davor, sich mit einer Verbeugung zu verabschieden, da verzog sich der

Mund der Frau zu einem schelmischen Grinsen. »Nun ja, wir sind hier nicht in Gesellschaft«, sagte sie, »vielleicht müssen wir da nicht unbedingt die Form wahren.« Sie ließ ihr Haar erneut vom Wind zerzausen und lachte.

»Sie sind neu auf der Insel?«, fragte Jonathan und es gelang ihm nicht, sein Lächeln zu unterdrücken.

»Ja, ich soll aus gesundheitlichen Gründen ... meine Lunge ... ach, lassen Sie uns über etwas anderes reden. Wissen Sie, wie jener Vogel dort heißt?«

Ihr Blick war aufmerksam und sie schien sich wirklich für das Thema zu interessieren. Was für ein Gegensatz zu seiner Frau Mary, die nach drei Wochen auf Helgoland nach London zurückgekehrt war, weil sie weder Wind und Möwengeschrei noch die fehlende Gesellschaft ertragen hatte.

»Common guillemot oder auf Deutsch Trottellumme«, gab Jonathan Auskunft.

»Oh, Sie sprechen auch Deutsch?«

»Ein wenig«, gab Jonathan zu. »Aber Sie sprechen hervorragend Englisch.«

»Ach nein, mein Lehrer hat immer gesagt, ich habe den schrecklichsten deutschen Akzent, den er je gehört hat.« Sie lachte wieder und zuckte mit den Achseln.

»Darf ich Sie ein Stück begleiten?«, fragte Jonathan. »Ich kann Ihnen den Felsen zeigen, wo die Trottellummen jedes Jahr brüten.« Er bot ihr den Arm und sie legte ohne zu zögern ihre Hand darauf.

Es war einfach gewesen. Einfach und doch schwer. Einfach, weil das Dossier ihr ganz richtig gesagt hatte, dass Lord Jonathan sonntags gerne an den Klippen des Oberlandes spazieren ging und sich für Vögel interessierte. Einfach, weil sie, als sie merkte, dass er für zarte, säuselnde Pflänzchen nichts übrig hatte, schnell umschalten und seine Aufmerksamkeit behalten konnte. Einfach auch, weil sie sich in seiner Gesellschaft so wohl gefühlt hatte und er sich in ihrer. Und genau deshalb so schwer. Denn sie musste Meunier einen

Brief schreiben, den ihre Wirtin auf geheimen Pfaden weiterleiten würde. Die Meldung, dass die Kontaktaufnahme erfolgreich gewesen war. Und Helene wusste, was Meunier nun von ihr erwartete.

Die Morgensonne schien durch das kleine Fenster und zauberte einen rötlichen Schimmer in Helenes blondes Haar, das über den weißen Bezug des Kissens floss. Wie schön sie war, selbst jetzt, wo sie ihren Mund so ungewohnt ernst verzog und ein Hauch von Trauer über ihr Gesicht zuckte. Ihre Augen unter den zarten Lidern bewegten sich. Sie träumte.

Jonathan stützte sich auf den Ellbogen und beobachtete sie. Wenn der Traum erneut in einen Albtraum überging, würde er sie wachküssen. Schon seit ein paar Nächten plagten sie Albträume, nach denen sie sich an ihn klammerte, als wäre sie in Gefahr zu ertrinken.

»Ach, eine alte Geschichte«, hatte sie abgewinkt, als er sie nach dem Inhalt dieser Träume gefragt hatte.

Vielleicht machte ihr zu schaffen, dass er in drei Wochen nach London reisen musste und sie nicht mitnehmen konnte. Zum ersten Mal seit einem halben Jahr würden sie getrennt sein. Er lächelte kurz bei dem Gedanken an die erste Nacht, die ihrer Begegnung an den Klippen gefolgt war. Auch er konnte den Gedanken an ihre Trennung kaum ertragen, doch neben einer detaillierten Beratung mit dem Außenminister musste er mit Mary sprechen. Eine Scheidung würde sie zur sozialen Außenseiterin machen, das wollte er ihr nicht antun, aber es war unmöglich, die Ehe mit ihr wieder aufzunehmen.

Helenes Nase zuckte, ihre Brauen zogen sich zusammen. Sanft strich Jonathan das Haar aus ihrer Stirn. Er würde eine Lösung auftun. Natürlich war es schwierig, in Europa einen ruhigen Ort zu finden, an dem sie leben konnten, doch Napoleon würde spätestens in zwei bis drei Jahren besiegt sein. Bis dahin blieben sie hier auf Helgoland, wo jeder sich daran gewöhnt hatte, dass Helene auf den wenigen offiziellen Empfängen an seiner Seite stand. Und sonst war da noch Amerika ...

Helene begann zu keuchen und ihren Kopf verzweifelt hin und her zu werfen. Jonathan schob die Hand unter ihren Kopf und presste den Mund auf ihre Lippen. Er spürte, wie sie sich entspannte.

»Jon«, flüsterte sie, als er seinen Mund von ihrem löste, und schlug die Augen auf. Dann schlang sie die Arme um seinen Hals und zog ihn an sich. Ihre Lippen fanden die seinen, ihre Hände wanderten an seinem Körper entlang und entfachten sein Begehren. Sie waren eins. Niemand konnte sie trennen.

»Lass uns zu den Klippen gehen«, schlug sie nach dem Frühstück vor. Ihr Gesicht war ungewöhnlich ernst. »Ich muss dir etwas gestehen.«

Jonathan durchzuckte ein scharfer Stich. Er würde sie verlieren. Ihre Krankheit war wieder aufgeflammt. Oder sie war seiner müde geworden.

Helene lächelte kurz, doch in ihren Augen stand nicht die gewohnte Fröhlichkeit.

Jonathan nickte stumm und folgte ihr, als sie den Weg zum Oberland einschlug, ohne wie sonst seinen Arm zu nehmen. Beide gingen schweigend am neuen Leuchtturm vorbei. Der Turm war eine wichtige Navigationshilfe in der Deutschen Bucht, er war mit Argand-Lampen und Reflektoren ausgestattet und etwa doppelt so weit sichtbar wie das Leuchtfeuer von Cuxhaven. Allerdings unterdrückten diese Gedanken an den technischen Fortschritt nicht wirklich Jonathans Sorge.

»Dir ist kalt?«, fragte er, als sie an den Klippen stehen blieb und zu zittern begann. Hier hatte er sie zum ersten Mal gesehen, doch anders als damals schwieg der Wind, als hielte er den Atem an.

Sie schüttelte den Kopf. »Ich will dir die Wahrheit sagen.«

»Die Wahrheit?« Eine kalte Hand schien nach seinem Herzen zu greifen.

»Zwei Wahrheiten.« Sie lächelte, doch der Schmerz in ihren Augen beruhigte sein klopfendes Herz nicht.

»Eine Wahrheit ist, dass ich dich liebe. Ich liebe dich wie nie einen Menschen zuvor. Und ich werde nie wieder jemanden so lieben wie dich.«

»Helene ...«

Abwehrend streckte sie ihre Hand aus. »Lass mich ausreden, solange ich noch den Mut habe.«

Jonathan nickte.

»Ich bin nicht die, für die du mich hältst. Ich wurde nicht auf den Namen Helene getauft, sondern auf Hélène. Verstehst du? Hélène. Ich bin keine Deutsche. Ich komme aus Kaysersberg im Elsass. Ich bin Französin und damit unweigerlich deine Feindin!«

Sie holte tief Luft und ignorierte seinen Versuch, etwas zu entgegnen.

»Und das ist noch nicht alles. Ich bin nicht wegen meiner Gesundheit und nicht durch Zufall nach Helgoland gekommen. Ich wurde für die Aufgabe ausgewählt, dein Vertrauen zu gewinnen und dich auszuspionieren. Und das habe ich getan.«

Die Welt um Jonathan schien zu schwanken. Er trat einen Schritt zurück.

»Allerdings ist mein Auftraggeber unzufrieden. Ich habe zu viele Nichtigkeiten berichtet, einen Namen so falsch buchstabiert, dass sie den Spion, den du von hier nach Paris gesandt hast, nicht finden konnten, Zahlen verwechselt, meine Meldungen zu spät geschickt.« Sie zuckte mit den Achseln.

»Helene, weißt du, was du da sagst?«, flüsterte Jonathan.

Sie nickte. »Ich werde dich nie mehr belügen.«

»Und jetzt?«

»Verhafte mich«, sagte sie und streckte ihm ihre Hände entgegen. »Dann kann mich niemand mehr zwingen, dir zu schaden.«

Sie stand wieder viel zu nahe am Abgrund. Unbewegt starrte Jonathan auf die Hände seiner Geliebten und wartete auf das Zerbrechen seines Herzens. Doch stattdessen brandete ein plötzliches Gefühl von Freude auf. Er zweifelte nicht einen Moment an ihrer Liebe. War nicht ihr Geständnis der größte Beweis ihres Vertrauens? Er ergriff ihre Hände, die sie ihm immer noch entgegenstreckte.

»Ich liebe dich mehr als mein Leben«, sagte er. »Wir werden eine Lösung finden. Niemand kann uns trennen.«

In ihren grünen Augen schimmerten Tränen, als er sie an sich zog.

Warte auf mich an unserem Platz. So hatte es auf dem Zettel gestanden, den ein kleiner Junge bei ihr abgegeben hatte. Als Unterschrift hatte ein schiefes J gedient, Jon musste sehr in Eile gewesen sein und Helene wunderte sich, warum er sie an die Klippen bestellte. Aber vielleicht befürchtete auch er, dass man sie im Haus belauschen könnte. Er musste einen Plan haben.

Helene sah sich mehrfach um, als sie die Gassen entlangeilte. Wie stets in den letzten Tagen schien sie ein dunkler Schatten zu beobachten. Sie atmete auf, als sie auf die freie Fläche des Oberlands trat.

Jon war noch nicht da. Der heftige Herbstwind riss an ihrer Haube und sie schlang den Mantel enger um sich. Die Wolken am Himmel zogen schnell; zwei Silbermöwen in der Nähe zankten kreischend um dieselbe Beute.

Ein Mann näherte sich. Enttäuscht stellte Helene fest, dass er nicht der war, auf den sie wartete. Seine schmächtige Gestalt beugte sich unter dem Wind, doch er hielt auf sie zu, als wolle er eine Frage stellen. Abwartend sah sie ihm entgegen.

Als er sie erreicht hatte, parodierte er einen altmodischen Kratzfuß. »Mademoiselle?«

»Was wollen Sie, wer sind Sie?« Helene versuchte ruhig zu bleiben, doch ihr Herz raste.

»Ich komme von Monsieur Meunier«, sagte der Fremde. »Der ist sehr, sehr enttäuscht von Ihnen und fragt sich, ob

Sie überhaupt weiter in seinem Dienst stehen können und wollen.«

Er legte den Kopf schief und sah sie auffordernd an. Helene schluckte. Dann antwortete sie mit fester Stimme: »Es tut mir leid. Und ja, ich fürchte, ich kann Monsieur Meunier nicht mehr nützlich sein. Lord Jonathan hegt einen Verdacht gegen mich und ich bekomme keine Informationen mehr.«

Sollte der Fremde das doch nach Frankreich berichten!

»Das ist sehr, sehr schade«, sagte der. »Wenn Sie uns nicht mehr nützlich sind ...«

Er kam einen Schritt auf sie zu. Mit Schrecken stellte Helene fest, dass sie wieder einmal viel zu nah an den Klippen stand. Der Fremde hob seine Hände und stieß sie rückwärts.

Straßburg 1811
Helene Kaysersberg war also tot. Alphonse Meunier las die Depesche ein zweites Mal. In seinen Ärger mischte sich Befriedigung. Sie würden eine andere Frau finden.

Es klopfte. Meuniers Sekretär führte eine dunkelhaarige Schönheit herein, deren Akte sie als intelligent und patriotisch auswies.

»Ah, ma chère«, sagte er und seine schmalen Lippen verzogen sich zur Andeutung eines Lächelns. »Ich bin sehr froh, dass Sie sich zur Mitarbeit entschlossen haben. Wann können Sie abreisen?«

Die Frau öffnete ihren Mund, um zu antworten, als es erneut klopfte.

»Pardon, hier ist eine weitere Depesche aus Helgoland.«

Meunier gab der Frau ein Zeichen zu warten und nahm den Brief entgegen. Er kam von dieser alten Helgoländerin, die in seinen Diensten stand und stets die Nachrichten von Helene Kaysersberg weitergeleitet hatte. Überrascht brach er das Siegel und überflog den Text.

Bitte entschuldigen Sie die Anmaßung, dass ich Ihnen heute direkt vermelde, warum ich in Zukunft keine Depeschen mehr für Sie haben werde. Es ist nicht mein Verschulden.
   Es hat einen tragischen Unfall gegeben und das Fräulein Kaysersberg ist am gestrigen Tage bei einem ihrer Spaziergänge von den Klippen gestürzt. Es war ein wenig stürmisch und möglicherweise hat eine starke Windböe sie erfasst. Sie wurde nach einer aufwändigen Suchaktion von dem englischen Offizier Lord Benton, mit dem sie in großer Liebe verbunden war, gefunden, doch jede Hilfe kam zu spät. Sie hatte schwere Verletzungen, an denen sie letztlich verblutet ist.

Gut, das wusste Meunier bereits. Sein Mann hatte die Nachricht sofort nach Ausführung seiner Anordnungen geschickt.

Nun ist dies nicht das einzige tragische Unglück, das unsere geliebte Insel schüttelt. Denn Lord Benton hat diesen Schicksalsschlag nicht in Demut ertragen können. Er wurde heute Morgen in seinem Arbeitszimmer gefunden, wo er sich wohl am vorigen Abend erschossen hat. Einen Abschiedsbrief hat er nicht hinterlassen, doch ein paar Zeilen wurden auf einem Blatt Papier gefunden, das auf seinem Schreibtisch lag:

> *Grün ihre Augen,*
> *rot ihr Blut,*
> *weiß ihre Hand,*
> *meine Farben von Helgoland.*
> *Niemand kann uns trennen.*

Eine wirklich traurige Geschichte aber so romantisch. Es ist nun die Rede davon, die beiden nebeneinander zu begraben.
   Mit ehrerbietigen Grüßen ...

Meunier ließ den Brief sinken. Verdammt!

Historischer Hintergrund

Helgoland, das Schmugglernest
Helgoland, die »deutsche Hochseeinsel« war keineswegs immer deutsch. Im 18. Jahrhundert gehörte sie z.B. zum Herzogtum Schleswig unter der dänischen Krone. Und dann war da noch Napoleon ...

Nach der verlorenen Schlacht von Trafalgar 1805 ließ Napoleon seine Pläne, Großbritannien zu annektieren, fallen und konzentrierte sich auf den Kontinent. Den Handel der europäischen Länder mit Großbritannien wollte er jedoch völlig unterbinden – so verhängte er 1806 die sogenannte Kontinentalsperre. Für viele Helgoländer hieß das, sie konnten nicht mehr als Lotsen arbeiten wie bisher.

Doch die Briten wussten sich zu helfen. 1807 besetzten britische Truppen das dänische Helgoland und gliederten es als Kolonie ins Vereinigte Königreich ein. Damit begann Helgolands Blütezeit als Schmuggler-Insel und die Helgoländer Lotsen bekamen ausreichend Arbeit. Mit großen Schiffen liefen die Briten die Insel an und schlugen ihre Waren auf kleine Segelschiffe um, die an den Franzosen vorbei durchs Wattenmeer gelotst wurden. Bis zu tausend Segelschiffe sollen damals gleichzeitig auf Reede gelegen haben.

Und nicht nur Waren wurden befördert, sondern auch – Spione!

Mit dem Sieg gegen Napoleon 1814 endete diese goldene Ära, doch Helgoland blieb britisch. Die Einwohner verarmten zunächst, bis 1826 der Seebadbetrieb aufgenommen wurde und es schnell bergauf ging. Neben Adel und Großbürgertum vergnügten sich auf der mondän gewordenen Insel auch gerne Künstler und Schriftsteller, vor allem aus Deutschland, Revolutionäre der 1830er und der 1848er Revolution fanden hier Zuflucht.

1890 übertrug Großbritannien dann die Insel an das Deutsche Reich. Aber das ist eine ganz andere Geschichte!

Mirjam Phillips

Land in Sicht

Der Wind war eisig, als die beiden Studenten am 20. Dezember 1950 mit dem Krabbenfangkutter *Paula* von Cuxhaven in See stachen, um eine Insel zurückzuerobern, die sie selber noch nie vorher betreten hatten. Vielleicht zitterten sie aber auch vor den Gefahren ihrer waghalsigen Nacht- und Nebelaktion.

An der Universität waren sie sich rasch einig gewesen, dass sie ein Zeichen setzen wollten. Die Insel durfte nicht länger als Bombenzielscheibe benutzt werden! Aber auf dem schaukelnden Boot spürten beide schnell, wie ungewiss der Ausgang ihres Abenteuers war. Niemand konnte vorhersehen, wie die Briten wirklich auf ihre »Zwei-Mann-Invasion« reagieren würden.

Als sie im U-Boot-Hafen einliefen, lag dort bereits ein englisches Schiff. War das etwa schon das Ende ihres Traums? Ihr Mut sank. Sie wären Journalisten und wollten Helgoland nur besichtigen, logen Georg und René. Ein britischer General riet ihnen, die Insel zu verlassen. Nach Einbruch der Dunkelheit könnte es erneut zu Bombardierungen kommen.

Dann legte die *Royal Eileen* ab. Sie suchten in den Trümmern nach einem brauchbaren Fahnenmast und fanden eine Eisenstange. Demonstrativ setzten sie beide Flaggen: die europäische und zum ersten Mal, seit der Krieg zu Ende war, die deutsche. Obwohl andere den Erfolg ihres Vorhabens bezweifelten und sie sich die Nächte im Flakturm um die Ohren schlagen mussten, sagte ihnen ihr Bauchgefühl, dass sie das Richtige taten. Auch für Helgoland sollte der Krieg endlich vorbei sein! Im Frieden durften keine Bomben mehr fallen!

Wie ein Lauffeuer verbreiteten sich die Fotos von Georg von Hatzfeld und René Leudesdorff in der internationalen

Presse, die Verhandlungen wurden wieder aufgenommen und führten schließlich 1952 zur endgültigen Rückgabe Helgolands. Die Insel, auf der bereits 1841 unter britischer Flagge die deutsche Nationalhymne geschrieben worden war, gehörte wieder zu Deutschland.

Ich dagegen hatte ganz unspektakulär eine Reise über das Internet gebucht und wollte nur eines: abschalten! Zu Hause hörte das Telefon nicht auf zu klingeln, die Arbeit drängte von allen Seiten, und ich rief fast schon zwanghaft zurück. Ich brauchte dringend Abstand, um wieder zur Ruhe zu kommen, und nirgends funktionierte das so gut wie auf Helgoland. Keine Autos, keine Fahrräder, nur saubere Luft und Wasser und höchstens ein paar kreischende Möwen.

Der Katamaran war über Tage ausgebucht gewesen. Wie sollte das erst in Helgolands Jubeljahr werden? Wahrscheinlich musste man die Fahrkarten jetzt schon kaufen. 150 Jahre *Lange Anna* und 125 Jahre Helgoland in deutscher Hand mussten gefeiert werden! Für alle, die seine Geschichte kannten, grenzte es an ein Wunder, dass es diesen roten Felsen mitten in der Nordsee noch gab. Wenigstens hatte ich Glück gehabt und noch ein Zimmer in meinem kleinen Lieblingshotel bekommen. Da machte es mir nichts aus, das Schiff ab Cuxhaven zu nehmen, dachte ich zumindest.

In Gedanken hatte ich zu Hause schon die Kate-Winslet-Position am Bug eingenommen und eroberte als Galionsfigur die Nordsee. Die Wirklichkeit hatte mich an diesem Tag jedoch sehr schnell eingeholt: Seit zwanzig Minuten hatte ich mich jetzt schon in der Toilette verbarrikadiert und litt. Mein Gott war mir schlecht! Die Eingeweiden spielten verrückt, auf dem Boden hatten meine Schweißtropfen eine Pfütze gebildet, das Ende schien nah. »Viel zu früh!«, fand ich. Ein Blick auf meine Armbanduhr hielt mich am Leben. Noch achtzehn Minuten durchhalten, noch fünfzehn, nur noch zwölf. Windstärke acht und die hohen Wellen hatten mich dermaßen außer Gefecht gesetzt, dass ich nicht einmal

Leonardo di Caprio bemerkt hätte. Die Kinder unter Deck kreischten vor Freude über die Schaukelei, wie auf dem Jahrmarkt, während ich die Insel heute nicht mehr erobern würde, so viel stand fest. Ich hätte mich den Briten direkt übergeben. Als echte Landratte hatte ich keine Ahnung von den Tücken der Seefahrt.

Erst als der Kapitän sagte: »Willkommen auf der *Atlantis*! Aufgrund der Wetterlage sind wir heute das einzige Schiff, das nach Helgoland fährt. Bitte halten Sie sich gut fest und setzen Sie sich nicht auf die Stühle, sondern auf eine Bank!«, schwante mir, dass die *Atlantis* ihrem historischen Vorbild folgen könnte. Aber da hatten wir schon abgelegt.

Endlich kamen die erlösenden Worte von unserer Ankunft, und ich schwankte mit meinen letzten Kraftreserven von Bord. An Ausbooten war gar nicht zu denken gewesen. Wenigstens das blieb mir erspart! Beim Aussteigen herrschte unter den Passagieren Stille. Die meisten waren mit sich selbst beschäftigt.

Land unter den Füßen! Das Wetter auf der Insel war viel milder, als ich nach dieser Reise für möglich gehalten hätte. Ich atmete tief ein und ließ heilende Seeluft durch meinen geplagten Körper fließen, um ihn für die Strapazen entschädigen. Mit jedem Schritt kehrte ich langsam wieder ins Leben zurück.

Die bunten Hummerbuden standen fröhlich Spalier und verbreiteten Urlaubsstimmung. Und als ich zehn Minuten später in meinem Zimmer am *Lung Wai* stand, war ich glücklich. Das Handy hatte ich schon an Bord ausgeschaltet. Ich hätte mich ohnehin mit niemandem unterhalten können.

Wie herrlich es war, nicht ständig erreichbar zu sein!

Eigentlich hatte ich geplant, den Nachmittag bei den Robben auf der Düne zu verbringen, konnte mich aber beim besten Willen nicht dazu überwinden, gleich wieder in der kleinen Fähre über die Nordsee zu schaukeln, auch wenn es nur für ein paar Minuten war. Morgen war auch noch ein

Tag. Stattdessen trank ich eine Tasse Tee und besuchte meinen Lieblingsfisch, den Seewolf, im kleinen Aquarium um die Ecke. Das beruhigte die Nerven.

Im Rathaus arbeiteten einige Touristen ihren »Fragenkatalog« ab, und ich musste tatsächlich ein paar Minuten anstehen. Als der Herr vor mir sich für die Bunkerführung am nächsten Tag anmeldete, reagierte mein Körper zuerst. Die näselnde Stimme, die behaarten, tätowierten Arme. Ich bekam eine Gänsehaut.

Dann drehte er sich um: Falko Hartmann war auch hier!

Ich starrte ihn fassungslos an. Nur mit Mühe konnte ich meinen Fluchtinstinkt unterdrücken. Er schob mich unsanft beiseite und würdigte mich keines Blickes. Mein Herz raste. Hatte er mich nicht erkannt? Natürlich nicht! Für ihn sah ein dunkles Gesicht wie das andere aus. Er konnte sich offensichtlich überhaupt nicht an das kleine schwarze Mädchen von damals erinnern, während sich seine verrohte Fratze in mein Gedächtnis eingebrannt hatte.

Ich halte Papas Hand ganz fest. Wir warten an der Bushaltestelle vor Omas Haus. Es wird schon früh dunkel, und der Bus hat Verspätung. Papa erzählt mir Geschichten aus der Karibik, von der Spinne Anansi. Seine große, starke Hand streicht mir liebevoll über das Haar. Drei Männer mit kurzen Haaren beschimpfen ihn und fangen an, ihn zu schubsen.

»Geh zurück nach Afrika!«, schreit einer von ihnen. Papa verliert das Gleichgewicht und fällt hin. Die Männer schlagen ihn und treten auf ihn ein. Er krümmt sich vor Schmerzen. Ich will Papa helfen und weiß nicht wie.

»Lauf, Jenny!«, ruft er mir zu. »Lauf zu Oma!«

Ich will Papa nicht allein lassen. Die Angst schnürt mir die Kehle zu. Wieder Tritte. Wieder Schläge. Einer von ihnen verliert völlig die Kontrolle und drischt immer heftiger auf ihn ein.

Papa blutet. Ich weine laut. Er hält sich die Hände vor den Kopf. Immer wieder treten sie ihn mit ihren hässlichen Stiefeln.
»Lauf!«, stöhnt er.
Diesmal gehorchen meine Beine und rennen um mein und sein Leben zurück zu Omas Haus. Ich klingele Sturm.

Ein Windstoß wehte mir eins der Informationsblätter aus der Hand. Benommen starrte ich in einen der vielen Läden, in denen man zollfrei einkaufen konnte. Der Mörder meines Vaters war auf der Insel!

»Kann ich Ihnen behilflich sein?«, fragte mich die Verkäuferin.

Ich schüttelte den Kopf. »Nein, damit muss ich alleine fertig werden«, sagte ich geistesabwesend und ließ sie verwirrt stehen.

Ein Tourist sprach mich an und riss mich aus meinen Gedanken. Ich hatte Falko Hartmann aus den Augen verloren. Was machte er hier? Hatte mich mein ständiger Albtraum jetzt auch am Tag eingeholt?

In Gedanken und beim Kampfsport-Training hatte ich mich lange für diese Wiederbegegnung gestählt. »Warum mein Vater?«, wollte ich schreien. »Was hat er dir getan, du feiges Schwein?« Stattdessen hatte ich nicht einmal einen Ton herausbekommen und ihn einfach so davonspazieren lassen. Ich ballte unbewusst die Fäuste.

Alles in mir war so aufgewühlt wie das Meer. Irgendwo wurde Reklame für den Film »Die Nordsee von oben« gemacht. Ich stieg automatisch die Treppen zum Oberland hinauf und wanderte zum *Lummen-Felsen*, auf dem die Vögel dicht bei dicht saßen und der steifen Brise trotzten. Die sahen immer die Nordsee von oben und brauchten dafür nicht ins Kino zu gehen. Ich beugte mich ein bisschen vor und sah an dem steilen Felsen hinab. Gut, dass die Wege hier gesichert waren!

Ich holte tief Luft. Hartmann verbrachte also fröhliche Urlaubstage auf Helgoland. Wie lebte es sich mit einem Verbrechen, für das man nie richtig bestraft worden war? Angeblich konnte man ihm und seinen Kameraden nichts beweisen, und die Leute aus dem Dorf hielten den Mund, aus Angst oder aus Solidarität.

Mit klarerem Kopf wanderte ich an erstaunlich hohen Hausnummern vorbei. 717 – 719! Fast amerikanische Verhältnisse! Hier wurde jedes Haus in der Reihenfolge nummeriert, in der es gebaut worden war, ganz unabhängig von der Straße, in der es lag. Auf dem Rückweg sah ich in einen der Schaukästen, durch die man von Stellenausschreibungen erfuhr oder über das neue Rentengesetz informiert wurde. Die Wege waren kurz auf Helgoland, und ich wusste, wo ich Falko Hartmann morgen wiederfinden würde.

Ich ging für meine Verhältnisse früh zu Bett. Das Wort »Nachtruhe« bekam auf Helgoland eine ganz andere Bedeutung. Nur meine Gedanken schwirrten wie kreischende Seevögel im Kopf umher und ließen mich erst im Morgengrauen in Frieden.

Die Bunkerführung fand immer erst am Nachmittag statt. Ich hatte also noch genug Zeit, nach dem Frühstück einen ausgiebigen Spaziergang zu machen und lief zu den Hummerbuden. Vor Nummer 38 und 39, dem Standesamt, hatte sich eine kleine Gruppe Schaulustiger versammelt. Hier wollte irgendein Brautpaar offensichtlich mit dem Börteboot den Hafen der Ehe ansteuern. Auf Helgoland, dem ehemaligen »Las Vegas der Nordsee«, konnte man immer noch unkompliziert heiraten, heutzutage allerdings mit den nötigen Unterlagen. Früher hatte man anscheinend nicht so viele Fragen gestellt.

Auf dem Weg zum Hafen entdeckte ich Falko Hartmann wieder. Er saß auf einer Bank und schaute aufs Meer hinaus. Ich setzte mich in die Sonne und holte ein Fischbrötchen aus meiner Tasche. Dabei behielt ich auch die herumlungernden Möwen im Auge, die immer auf der Ausschau nach leichter

Beute waren. Als sich das Schiff aus Bremerhaven der Insel näherte, erhob Hartmann sich. Er schien auf jemanden zu warten. Ich gesellte mich zu den anderen Touristen, die den vielen Tagesgästen beim Ausbooten zusahen. Zwei von den Ausflüglern, ein Mann und eine Frau, schritten ohne Gepäck auf Hartmann zu. Nach einer kurzen Begrüßung marschierte er mit ihnen in Richtung Museum. Sie setzten sich auf eine der Bänke, weit abseits von den Minigolf spielenden Familien. Hartmann verteilte Zettel und schien Anweisungen zu geben. Ich schlenderte weiter geradeaus, um mich nicht verdächtig zu machen. Hören konnte ich nichts, versuchte aber, mir die Gesichter einzuprägen.

Auf dieser kleinen Insel würde er mir ohnehin wieder über den Weg laufen, sagte ich mir. Wenn er am Nachmittag noch die unterirdischen Bunkergänge besichtigen wollte, verbrachte er höchstwahrscheinlich die Nacht auf Helgoland. Ich musste mir also nur eine Karte für die Führung besorgen und mich an seine Fersen heften, wenn ich mehr über ihn erfahren wollte. Und genau das hatte ich vor.

Als ich ein paar Stunden später zum *Lung Wai* zurückging, saß Hartmann zu meiner Überraschung allein im Restaurant meines Hotels. Seine Freunde waren anscheinend wieder abgereist.

Bei dem milden Wetter hatte die Bedienung Tische nach draußen gestellt. Wie bei dem Spiel »Reise nach Jerusalem« schob ich mich flink an einem Ehepaar vorbei und besetzte vor ihrer Nase einen der Stühle am Nebentisch. Ich bestellte einen Tee und blätterte in meiner Zeitung herum. Falko Hartmann erhob sich und fragte nach der Toilette. Seine Jacke ließ er über der Rückenlehne hängen. Aus seiner Jackentasche klingelte plötzlich sein Handy.

Ohne nachzudenken, griff ich nach dem Inhalt der Tasche und steckte ihn blitzschnell in meinen Einkaufsbeutel. Dann bezahlte ich an der Theke und ging die Treppe hinauf in mein Zimmer. Wenn ich etwas Glück hatte, würde sich

Falko jetzt beeilen, um pünktlich zur Bunkerführung zu kommen, und den Verlust erst später bemerken.

Die Fotos waren eindeutig. Kameraden mit Hitlergruß in T-Shirts, die mit den Zahlen 88 oder 18 bedruckt waren. Die Acht stand für den achten Buchstaben des Alphabets, die Eins für den ersten: HH für Heil Hitler, AH für den »Führer« persönlich. Von Gesinnungswandel keine Spur! Zwischen Bildern von Opa und Mutti und einem Deutschen Schäferhund Fotos von rechtsgerichteten Kundgebungen und Hartmann vor dem Ortsschild von Jamel. Ein Mitschnitt von einem Rockkonzert, auf dem eine mir unbekannte Band namens »Stahlgewitter« irgendwelche Hassparolen grölte. Ich hatte genug gesehen.

Zuerst schrieb ich mir die Nummern aus seinem Telefonbuch ab und sah die Mitteilungen durch. Das meiste hatte er gelöscht, aber irgendein Kalle hatte heute um zwölf geschrieben: »Sind gleich da.« So hieß der Typ also.

Die beiden Zettel aus seiner Jackentasche waren dagegen enttäuschend. Unter der Überschrift »Auf nach Helgoland!« fanden sich jede Menge Abkürzungen und nummerierte Straßennamen mit Hausnummern, die es hier gar nicht gab.

Wer sollte daraus schlau werden? Waren das die Blätter, die er vorhin verteilt hatte? Das zweite Blatt war eine zusammengefaltete Deutschlandkarte, auf die er 18 kleine nummerierte Kreise gemalt hatte. Meine geografischen Kenntnisse reichten nicht aus, um jeder dieser Nummern eine Stadt zuzuordnen, falls es sich überhaupt um Städte handelte. Ich sah wieder auf das erste Blatt: genau achtzehn Straßennamen. Das passte!

Jetzt war ich neugierig geworden und schaltete mein Smartphone ein. Ich ignorierte bewusst die vielen Mitteilungen. Das konnte warten. Die nummerierten Kreise schienen allesamt mehr oder weniger großen Städten zu entsprechen. Ich hatte recht. Jetzt musste ich nur noch die Städte in Verbindung mit der Adresse in die Suchmaschine eingeben.

Meine Finger fingen an zu zittern, als ich die ersten Ergebnisse las. Nach und nach gab ich alle Adressen ein. Immer wieder bekam ich das gleiche Resultat. Asylantenheim! Achtzehn Asylantenheime über ganz Deutschland verteilt. Mein Gott! Was hatte dieser Kerl vor?

Auf dem kleinen weißen Rand der kopierten Deutschlandkarte fand ich die Antwort: »Freudenfeuer!«, stand dort mit Bleistift geschrieben. »Wann?«, überlegte ich fieberhaft. Hatte ich das Datum übersehen?

Ich ging alle Papiere noch einmal sorgfältig durch. Nichts. Kein einziger Hinweis.

Er darf nichts merken!, durchfuhr es mich. Hoffentlich befand er sich noch in irgendeinem Bunkergang! Ich fotografierte den beschriebenen Zettel und die Deutschlandkarte und rannte die Treppe hinunter. Mist! Hartmann war gar nicht bei der Bunkerführung sondern suchte bereits unter Tischen und Stühlen nach seinem Handy. Ich lief nach unten zu den Toiletten. Ein Glück, das Herrenklo war leer! Ich legte die Sachen einfach auf den Fußboden und hoffte auf einen ehrlichen Finder.

Dann ging ich nach draußen und stellte mich vor ein Schaufenster. Falko Hartmann lief verstört ins Restaurant und kam sichtlich erleichtert mit seinen Sachen wieder heraus. Er überprüfte sie auf ihre Vollständigkeit und atmete auf. Das war knapp! »Sie schon wieder?«, fragte mich die Verkäuferin, die mir vorhin schon behilflich sein wollte. Diesmal tat ich ihr den Gefallen und kaufte ein Andenken.

Ich recherchierte weiter auf meinem Zimmer. Jamel! Wo verdammt noch mal lag dieser Ort überhaupt? Nordwestmecklenburg. Das Schild »Dorfgemeinschaft Jamel, frei – sozial – national« hatten die Einwohner genau wie den Wegweiser nach Braunau am Inn, Hitlers Geburtsort, entfernen müssen, aber das waren letztendlich nur kosmetische Eingriffe. Man hatte Jamel angeblich aufgegeben. Mehr als die Hälfte der Bewohner wären Neonazis, unbequeme Neubürger würden schnell vertrieben. Ihre Reifen wären zerstochen und ihre Haustiere aufgespießt worden.

»*Papa, wach auf!*«, *rufe ich immer wieder und drücke seine Hand.* »*Papa!*« *Aber Papa kommt nicht mehr zu sich. Er wacht nie wieder auf. Oma nimmt mich in den Arm.*

Nach unzähligen vergeblichen Versuchen gab ich Falko Hartmanns Namen in Kombination mit »Helgoland!« ein und landete auf einer seltsamen Homepage. Helgoland – das beste Beispiel dafür, dass Wenige viel erreichen können. Dazu ein altes Schwarz-Weiß-Foto von zwei jungen Männern. Mitten auf der Seite das Deutschlandlied und oben in großen schwarzen Lettern »Heute gehört uns Helgoland, morgen ...« Etwa morgen die ganze Welt? Um das zu erfahren, musste man registriertes Mitglied sein. Nein, danke!

Ungläubig schüttelte ich den Kopf. Dass wenige viel erreicht hatten, konnte nur eine Anspielung auf die beiden Heidelberger Studenten sein, die sich als Pazifisten im Grabe umdrehen würden, wenn sie wüssten, wer sie da für sich vereinnahmte.

Ich zog meine Jogginghose an und beschloss, noch eine Runde zu laufen, bevor es dunkel wurde. Das half beim Denken. Ich lief die Treppe hoch zum Oberland, an dem Kleingartengebiet vorbei in Richtung *Lange Anna* und zurück. Der Wind hier oben pustete mich kräftig durch. Plötzlich fiel es mir wie Schuppen von den Augen: »Heute gehört uns Helgoland! Das war der Schlüssel!« Die Brandanschläge sollten am 1. März stattfinden. Während die Helgoländer feierten, würden überall in Deutschland Asylantenheime in Flammen aufgehen.

Was für ein krankes Hirn! Ich blieb stehen und atmete durch. Hier war kaum noch einer unterwegs. Es sollte wieder stürmischer werden. »Mach Platz!«, fuhr mich eine Männerstimme an. Falko Hartmann ging anscheinend auch gern spazieren. Er sah mir ins Gesicht. »Na, wenn das nicht die schwarze Ratte ist, die mir ständig hinterherschnüffelt und zu lange Finger hat. Was soll der Scheiß?«

Er wusste Bescheid! Meine Knie fingen an zu zittern, aber ich ging einfach weiter und ignorierte ihn. »Bist du taub oder was?«, schnauzte er und stieß mich beiseite. Ich prallte gegen den Zaun. Dahinter fiel die Klippe steil ab. »Fass mich nicht an, du Mörder!« entfuhr es mir. Trotz der einsetzenden Dunkelheit bemerkte ich, wie seine Augen zu Schlitzen wurden.

»Wie hast du mich da gerade genannt?« Falko Hartmanns starke Hände umschlossen meinen Hals und drückten zu. Ich bohrte meine Finger zwischen seine und riss die kleinen Finger mit aller Macht nach hinten. Er schrie auf und ließ mich los. Ich lief in Richtung Häuser weiter. Menschen, ich musste wieder unter Menschen kommen!

»Du Miststück!«, schrie Hartmann, zog mich an meinem Anorak zurück und nahm mich von hinten in den Schwitzkasten. »Was weißt du?« Er riss an meinen Haaren. »Komm, spuck's aus!«, brüllte er.

Ich rotzte ihn an.

Hartmann schlug mir ins Gesicht. Endlich fing mein Hirn wieder an zu funktionieren. Hartmann holte erneut aus. Ich reagierte blitzschnell und befreite ich mich mit einem Judo-Wurf aus seinen Klauen, aber Hartmann knallte nicht auf eine Dojo-Matte, sondern auf den Felsen und stand nicht wieder auf. Er bewegte sich überhaupt nicht mehr. Ich sah mich nach Hilfe um. Kein Mensch weit und breit. Entsetzt rüttelte ich an Hartmanns Oberkörper, aber er reagierte nicht mehr. Atmete er noch? Ich beugte mich zu ihm hinunter. Kein Puls! Kein Atem!

Keine Zeugen! Langsam stieg in mir Panik auf. In meinem Schrank stand ein ganzes Sammelsurium an Kampfsport-Pokalen. Wer würde mir glauben? Niemand! Genau wie damals.

Das war Selbstverteidigung! Nie wieder Opfer! Aber wohin mit Hartmanns leblosem Körper? Wenn ich Hartmann hier über die Klippe stieß, würden die ersten Wanderer oder irgendjemand von der Vogelwarte ihn gleich entdecken. Das nächste Schiff fuhr erst morgen Nachmittag. Die Insel erschien mir plötzlich wie ein Gefängnis. Man konnte uns hier ganz einfach festhalten.

Die Baugrube! Hier in der Bop Stak im Oberland sollten die letzten Häuschen mit Ferienwohnungen entstehen. Bei jedem Bauvorhaben musste das Bauland wegen der möglichen Blindgänger aus dem Krieg immer noch tiefengeräumt und bis zu sechs Meter tief gesiebt werden. Die Umzäunung war nicht ganz geschlossen. Mit aller Kraft schleifte ich Hartmann hinüber und rollte ihn in die Grube. Morgen früh würden ihn die Bauleute sofort entdecken. Mein Fuß stieß gegen einen Spaten. Ich versuchte, so viel Erde wie möglich in die Richtung zu schippen, in der ich Hartmann vermutete. In der Dunkelheit wollte ich mich nicht über den Rand beugen.

Ich musste sofort von hier verschwinden, warf den Spaten zur Seite und rannte zurück ins Unterland. Über den Seiteneingang hetzte ich verschmiert und verschwitzt die Treppe zu meinem Zimmer hinauf. Im Spiegel sah ich, dass Hartmanns Schlag Spuren in meinem Gesicht hinterlassen hatte. Ich würde mir irgendeine plausible Erklärung einfallen lassen müssen. Falls man mich nicht schon vorher verhaftete. Und wenn doch ein Hundebesitzer bei Wind und Wetter Gassi gegangen war und alles beobachtet hatte? Ich wälzte mich in einen unruhigen Schlaf.

Als ich am Morgen den Frühstücksraum betrat, war ich erstaunt, dass noch niemand nach mir gefragt hatte. Ich sei bei den Felsen ganz unglücklich gestürzt, antwortete ich auf den besorgten Blick der Hotelangestellten.

Vielleicht hatte sich das Schicksal wieder mit mir versöhnt. Auch heute war es so stürmisch, dass kein Schiff fuhr, weshalb auch die Bauleute nicht »von drüben«, wie die Helgoländer das Festland nannten, gekommen waren. »Ich habe heute Abend einen wichtigen Termin«, jammerte ich verzweifelt. »Ich muss unbedingt wieder nach Hause, egal wie.« Dann kämen nur noch die Inselflieger in Frage, sagte man mir.

Trotz der Sturmböen war die Cessna auf der Düne gelandet und flog bald mit mir zurück nach Cuxhaven. Das war also die Nordsee von oben. Die roten Felsen unter mir wurden immer kleiner und unbedeutender. Irgendwo da unten in einer Baugrube lag der Mann, der meine Kindheit zerstört hatte.

Oma putzt mir die Nase und tröstet mich. Sie erzählt mir Geschichten von einem kleinen Mädchen, das ganz tapfer sein und viele Ungeheuer besiegen muss, bevor es Prinzessin von »Schönland« werden kann.

Zu Hause fiel mir zum ersten Mal auf, wie gut es mir eigentlich ging. Würde es Falko Hartmann doch wieder gelingen, mir mein Leben kaputtzumachen? Bei jedem Klingeln an der Tür rechnete ich mit meiner Verhaftung, aber die Wochen vergingen, und die Polizei kam nicht. Gab es so etwas wie ausgleichende Gerechtigkeit?

Alles, was ich über die geplanten Überfälle auf die Asylantenheime wusste, hatte ich anonym an den Staatsschutz geschickt, und hoffte, dass sie mich ernst nahmen.

Im Herbst schrieben die Zeitungen, dass es der Polizei gelungen sei, die Mitglieder einer hochgefährlichen, rechtsextremen Gruppe zu verhaften. Nur ihr Anführer, Falko Hartmann, schien in den Untergrund abgetaucht zu sein. Und das mit dem »Untergrund« stimmte sogar ...

»Einigkeit und Recht und Freiheit ...«, tönte das Deutschlandlied gestern Abend vor dem Länderspiel aus dem Fernseher. Die Kamera fuhr dazu an den Gesichtern von Schweinsteiger, Özil, Müller, Boateng und den anderen Nationalspielern vorbei. »Helgoland gehört uns allen!«, dachte ich und biss in mein Fischbrötchen.

Historischer Hintergrund

Nach dem Zweiten Weltkrieg benutzte die Royal Airforce Helgoland, das von den Deutschen zu einer Hochseefestung mit einem ausgedehnten Stollensystem ausgebaut worden war, als Übungsziel für ihre Bombenabwürfe. Außerdem sollte die Insel mit systematischen Sprengungen entfestigt werden. Zu diesem Zweck fand dort 1947 die größte nichtnukleare Sprengung der Geschichte statt, mit der Helgoland wohl bis auf den Sockel zerstört werden sollte, was den Briten jedoch nicht gelang.

Um der Bombardierung zu Friedenszeiten ein Ende zu machen und den evakuierten Helgoländern die Rückkehr zu ermöglichen, setzten die Heidelberger Studenten Georg von Hatzfeld (21) und René Leudesdorff (22) am 21. Dezember 1950 auf die Insel über, um dort friedlich zu demonstrieren. Beide waren überzeugte Gegner der damaligen Aufrüstungspolitik der Großmächte und wollten beweisen, dass man auch durch gewaltlosen Protest etwas Entscheidendes erreichen konnte. Die Briten rückten schließlich von ihrem Vorhaben ab, Helgoland völlig zu zerstören, und gaben den Deutschen die Insel am 1. März 1952 zurück. Für die erste deutsche gewaltfreie Aktion nach dem Zweiten Weltkrieg erhielten von Hatzfeld und Leudesdorff am 30. September 1993 das Bundesverdienstkreuz I. Klasse. Bis heute ist der 1. März auf Helgoland ein Feiertag.

Wolfgang Schüler

Rüm Hart
Helgoland 1890

»Ich werde mich für Sie dieser Sache annehmen«, sagte
Holmes. Arthur Conan Doyle; Eine Frage der Identität

Es gab einige wenige Fälle in der Detektivlaufbahn von
Sherlock Holmes, in denen er aus den unterschiedlichsten
Gründen versagte. Beispielsweise bin ich oft gefragt worden, weshalb es Holmes nicht gelang, Jack the Ripper, den
brutalen Londoner Frauenmörder des Jahres 1888, zur
Strecke zu bringen. Die Antwort ist so einfach wie überzeugend: Weil es Scotland Yard in seiner beispiellosen Arroganz verabsäumt hatte, Sherlock Holmes als beratenden
Detektiv hinzuzuziehen.

Doch das ist nur die halbe Wahrheit. Die Sache an sich
ist etwas komplizierter. Tatsächlich suchte uns nämlich Inspektor Lestrade in der Bakerstreet auf, als er viele Monate
nach dem Ende der Mordserie endlich einen begründeten
Verdacht hegte. Er bat Holmes um Hilfe bei der Suche nach
einem flüchtigen Butler und Gärtner namens John Thunders.
Doch mein Freund spielte die beleidigte Leberwurst und
speiste den Inspektor mit einigen nichtssagenden Floskeln ab.

Damit war die Sache für Holmes erledigt, und wir sprachen nicht mehr darüber. *Wer nicht kommt zur rechten
Zeit, der muss sehn, was übrigbleibt*, sagt schließlich schon
das Sprichwort.

Die kalten und nassen Winter in London sind hart, doch
der Hochsommer in der City ist noch viel schlimmer. Dann
mischt sich die feuchte Themseluft mit dem Smog und legt
sich als giftige Glocke voll brütend klebriger Hitze über die
Stadt und nimmt einem die Luft zum Atmen.

Der Sommer des Jahres 1890 übertraf die schlimmsten Befürchtungen. Wer es sich von den gut betuchten Bürgern leisten konnte, flüchtete hinaus auf das flache Land oder in die Strandhäuser an der Kanalküste. Viele unserer Klienten – also die üblen Ganoven, denen Holmes nachstellte, und meine zumeist harmlosen Patienten – taten es ihnen gleich.

Für einen Detektiv wie Holmes und einen Medicus wie mich herrschte daher Ende Juli 1890 wieder einmal Saure-Gurken-Zeit. Mein Freund lag missmutig auf dem Kanapee im Salon. Seine Gedanken schienen lediglich um ein einziges Thema zu kreisen, und zwar, ob er lieber dem Morphium oder besser dem Kokain der Vorzug geben sollte.

Ich hatte es mir im Lehnsessel am Fenster bequem gemacht, genoss eine gute Tasse Tee, schmauchte ein Pfeifchen und las die neueste Ausgabe der *Times*. Dort stand als wichtigste Meldung auf Seite eins, dass unser Premierminister, der ehrwürdige Lord Robert Gascoyne-Cecil, dem deutschen Reichskanzler Leo Graf von Caprivi in einer geheimen Kommandosache irgendeine mir bis dato völlig unbekannte Insel namens *Helgoland* angedreht hatte. Nun war die Angelegenheit publik geworden. Am zehnten August sollte die feierliche Übergabe an die Pickelhauben sein.

Großbritannien verfügte über mehr als genug Inseln. Da kam es auf eine mehr oder weniger nicht an. Aber was sollte aus der armen Bevölkerung werden? Unsere Queen Victoria wurde im gesamten britischen Empire hoch verehrt. Kaiser Wilhelm II. hingegen ... Wäre ich ein Helgoländer – nie und nimmer würde ich ein knickriger deutscher Erbsenzähler werden wollen.

»Das brauchen Sie auch nicht, alter Knabe. Unsere Hauptinsel bleibt britisch, auf jetzt und für immerdar.«

Ich ließ die Zeitung sinken. »Holmes, Sie haben die heutige Ausgabe der *Times* doch noch gar nicht gelesen. Wie konnten Sie dessen ungeachtet meine Gedanken erraten?«

»Nun, in diesem Fall war das ganz und gar keine Meisterleistung. Von meinem Bruder Mycroft, der bekanntlich im Außenministerium arbeitet, wusste ich bereits seit Tagen, dass die Nordseeinsel Helgoland deutsch werden wird. Sie sind ein eingefleischter Patriot, der in Afghanistan gekämpft hat und nicht um nichts in der Welt ein Fleckchen britischer Erde freiwillig aufgeben würde. Deshalb haben Sie auch kräftig mit dem linken Fuß aufgestampft, um Ihrer berechtigten Empörung Ausdruck zu verleihen. Dann seufzten Sie voller Mitgefühl tief auf, und anschließend ballten Sie beide Fäuste.«

»Elementar, mein Freund, schlicht und ergreifend elementar.« Holmes sank zurück auf seine Lagerstatt, und ich widmete mich weiter meiner Lektüre. Nach einer guten halben Stunde war ich beim Sportteil angelangt und überflog die aktuellen Cricket-Ergebnisse. Plötzlich erhellte mich ein Gedankenblitz. »Holmes, wie wäre es, wenn wir gemeinsam nach Helgoland reisten? Hier gibt es für uns beide momentan nichts zu tun. Dort wären wir direkt am Puls der Zeit. Wir würden zwei Fliegen mit einer Klappe schlagen: Nämlich zunächst festen britischen Boden betreten und alsdann wackligen deutschen Grund verlassen. Das wäre doch famos!«

»Ohne mich. Sie können gerne tun und lassen, was Ihnen beliebt. Ich hingegen werde mein geliebtes London um keinen Preis verlassen. Ein bekanntes japanisches Sprichwort sagt: *Ein Berg bewegt sich nicht.*«

»Wohlan Sherlock, ich kontere mit einer anderen Redensart: *Wenn der Berg nicht zum Propheten kommt, muß der Prophet eben zum Berg gehen.*«

»Was in drei Teufels Namen wollen Sie damit andeuten, alter Knabe?«, fragte Holmes belustigt.

»Am Tag der feierlichen Übergabe von Helgoland gibt es Blasmusik, Kuchenbasar, Feuerwerk und Volksbelustigung. Die Insel wird vor Schaulustigen nur so wimmeln. Ein Gutteil des Hochadels diesseits und jenseits des Kanals will sich öffentlich zeigen. Dies hat zur Folge, dass auch die Nepper, Schnäpper und Bauernfänger das Eiland überfluten werden.

Wer weiß, welch seltene Vögel da an unseren Leimruten kleben bleiben könnten.«

»Die Hotels und Pensionen sind inzwischen restlos ausgebucht. Das ist so sicher wie das Amen in der Kirche. Wo wollen wir nächtigen? In einem Zelt am Strand mit dem Mantel als Zudecke?«

»Nein, da habe ich eine viel bessere Idee«, erwiderte ich. »Hier im Feuilleton steht, dass irgend so ein toter deutscher Dichter namens Heinrich Heine zu seinen Lebzeiten mehrfach auf Helgoland weilte. Im Jahr 1830 wohnte er in einem Haus, dass nun einem pensionierten britischen Gesetzeshüter gehört, welcher John Rance gerufen wird.«

»Sie meinen, es könnte sich dabei um den wackeren Polizei-Constable John Rance aus der Kennington Park Gate handeln, den wir von dem Fall *Eine Studie in Scharlachrot* her kennen?«

»Genau. Wir schicken ihm ein Kabel. Ein Versuch ist es wert. Sofern es sich bei dem Hauswirt um den betreffenden Constable handelt, wird er uns bereitwillig Obdach in seinem eigenen Schlafzimmer gewähren, und seinerseits so lange mit der Besenkammer vorlieb nehmen. Davon bin ich felsenfest überzeugt.«

Von Harwich aus gab es eine tägliche Schiffsverbindung nach Rotterdam. Dort nahmen wir einen Küstendampfer nach Deutschland. Von Geestemünde aus setzten wir nach Helgoland über. Die Insel ist knapp 44 Kilometer weit vom Festland entfernt und winzig wie ein Stecknadelkopf: Weniger als 2000 Yards lang und nur rund 500 Yards breit. Sie besteht aus dem sandigen Unterland, welches durch eine lange steile Treppe mit dem Oberland verbunden ist. Bei dem Letzteren handelt es sich um einen 60 Yards hohen roten Tonsteinfelsen, der wie eine Mauer aus dem Meer emporragt. Auf dem Eiland leben rund 2.000 Einwohner, von denen der kleinere Teil Briten, der größere Teil Friesen sind. Als *Friesen* bezeichnet sich ein deutscher Volksstamm, welcher eine mir völlig unverständliche Sprache spricht. Kurioserweise halten sich in ihr (wie Ostereier) auch einige englische Begriffe versteckt. Die Insulaner beschäftigen sich hauptsächlich mit der Fischerei, dem Austern- und dem Hummerfang, der Schifffahrt, allerlei Lotsendiensten sowie der Beherbergung der Badegäste. Auf Helgoland gibt es eine Spielbank, zahlreiche Fremdenheime im englischen Kolonialstil, ein Theater, ein Warmbadehaus, ein überdachtes Schwimmbad, ein Rathaus, ein Postamt mit Telegraphenverbindung zum Festland, eine Volksschule, ein Museum, eine Vogelwarte, mehrere Restaurants und etliche Geschäfte, in denen unsäglicher Andenkenkitsch für Vergnügungsreisende angeboten wird.

Das Haus von John Rance war ein schlichtes zweistöckiges Gebäude mit rotem Verputz, grünen Fensterläden und gewölbten Scheiben, einen Steinwurf weit von der Kirche entfernt. Das runde Eingangstor lag leicht erhöht über einem Tritt aus verwittertem Sandstein. Der Messingtürklopfer hatte die Form von zwei betenden Händen. Ich hob ihn an und ließ ihn fallen. Schlurfende Schritte tappten heran, die Tür öffnete sich. Heraus trat ein alter, unrasierter Zausel mit borstigem bleifarbenen Haupthaar. Offenkundig handelte es sich bei ihm um den Hausburschen. Er steckte in einer bodenlangen blauen Schürze und hatte sich nach der Art der Buchhalter schwarze Stulpen über die Unterarme gezogen. Der Grund dafür war nicht schwer zu erraten: In der linken Hand hielt er eine Schuhputzbürste.

»Du da«, sprach ich ihn an. »Richte deiner Herrschaft aus, dass die Londoner Gäste eingetroffen sind.«

»Aber mein lieber Doktor Watson, erkennen Sie mich denn nicht? Ich bin es, Ihr getreuer John Rance höchstpersönlich.« In den blassgrauen Augen des Mannes schimmerten Tränen.

Und da erst, wie bei einem Fixierbild, schälten sich die mir bekannten Gesichtszüge des ehemaligen Constable unter den Falten hervor und ich erkannte ihn endlich. Ich schloss ihn sogleich in meine Arme und meinte betroffen:

»Was ist geschehen, alter Freund? Vor wenigen Jahren, als ich Sie zuletzt gesehen habe, standen Sie in der Blüte Ihrer Manneskraft. Und nun sind Sie nur noch ein Schatten Ihrer selbst.«

John Rance antwortete nicht, sondern zog uns in sein Haus. »Zuerst genehmigen wir uns einen kräftigen Schluck auf dieses freudige Ereignis. Der auffrischende Seewind muss Sie ordentlich durchgepustet haben, meine Herrschaften. Da kommt eine kleine Stärkung gerade recht.«

Wir betraten einen niedrigen Raum mit dunkler Balkendecke, stellten unser Gepäck ab und schauten uns um. Auf dem grauen Steinfußboden lagen bunte Flickenteppiche. Schwere hölzerne Tische mit stabilen Stühlen davor standen über Eck. Die linke Wand nahm ein grüner Kachelofen mit breiter Sitzbank ein, auf der eine rotbraune Katze friedlich schlummerte. Eine Standuhr tickte leise. Links neben ihr fiel mir ein heller Schattenriss auf. Er ließ an der ansonsten vom Ruß der Petroleumlampen gleichmäßig geschwärzten Wand ganz deutlich die Umrisse eines Kreuzes erkennen. In einem sorgsam aus Treibholz gearbeiteten Regal stapelten sich mehrere Unterhaltungsromane von Mark Twain, Robert Louis Stevenson und Jonathan Swift. Die Hausgäste schienen sich um diese Art Lektüre zu reißen, denn das mittlere Fach war komplett leergeräumt. Das gesamte Haus strahlte Ruhe und Geborgenheit aus. Trotz der hochsommerlichen Temperaturen draußen auf den Gassen herrschte in seinem Inneren angenehme Kühle.

John Rance kramte eine bauchige grüne Flasche aus einem hölzernen Schiffskasten hervor, der vordem einen Sextanten beherbergt haben mochte, und füllte drei reich verzierte Zinnbecher bis zum Rand mit Rum. Seine Hand zitterte merklich. Er sprach mit unverständlichen Worten zu uns: »Ik wensk Sinhait, Glik en Seägen!«

Aber weil die Bedeutung des Trinkspruchs klar war, kippten wir die scharfe braune Flüssigkeit nach Männerart hinunter, ohne mit der Wimper zu zucken.

»Ich kann wahrlich Glück gebrauchen«, setzte unser Gastgeber in nunmehr verständlichem Englisch fort. »Dieser Nationalitätenwechsel wird mich hart treffen. Ich habe meine gesamten Ersparnisse in diese Pension gesteckt. Was soll nun aus mir werden?«

Nun erst meldete sich Holmes zu Wort: »Mein lieber Freund, die Flagge des Deutschen Reichs, die dort draußen am Fahnenmast aufzuziehen droht, scheint das geringste Ihrer Probleme zu sein. Seit wann hat Sie Ihre Frau Gemahlin verlassen?«

»Vorhin. Um auf den Markt zu gehen.«

»Unsinn. Nein, sie ist seit einer längeren Zeitspanne hinfort, wenn ihre Vakanz nicht gar auf Dauer gedacht sein mag.«

John Rance gab zögernd den Widerstand auf. »Ja doch, zugegeben. Eleanor Rance hat mich unbeweibt zurückgelassen. Aber woher wollen Sie wissen, dass meine gute Ehefrau nicht der Schwindsucht zum Opfer gefallen ist und nun, aller ihrer Sorgen ledig, draußen auf dem Gottesacker ruht?«

Holmes schnaubte leicht verärgert. »John, Ihre Ärmelschoner sind zwar schwarz, aber als passende Trauerkleidung können wir sie trotzdem nicht gelten lassen. Außerdem tragen Sie noch Ihren Ehering solo und nicht zwiefach, wie es die Art der Witwer wäre. Dies äußere Erscheinungsbild verrät mir, dass a) Eleanor keineswegs verschieden ist, und Sie b) noch immer der Rückkehr Ihrer Gattin harren. Auch der Zustand des Hauses und Ihre körperliche Verfassung sagen sehr viel über Ihre gegenwärtige Lage aus. Die Blumenkästen vor den Fenstern, die bestickten Gardinen und die Flickenteppiche deuten darauf hin, dass hier vor Kurzem noch eine ordnende Frauenhand am Werke war. Aber nun dürsten die Pflanzen nach frischem Wasser, die Fenster müssten dringend geputzt und die Spinnweben aus den Zimmerecken entfernt werden. Nach meiner groben Schätzung dürfte Ihre vormals bessere Hälfte vor knapp drei Wochen Heim und Herd verlassen haben.«

»Es waren zwei. 15 Tage, um es ganz genau zu sagen. Aber ich bin völlig ratlos. Ich kann mir beim besten Willen keinen Reim aus ihrem Verschwinden machen.«

»Doch, das können Sie. Sie wissen mehr, als Sie im Moment zugeben möchten. Die Gründe für Ihre Scham sind nachvollziehbar. Kehren wir deshalb ein Stück in die Vergangenheit zurück. Ob es ein Zufall war, dass Sie sich ein Haus direkt gegenüber der Kirche ausgesucht haben? Ich glaube kaum. Dieser Umstand deutet eher auf einen starken Glauben und den damit verbundenen Wunsch hin, dem Weltenschöpfer so nah wie irgend möglich zu sein. Als wackerer Polizei-Constable haben Sie über die Jahre die schrecklichsten Dinge gesehen und erfahren, die selbst den bibelfrömmsten Christen in seiner Religion schwankend werden lassen würden. Also wird Ihre Gattin an Ihrer statt eine eifrige Kirchgängerin gewesen sein. Da, sehen Sie, ein weiteres untrügliches Zeichen: Dort an der Wand hing bis vor Kurzem ein Kreuz. Doch es wurde abgenommen. Nur seine Umrisse sind erhalten geblieben. In dem Buchregal ist ein Fach leer. Es fehlen sämtliche Bibeln, obwohl die Heilige Schrift zur Standardausstattung einer jeden gut geführten Pension gehört. Nun, um es kurz zu machen, ich schlussfolgere aus alle dem, dass es ein Geistlicher von einer Freikirche war, der Ihnen in die Quere gekommen ist. Dieser falsche Seelentröster sorgte mit einem beherzten Griff nach einem fremden Weiberrock dafür, dass Sie in radikaler Weise vom christlichen Glauben abgefallen sind.«

»Genauso war es, in der Tat. Alles, was Sie sagen, stimmt bis auf den Punkt. Aber wie haben Sie die Zugehörigkeit des Verführers zu einer Freikirche erraten?«

»Nicht erraten, sondern anhand der Fakten geschlussfolgert. Ein Pfarrer auf einem solchen winzigen und wellenumtosten Eiland ist entweder ein alter Mann am Ende seines Lebens, der seinen inneren Frieden sucht, oder ein fanatischer junger Priester, der freiwillig als Eremit leben und sich selbst kasteien will. Beide kommen keinesfalls als

Frauenhelden in Frage. Die Saison auf Helgoland ist kurz, und die stürmischen Herbste und kalten Winter sind lang. Deshalb kann der dreiste Buhle nur ein Geistlicher einer Freikirche sein, der hier im Sommer seine Anhänger sammelt und später mit den Zugvögeln weiter nach Süden zieht. Daraus ergibt sich die nächste Frage: Wodurch zeichnet sich Ihre ungetreue Ehefrau aus? Durch große Schönheit, andere körperliche Vorzüge oder eher durch Reichtum?«

»Weder noch, würde ich sagen. Natürlich ist sie ein ansehnliches Weib gewesen, als ich sie einstens freite. Einiges von ihrer Wohlgestalt ist noch erhalten geblieben, aber sie ist ebenso wie ich in die Jahre gekommen. Auch verfügt sie über keine nennenswerten irdischen Güter, außer vielleicht einigem Goldschmuck. Ihr Vermögen steckt wie das meinige in diesem Haus. Sie kann es nicht ohne Weiteres herauslösen, und schon gar nicht gegen meinen Willen.«

Holmes runzelte die Stirn. »Dann ist es etwas anderes. Wir müssen und werden es herausfinden. Übermäßige Intelligenz jedenfalls kann es nicht gewesen sein. Oder haben Sie ihr zu oft von der Prügelsuppe eingeschenkt?«

»Um Gottes willen.« John Rance hob abwehrend die Hände. »Bei uns zu Hause hat es von meiner Seite aus nie ein böses Wort gegeben, geschweige denn irgendeine Form der Züchtigung.«

»Nun gut, belassen wir es dabei. Ich will und werde Ihnen helfen, das Rätsel zu lösen. Sie werden den Grund von Eleanores Untreue erfahren, das verspreche ich Ihnen. Ob dieses Wissen dann allerdings ausreichen wird, Ihr abtrünniges Weib zurückzugewinnen, ist eine ganz andere Geschichte. Wann hat sich Ihnen Ihre Gattin zum letzten Mal gezeigt? Und wissen Sie (oder erahnen es zumindest), wo Sie sich zurzeit aufhalten könnte? Auf einer kleinen Insel wie der diesen kann es da nicht allzu viele Möglichkeiten geben.«

»Eleanor kam gestern für einen kurzen Moment ins Haus, um sich Kleidung zu holen. Wir haben nur einige wenige Worte gewechselt. Sie ist von einem krankhaften religiösen Wahn befallen, der jeden Disput obsolet macht. Die Freikirche nennt sich *Chiesa Liberia Italiana*, stammt – wie es der Name schon sagt – aus Italien, und wird von dem ehemaligen Barnabitenpater Francesco Gavazzi geführt. Er hat auf der Düne vor der Insel, die im Sommer gerne von den Ausflüglern frequentiert wird, und zu deren Bequemlichkeit dort zahlreiche Badekarren stehen, mehrere große Zelte aufschlagen lassen. Zur Gefolgschaft des Paters gehören etwa 20 verirrte Seelen.«

»Genug geschwatzt. Frischauf, die Jagd beginnt. Sie, mein guter John Rance, bleiben all derweil hier und hüten das Haus. Außerdem müssen Sie mir versichern, ab sofort mit dem Trinken aufzuhören. Ihr körperlicher Verfall schreitet bereits merklich voran.«

Zu der Düne konnten wir nicht trockenen Fußes gelangen, sondern mussten uns mit einem der zahlreich vor Anker liegenden Boote übersetzen lassen. Die schwarzen Zelte der Freikirche ließen sich leicht an ihren großen weißen Ankerkreuzen mit den aufgewölbten Enden erkennen. Pater Gavazzi war spindeldürr, wachsbleich, übermannsgroß und trug zu einer lilafarbenen Soutane eine Art spitzer Alchemistenkappe. Sein Blick aus tief in den Höhlen liegenden Augen war stechend. Das Kreuz auf seiner Brust schien aus purem Gold zu sein.

Kaum war er unser ansichtig geworden, ließ er seine Jünger hinter sich und kam stehenden Fußes zu uns geeilt, so als ob er schon sehnlichst auf unsere Ankunft gewartet hätte. Zu meiner größten Verblüffung schüttelte er nicht Holmes, sondern mir als Erstem die Hand und sprach mit samtweicher Stimme: »Welche unerwartete Freude. Gäste aus dem fernen London. Sie, mein Herr, müssen ein bedeutender Arzt sein. Und Sie waren früher Polizist – oder beim Militär. Das erkennt man an Ihrer soldatischen Haltung. Aber Sie leiden noch immer an den Folgen einer Kriegsverletzung.

Die haben Sie sich in Übersee zugezogen. Indien – oder Afghanistan? Eher Afghanistan. Die Schlacht von Maiwand, nehme ich an. Dr. Watson aus der Bakerstreet? Dann muss Ihr Begleiter der berühmte Sherlock Holmes sein. Welch eine Ehre für einen bescheidenen Diener des Herrn. Was führt Sie zu mir, Gentlemen?«

Wir ließen uns den Schneid nicht abkaufen. Holmes verzog ob der Demaskerade keine Miene und verlor sich ungerührt in Allgemeinplätzen über Land und Leute. Freilich schien der Pater unsere wahren Gedanken lesen zu können, wie ich an seinem süffisanten Gesichtsausdruck ablesen konnte. Trotzdem führte er uns bereitwillig durch das Lager und stellte uns seinen Schäfchen vor. Ansonsten tat er es uns gleich, indem er viel erzählte und wenig oder gar nichts sagte.

Eine ältere Frau von plumper Gestalt himmelte den Priester an und wollte nicht von seiner Seite weichen. Bei dieser Matrone mit krausem grauschwarzen Haar und leuchtend roten Apfelbäckchen schien es sich ganz offensichtlich um Eleanor Rance zu handeln.

Auf dem Heimweg brachte ich meine Verwunderung zum Ausdruck: »Holmes, da haben Sie einen Bruder im Geiste gefunden. Er hat unser Äußeres analysiert und zugleich messerscharf geschlussfolgert, wer wir sind. Von meiner Kriegsverletzung wissen nur wenige Menschen, und über meine Teilnahme an der Schlacht von Maiwand kann nur jene Handvoll Kameraden berichten, die am Leben geblieben sind.«

»Papperlapapp, Eleanor Rance war gestern zu Hause bei ihrem Mann. Von ihm wird sie von unserer Ankunft erfahren haben und konnte dem Meister alles brühwarm schildern. Der Rest sind billige Taschenspielertricks gewesen, nichts weiter. Hellseher auf dem Jahrmarkt arbeiten nach demselben Muster. Sie nennen zwei Alternativen und erkennen sofort an der Mimik ihres Gegenüber, welches die richtige ist.«

»Aber woher wusste er von meiner Verletzung an der Schulter und kannte sogar den Namen des Gefechtes?«

»Die Versehrung erkennt jeder aufmerksame Beobachter an Ihrer Schonhaltung. Als Militärarzt haben Sie in der sicheren Etappe gehockt und wurden in keinerlei Kampfhandlungen verwickelt. Es gab eine große Ausnahme. Das war die Schlacht von Maiwand, als unsere Truppen vom Feind überrannt wurden. Alles klar?«

»Aber was will Pater Gavazzi auf dieser gottverlassenen Insel? Weshalb hat er ein Auge auf Missis Rance geworfen?«

»Wohl kaum, um seine fleischlichen Gelüste zu befriedigen. Die Dame ist der Schlüssel zu einem Schloss. Ich denke, ihr braver Ehemann wird uns verraten können, wo wir es finden. Des Rätsels Lösung liegt keinesfalls hier auf der Düne. Schließlich durften wir uns in aller Ruhe umschauen. Außerdem ist Pater Gavazzi mitnichten ein Italiener. Er hat dort nur lange Zeit gelebt und sich den entsprechenden Akzent nahezu perfekt angeeignet. Nur ganz am Rande klingt ein verschliffener Cockney-Dialekt durch. Mein lieber Watson, alter Knabe, eine Ihrer Zukunftsvisionen hat sich bereits erfüllt: Der erste Bauernfänger zappelt schon an unserer Leimrute.«

John Rance hatte sein Versprechen gebrochen und doch wieder einen Blick in die Flasche geworfen. Aber unser Gastgeber war noch so weit bei klarem Verstand, dass er auf die meisten Fragen eine halbwegs vernünftige Antwort geben konnte.

Wir saßen zu dritt an einem Tisch im Vestibül. Holmes war ein hartgesottener Spezialist für schwierige Einvernahmen. Zunächst begann er, ein Vertrauensverhältnis aufzubauen. Er stellte viele Fragen, die mit dem eigentlichen Thema nicht das Geringste zu tun hatten. Dabei beobachtete er aufmerksam die Mimik und Gestik seines Gegenübers. Bald konnte er in John Rance lesen wie in einem offenen Buch, die Spreu vom Weizen, die Flunkereien von der Wahrheit und die Ausflüchte von der Realität trennen.

Am Ende kam heraus, dass Eleanor Rance in ihrer Jugend nicht nur ein ansehnliches Weib, sondern eine ausgesprochene Schönheit gewesen war, die aus ihren damals noch vorhandenen äußerlichen Reizen reichlich Kapital zu schlagen pflegte. Mit Hilfe ihres einnehmenden Wesens hatte sie es bis zur Kammerzofe von Lady Maggy Llewellyn Wychgram gebracht. Inoffiziell war Eleanor allerdings die Mätresse von Lord Francis Llewellyn Wychgram gewesen. Letzterer hatte sie, als es ihm nach einem neuen Spielzeug gelüstete, dank der Fürsprache eines mit ihm befreundeten Chefinspektors von Scotland Yard dauerhaft in die Arme von John Rance entsorgen können.

»Ich wette hundert zu eins, dass Lord Llewellyn Wychgram mit zu den Ehrengästen zählt. Lady Llewellyn Wychgram ist bekannt für ihren extravaganten Schmuck. Auf ihn wird es Barnabitenpater Francesco Gavazzi abgesehen haben. Welche Herberge nennt sich hier das beste Haus am Platze?«

»Das Queen Victoria Hotel ist sehr ordentlich.«

»Dann versuchen wir es dort zu erst.«

Nach Londoner Maßstäben war das Hotel recht klein und bescheiden. Aber es wirkte sauber und gepflegt. Außerdem verfügte es über einen hübschen Palmengarten. In Erwartung der kommenden Ereignisse trug der Mann an der Rezeption einen blauen Uniformrock mit blitzenden Messingknöpfen.

Holmes meinte zu ihm ohne Umschweife: »Melden Sie bitte Lord Llewellyn Wychgram, dass seine Londoner Gäste eingetroffen sind. Sherlock Holmes, seines Zeichens beratender Detektiv, in Begleitung des honorigen Dr. John Watson.«

Wir waren an der richtigen Adresse. »Sehr wohl, die Herren«, erwiderte der Hotelier und schickte sogleich einen livrierten Pagen in die Spur. »Wenn die Gentlemen bitte so lange dort drüben am Rauchtisch warten würden.«

Wir nahmen in zwei bequemen Ledersesseln Platz. »Wie kommst du darauf, dass uns der Lord empfangen wird?«

»Weil wir hier stille Post spielen. Ich sprach zu dem Concierge, der sandte seinen Pagen. Der Laufbursche übermittelt dem Dienstmädchen die Nachricht. Am Ende erfährt die Herrschaft erst vom Haushofmeister, dass wir vorsprechen wollen. Über diese Zwischenstationen wird sich der *beratende Detektiv* in einen *Inspektor* verwandelt haben. Und da unser guter Lord, wie wir wissen, über beste Beziehungen zu Scotland Yard verfügt, wird er begierig sein zu erfahren, was zwei Beamte zu ihm hierher auf die Insel fernab der Heimat geführt haben mag.«

Der Page kehrte zurück und geleitete uns nach oben. Die Suite befand sich im ersten Stock. Wir klopften an. Der Butler öffnete uns. Er war lang und dünn. Er trug einen sorgfältig frisierten Mittelscheitel mit buschigen Bartkoteletten, die ganz ausgezeichnet mit seinem schwarzen Gehrock harmonierten. »Lord Llewellyn Wychgram erwartet Sie bereits, meine Herren. Wenn Sie mir bitte in den Salon folgen wollen.«

Unser Gastgeber steckte in einem bronzefarbenen Morgenrock aus feinster Seide. Die blaurote Gesichtsfarbe des Lords verriet, dass er als Lebemanns zu lange über die Stränge geschlagen hatte. Außerdem schien ihn das Zipperlein zu plagen. Insgesamt wirkte er missmutig und gereizt. Er wedelte mit der Hand. Als der Butler nicht reagierte, schrie ihn sein Herr an: »Thurwave, raus hier!«

Die Tür schloss sich nahezu geräuschlos hinter dem Faktotum. Schritte entfernten sich. Dann raschelte etwas draußen ganz leise. Wahrscheinlich eine Katze.

Lord Llewellyn Wychgram bot uns keinen Platz an, sondern fragte barsch: »Um was geht es? Meine kostbare Zeit ist äußerst eng bemessen.«

Holmes antwortete beflissen: »Dann wollen wir gleich zur Sache kommen. Hat ein gewisser Pater Gavazzi bei Ihnen um eine Audienz gebeten?«

»Ja, wir treffen uns morgen zum Lunch im Conversationshaus. Dort gibt es ganz ausgezeichneten Lobster.«

»Der Pater ist ein Hochstapler. Wir haben Grund zu der Annahme, dass er den Juwelenschmuck von Lady Llewellyn Wychgram stehlen will.«

»Pah, das wird ihm nur schwerlich gelingen.«

»Weil ihn Lady Llewellyn Wychgram am Körper trägt, oder weil der Schmuck sicher im Hoteltresor verwahrt ist?«

Der Lord antwortete nicht, sondern fragte stattdessen misstrauisch: »Wer schickt Sie zu mir? Chefinspektor Barnwell?«

»Nein, wir kommen aus eigenem Antrieb. Ich bin beratender Detektiv. Sicherlich haben sie schon vor mir gehört: Ich bin Sherlock Holmes, und zwar in Begleitung von Dr. John Watson.«

»Jener nämliche aus der Bakerstreet?«

»Ganz genau derselbe!«

»Nun gut, dann wollen wir es dabei bewenden lassen. Nehmen Sie doch bitte Platz, meine Herren. Darf ich Ihnen ein Glas Sherry reichen? Die Uhrzeit wäre gerade richtig für ein kleines Schlückchen.«

Wir lehnten beide dankend ab.

Unser Gastgeber hingegen goss sich eine aromatisch duftende mattrote Flüssigkeit in ein großes Kristallglas und leerte es schmatzend bis zur Neige. »Ah, sehr gut. Sie versäumen etwas. Zurück zum Thema. Lady Llewellyn Wychgram reist erst morgen an. Ihre Geschmeide allerdings stehen unter meiner ständigen Aufsicht. Im Hotelsafe befinden sich nur billige Kopien. Die Originale bewahre ich in einer Kassette auf. Kein Einbrecher wird sie dort vermuten, denn außer mir und meiner Gemahlin kennt kein Mensch das Versteck.«

»Wo befindet sich diese Schatulle?«

»Das werde ich Ihnen nicht verraten.«

»Doch, das müssen Sie, wenn Sie den Schmuck behalten wollen.«

Der Lord seufzte. »Die Kassette wurde passgerecht in eine Bibel eingearbeitet.« Dabei wies er auf einen Bücherschrank, hinter dessen geschliffener Glastür mehrere Reihen in Leder gebundene Folianten standen. »Die Tür zum Schrank ist ebenso sorgsam zugesperrt wie die Schatzkiste selbst. Die Schlüssel trage ich Tag und Nacht um meinen Hals an diesem blauen Band und gebe sie niemals aus der Hand.«

Holmes zog seine Lupe hervor und inspizierte das Schloss. »Es ist unversehrt, in der Tat. Alles andere wäre auch höchst verwunderlich gewesen. Nun öffnen Sie bitte den Schrank, Eure Lordschaft, und holen die betreffende Heilige Schrift hervor.«

Lord Wychgram tat, wie ihm geheißen. Er holte den dicken Wälzer heraus, legte ihn auf den Tisch und klappte den Einband auf. Ein eiserner Geldkasten wurde sichtbar. Unser Gastgeber steckte einen zierlichen Schlüssel mit kompliziertem Bart in das Schloss. Die Verriegelung sprang mit einem metallischen Klicken zurück. Der Deckel ging auf. Die Kassette war innen mit rotem Samt ausgeschlagen, auf dem einige silberne Messer und Gabeln lagen. Von dem Schmuck war nichts zu sehen.

»Wie ist das denn nur möglich?«, schrie der Lord entsetzt.

Holmes sprang auf. »Die ganze Zeit über hatte ich bereits vermutet, weshalb Pater Gavazzi bei unserem Besuch vorhin so selbstsicher grinste. Die Erklärung ist elementar: Weil er den Raub bereits ausgeführt hatte.«

»Freilich wie? Gleichwohl wann?«

»Eure Lordschaft, jetzt ist keine Zeit für Erklärungen. Wir müssen handeln, und zwar rasch. Wo finden wir die Inselpolizei?«

Lord Wychgram zuckte hilflos mit den Schultern.

»Kommen Sie, Watson«, rief Holmes. »Der Mann an der Hotelrezeption weiß es mit Sicherheit.«

»Ich kleide mich nur rasch an und folge stehenden Fußes«, meinte unser Gastgeber. Er läutete mit einer silbernen Klingel, und als der Butler nicht sogleich erschien, schrie er erbost: »Thurwave, verdammt, wo stecken Sie?«

Der Polizeichef Brendan Thurber, ein im Dienst ergrauter Sergeant kurz vor der Pensionierung, trommelte sofort seine gesamte Mannschaft zusammen. Sie bestand aus drei recht hinfällig wirkenden Police Constables jenseits der Fünfzig. Aber die alten Männer taten ihr Bestes und verhafteten kurz darauf den vermeintlichen Übeltäter. Pater Gavazzi blieb die Ruhe selbst. »Tun Sie sich keinen Zwang an, meine Herren«, meinte er höhnisch. »Ich lasse Sie alle verklagen, sobald ich mich wieder auf freiem Fuß befinde. Durch meine Anwälte werde ich Ihnen das Fell über die Ohren ziehen lassen.«

Wir ließen das gesamte Zeltlager absuchen, vergebens. Der Schmuck blieb verschwunden. Gleichermaßen blieb das anschließende Verhör ohne greifbares Resultat. Pater Gavazzi stritt alles kalt lächelnd ab. Wir hatten nicht die Spur eines Beweises.

Sehr viel später, als der Delinquent bereits in einer Arrestzelle schmorte, erschien Lord Wychgram auf der Wache. Er schnaufte wie eine Dampflok. Die Verärgerung quoll ihm spürbar aus sämtlichen Knopflöchern. Seine Krawatte war äußerst nachlässig gebunden, und das Clubjackett passte nicht zu der Gabardinehose.

»Hat der Galgenvogel schon gestanden?«, knurrte er.

Holmes verneinte. Indes fragte er reichlich besorgt: »Was ist mit dem Kammerdiener passiert, Eure Lordschaft?«

»Keine Ahnung. Mein Butler Thurwave ist plötzlich wie vom Erdboden verschluckt.«

»Oh nein«, rief Holmes konsterniert aus. »Wir müssen sofort den Hafen sperren lassen. Sonst entkommt er uns!

Verdammt, warum habe ich diesmal nicht auf meine innere Stimme gehört.«

Aber wir kamen zu spät. Ein Mann, auf den die Beschreibung des Butlers John Thurwave passte, hatte die Insel bereits vor geraumer Zeit mit dem Postdampfer in Richtung deutsches Festland verlassen. Ihn konnte nichts und niemand mehr aufhalten, denn ein Schnellboot stand uns nicht zur Verfügung.

Mit hängenden Schultern schlich mein Freund zurück zur Wache. Auf halber Strecke begegneten wir dem Lord, der uns nachgeeilt war und nun wie ein Walross prustete. Er drehte auf dem Absatz um und schloss sich uns an. Als wir an der Polizeistation anlangten, hatte Lord Wychgram wieder so viel Atem geschöpft, dass er keuchend hervorstoßen konnte: »Würden Sie mir bitte erklären, was hier gespielt wird?«

»Gemach, gemach. Vorher gilt es noch einen letzten Puzzlestein einzufügen«, entgegnete Holmes. Er reichte dem Sergeant eine eilig hingekritzelte Notiz. Der Polizist warf einen kurzen Blick darauf, nickte und schickte zwei seiner Leute los.

Solange die beiden unterwegs waren, genehmigten wir uns jeder eine gute Tasse Tee. Ich stellte keine Fragen, denn ich wusste, dass es sinnlos war, vor dem Abschluss eines Falls in Holmes dringen zu wollen. Auch seine Lordschaft übte sich in Zurückhaltung und zog sich ins Hotel zurück. Er tat dies allerdings nur auf die Zusage hin, alsbald umfassend informiert zu werden.

Einige Zeit später öffnete sich die Tür zur Wachstube. Eleanor Rance wurde grob hereingestoßen. Sie trug Handschellen. Ihr Gesicht war tränenüberströmt, und sie schien kurz vor einem Nervenzusammenbruch zu stehen.

»Missis Rance«, sprach Holmes zu ihr. »Ich stelle Ihnen jetzt drei Fragen. Sofern Sie diese offen und ehrlich beantworten, kommen Sie mit einem blauen Augen davon. Anderenfalls werden Sie mit dem nächsten Gefangenenschiff nach Australien deportiert. Sie haben die Wahl. Wollen Sie kooperieren, ja oder nein?«

»Ja«, kam die zaghafte Antwort.

»Es wird ein Protokoll geführt, das Sie anschließend unterschreiben müssen. Erste Frage: Woher kennt der Barnabitenpater Francesco Gavazzi den Butler John Thurwave?«

»Das weiß ich beim besten Willen nicht zu sagen. Aber die beiden sind sehr eng vertraut. So viel ist gewiss.«

»Zweite Frage: Kam die Idee zu der Arglist von Ihnen oder von Pater Gavazzi?«

»Der Prediger war es. Er meinte, ich würde ein gottgefälliges Werk verrichten. Ich bin eine ehrbare Frau! ... Nun gut, ich war es jedenfalls bis vor Kurzem.«

»Haben Sie Pater Gavazzi gegenüber jemals erwähnt oder auch nur angedeutet, dass Sie, sintemalen die Konkubine von Lord Francis Llewellyn Wychgram gewesen sind?«

»Wo denken Sie denn hin? Davon weiß selbst mein Mann nicht das Geringste.«

Ich stöhnte verhohlen, blieb aber still.

Mein Freund ließ die Frau abführen und noch einmal den Pater bringen.

Holmes sagte: »Missis Rance hat soeben ein volles Geständnis abgelegt. Wir kennen das Große und Ganze. Nun wollen wir von Ihnen die Details erfahren.«

Pater Gavazzi nahm eine abwartende Haltung ein.

»Erste Frage: Womit hat Sie John Thurwave in der Hand?«

»Wer soll das sein?«

Nun mischte sich der Polizeichef Brendan Thurber ein: »Sie wissen offenbar nicht, was ich weiß, Freundchen. In den nächsten Tage gilt hier auf der Insel eine Sondergesetzgebung. Da werden die Urteile im Viertelstundentakt gesprochen. Aber keine Sorge. Sie können selbstverständlich Berufung vor dem *Court of Appeal* einlegen. Sofern Sie nicht vorher gehängt wurden, heißt es.«

Der Priester wurde blass. Schweißtropfen rannen ihm über das Gesicht und er knetete unablässig seine Hände.

»Missis Rance hat sie schwer belastet. Wir wissen auch, dass Sie kein Italiener sind, sondern aus London stammen. Entweder, Sie kooperieren, oder die gesamte Schuld bleibt an Ihnen hängen«, setzte Holmes nach.

Pater Gavazzi gab den Widerstand auf: »Thurwave hat mich erpresst. Er kennt meinen richtigen Namen. Ich heiße Donald Tayland. Im Londoner Eastend habe ich eine Zeit lang als Hurentreiber gearbeitet. Für einen Priester ist das keine gute Reputation, selbst wenn der Herrgott in seiner grenzenlosen Gnade vor allem den reuigen Sünder liebt.«

»Woher wußte John Thurwave von der vormaligen Liebschaft zwischen Lord Wychgram und Missis Rance?«

»Thurwave heißt tatsächlich John Thunders. Er ist ein Berufsverbrecher und gemeingefährlicher Mörder. Er hatte von dem Schmuck erfahren und wollte ihn stehlen. Deshalb ließ er sich als Butler einstellen. Nachts hat er systematisch alle Schränke durchstöbert und ist dabei auf ein geheimes Dokument gestoßen. Es handelte sich um eine strafbewehrte Verschwiegenheitserklärung, unterzeichnet von Eleanor Rance gegen ein Abfindungsguthaben in Höhe von 50 Pfund Sterling.«

Holmes nickte zustimmend. »Damit hat sich der letzte Nebel gelichtet. Thurwave oder Thunders hat Eleanor Rance aufgespürt und Sie nach Helgoland geschickt, gleich, nachdem er von der geplanten Reise seiner Herrschaft erfuhr. Wieviel von der Beute hat er Ihnen geboten?«

»Ein Drittel. Damit hätte ich mich zur Ruhe setzen können. Nun muss ich vermutlich bis an mein Lebensende als Priester arbeiten. Es ist wahrlich kein Zuckerschlecken, tagtäglich ein Rudel hässlicher alter Weiber bei der Stange zu halten, das kann ich Ihnen versichern.«

»Tagtäglich und allnächtlich«, ergänzte Holmes. »Das schwächt die Lenden. Aber keine Sorge. Sie werden justament eine ausgedehnte Urlaubsreise antreten und sich für lange Zeit auf Staatskosten von Ihrer Ungemach erholen können.«

Nachdem der Pater in seiner Zelle verschwunden war, spazierten wir zum Hotel Queen Victoria zurück. Lord Francis Llewellyn Wychgram hatte offensichtlich die Zeit damit verbracht gehabt, noch einige Gläser geistiger Getränke hinter die Binde zu gießen. Seine Augen waren blutunterlaufen, und er roch wie eine Hafenkneipe kurz vor der letzten Runde.

Holmes ließ sich dessen nicht verdrießen, sondern fasste die Ereignisse zusammen: »Ihr Butler Thurwave heißt in Wahrheit Thunders. Er hatte nur ein Ziel. Er wollte den Schmuck stehlen. Thunders hat von Ihrer vormaligen Liasion mit der jetzigen Misses Rance erfahren und dieselbige zu Ihnen unter dem Vorwand schicken lassen, ein Treffen mit Pater Gavazzi zu arrangieren. Ich will Ihnen nicht zu nahe treten, Exzellenz, aber im Lauf der Jahre haben Sie etwas von Ihrer jugendlichen Spannkraft verloren. Weil Sie derzeit Strohwitwer sind, ergriffen Sie die vermeintlich günstige Gelegenheit am Schopfe und teilten mit Missis Rance in Erinnerung an vergangene Zeiten noch einmal das Nachtlager. Um das Schäferstündchen nicht mit nervendem Geklimper zu stören, legten Sie das Schlüsselband auf dem Nachttisch ab. Ihre Gespielin nahm es an sich, als die für einen Moment das Schlafgemach verließ, um die Sanitärräume aufzusuchen. Draußen vor der Tür wartete bereits der Butler. Während die Wasserleitung rauschte, räumte er die Schatulle leer. Zwei Minuten später lagen die Schlüssel wieder an ihrem angestammten Platz.

Zwei Übeltäter konnten wir dingfest machen, nämlich Missis Rance und Pater Gavazzi, einen der Drahtzieher. John Thunders alias Thurwave hingegen konnte mit der Beute entkommen. Der kostbare Schmuck von Lady Llewellyn Wychgram ist damit verloren. Das war die schlechte Nachricht. Die gute lautet: Sie sind noch am Leben. John Thunders ist nämlich ein Mörder. Er tötet Menschen aus reinem Vergnügen, aus Lust an der Freude. Bei Ihnen hätte er sogar einen Grund gehabt, weil er von Ihnen ständig kujoniert wurde.«

Seine Lordschaft winkte ab. »Geschenkt! Ein Butler muss mich nicht mögen, sondern mir allzeit zu Diensten sein. Die Sache mit der kleinen Eleanor stimmt bis auf das I-Tüpfelchen. Aber woher wusste Thurwave von dem Versteck?«

»Dienstboten sind wie die eigenen Kinder: Sie machen einen unschuldigen Eindruck, sofern sie gut erzogen wurden. Domestiken bleiben die meiste Zeit über unsichtbar, aber haben freilich ihre Augen und Ohren überall. Nichts bleibt vor ihnen verborgen. Mit der allergrößten Vorliebe stecken sie ihre Nasen in Dinge, die sie nicht das Geringste angehen. Sie finden alles heraus und lüften jedes Geheimnis. Bei der Morgentoilette hat der Butler den großen und den kleinen Schlüssel an Ihrem Halse baumeln sehen. Kein normaler Mensch schließt einen Bücherschrank ständig ab, in dem außer religiösen Traktaten nur sterbenslangweilige Klassikerausgaben stehen – es sei denn ...«

Wir blieben bis nach dem Ende der Übergabe der Insel. Speziell die große Flottenparade am 10. August vor den Küsten Helgolands wird mir noch lange im Gedächtnis bleiben. Ein bewegender Moment war auch die Heimkehr der reuigen Misses Rance. Ihr Mann verzieh ihr alle Kapriolen und nahm sie wieder bei sich auf.

Nicht nur ich, sondern auch die britische Krone hatte befürchtet, dass die Insel in der Zeit der Feierlichkeiten vor Ganoven nur so wimmeln würde. Die lokale Polizeitruppe war deshalb gehörig verstärkt worden. Wie Sergeant Thurber bereits berichtet hatte, gab es auch einen zeitweiligen *Criminal Court*. Weil die Kinder schulfrei hatten, residierte er in der Volksschule. Ein *Justice of Peace* führte dort ein strenges Regiment.

Der Richter stellte Pater Gavazzi vor die Wahl. Er konnte sich für eine ordentliche Verhandlung vor dem *Old Bailey* in London mit ungewissem Ausgang oder für ein Schnellgerichtsverfahren auf Helgoland mit fester Absprache entscheiden. Dem Priester gefiel die zweite Alternative besser. Er soll nun in den Kolonien eine Überseesektion der Freikirche *Chiesa Liberia Italiana* gegründet haben.

Holmes hatte während der folgenden Tage auf der Insel durchweg gute Laune gehabt, auch wenn wir keine weiteren Verbrechen aufklären konnten. Aber während der Überfahrt stellte mein Freund eine zerknirschte Miene zur Schau. »Ich habe elendiglich versagt. In London konnte uns John Thunders durch die Lappen gehen, weil ich viel zu spät durch Inspektor Lestrade informiert wurde. Dieses Mal hingegen habe ich mich von Nebensächlichkeiten ablenken lassen und bin nicht sofort stutzig geworden, als wir von dem Butler empfangen wurden.«

»Was hatte er denn falsch gemacht?«

»Zuerst wollte er partout nicht den Raum verlassen. Dann hat er an der Tür gelauscht und sich am Ende unerlaubt entfernt. Ich habe zu spät geschaltet. Ich hielt sein seltsames Gebaren für die Marotten eines überkandidelten Bediensteten.«

»Mein lieber Freund«, entgegnete ich, »Sie sagen immer, dass ein guter Detektiv nicht voreilig eine Theorie entwickeln soll, bevor er nicht die wichtigsten Fakten kennt. Bei dem Besuch im Hotel konnten wir das gesamte Ausmaß des Ränkespiels noch nicht erahnen. Außerdem wird der Lord den Verlust verschmerzen können. Und wir haben viel Gutes getan. Durch uns wurde ein falscher Prophet entlarvt und eine zerbrochene Ehe gekittet.«

»Ob wir John Rance tatsächlich einen Gefallen damit getan haben, ihm seine Frau zurückzubringen, muss sich erst noch beweisen, alter Knabe. Männer und Frauen passen nun mal nicht zusammen. Das Junggesellendasein ist dem Ehejoch allemal vorzuziehen. Ich bin der beste lebende Beweis dafür.«

Historischer Hintergrund und Anmerkungen

Rüm Hart – friesisch/helgoländisch für: starkes Herz
»Tatsächlich suchte uns nämlich Inspektor Lestrade in der Bakerstreet auf...«: Wolfgang Schüler, Der Aufschlitzer, in Diagnose Mord, Buchvolkverlag 2014
Ik wensk Sinhait, Glik en Seägen! –
friesisch/helgoländisch für:
Ich wünsche Gesundheit, Glück und Segen.
Cockney-Dialekt: Londoner Slang
Criminal Court: Strafgericht
Justice of Peace: Friedensrichter

In einer geheimen Kommandosache ...: Helgoland wurde bereits in der Jungsteinzeit (3.000 bis 1.800 v.Chr.) besiedelt. Seit dem Mittelalter war die Hochseeinsel wechselseitig in dänischer oder in deutscher Hand, 1807 wurde sie britisch, am 10.08.1890 wieder deutsch. Im Austausch gegen Helgoland erwarb Großbritannien vom Deutschen Reich Herrschaftsansprüche in Ostafrika. Vor dem Ersten und dem Zweiten Weltkrieg wurde Helgoland als Seefestung ausgebaut, am 18.04.1945 durch eine Welle von Bombenangriffen in Schutt und Asche gelegt, am 12.5.1945 von der Bevölkerung geräumt und anschließend von englischen Landetruppen besetzt. Nach mehreren großen Sprengungen und Bombardements zogen die britischen Truppen sieben Jahre nach Kriegsende wieder ab. Im März 1952 konnte die deutsche Bevölkerung auf das fast völlig zerstörte Helgoland zurückkehren und mit dem Wiederaufbau beginnen.

Heidi Ramlow

Der Grinner

Oktober 1925
Vom Westen her rollte die Dünung gegen die Brandungsmauer. Die Gischt schäumte. Peerke schaute unruhig auf das brodelnde Meer und zurück auf den Felsen.

»Vielleicht hat sich Ihre Tochter in einer Höhle verirrt«, hörte sie in diesem Moment Carl Graf von Garland sagen, »die Helgoländer Höhlen haben was Magisches, nicht nur für mich.«

Oder sie ist ertrunken, dachte Peerke, bitte, nur das nicht! Bitte!

»Die Preußenmauer schützt das Westufer«, beruhigte er.

»Aber nicht überall«, sagte sie, »noch nicht.«

Sie hatte Wibke nur ein paar Minuten unbeobachtet gelassen. Es war ein so anregendes Gespräch mit dem Grafen gewesen. Er hatte vom Theater erzählt, von Berlin, von Hamburg.

Die ersten Herbststürme lechzten nach dem roten Felsen, peitschten Sand ins Gesicht der jungen Frau. Auch ihr Begleiter kniff die Augen zusammen. Wetterleuchten durchzuckte die Wolken. Der Graf zeigte auf einen kleinen Spalt hinter einem Felsbrocken. Das war die letzte Möglichkeit. Es begann zu regnen.

Garland zerrte Peerke durch die Lücke in den Felsen. Sie fröstelte, trotz des warmen Wollmantels und der Strickmütze. Der Graf legte schützend seinen Arm um ihre Schultern. Wolkenbrüche erstickten jedes Geräusch und übertrumpften die anschwellende Brandung. Ein Blitz erhellte für Bruchteile von Sekunden die Höhle. Im gleichen Augenblick sah sie ihre Tochter. Sie saß vor einem Schuttkegel auf dem geriffelten Boden und weinte, angelehnt an Steinplatten, die unter dem Geröll sichtbar wurden.

Mai 1926
Sechs Monate später stand Carl Graf von Garland mit bester Laune am Fenster seiner Villa *Nathurn Stak* auf Helgoland und blickte über den Südhafen. Seit fünf Jahren besaß er das Haus. Das Souterrain hatte er für Peerke ausgebaut. Sie arbeitete für ihn, putzte und kochte. Beides konnte sie vorzüglich. Und hübsch war sie anzusehen. Ein bescheidenes Friesenmädchen mit strohblondem Haar, propper, selbstbewusst, unverbogen. Sie war Kriegswaise, als er sie kennenlernte, erst achtzehn und schwanger. Die Helgoländer tuschelten über Peerke, weil sie ein illegitimes Kind von einem Briten bekam. Carl machte sich nichts aus Geschwätz, gab der ledigen Mutter Arbeit und ein Zuhause und besorgte ihr einen Ausbildungsplatz im Krankenhaus.

Carl verbrachte Jahr für Jahr mehrere Monate auf der Insel, um am Moderberg nach Gräbern aus der Bronzezeit zu graben. Seine Apanage ließ das zu. Die Forscher vor ihm, Siemens und Olshausen, hatten am Moderberg nur Knochenreste in den Gräbern gefunden. Olshausen hatte es 1893 mit seinem Steinkistengrab immerhin bis ins königlich-preußische Museum Berlin geschafft – Graf von Garland wollte mehr. Durch Zufall hatte er »sein« Steinkistengrab entdeckt, bisher unbemerkt unter Schutt verborgen in einer Höhle.

Die kleine Wibke hatte ihn hingeführt, ohne es zu wissen. Dann las er einige Tage später den Artikel über die hervorragende Arbeit eines Spezialisten für Einbalsamierung: Die Mumifizierung eines Kindes 1920 in Palermo in einer Kapuzinergruft. Und nach Jahren sah die Mumie immer noch lebensecht aus. Wie konnte dieses Ergebnis gelingen? Er forschte den ganzen Winter über, korrespondierte mit Fachleuten, stellte Versuche mit Tieren an. Garland war voller Tatendrang und wollte ein Grab liefern, Grabbeigaben und auch eine Mumie. Koste es, was es wolle.

Graf von Garland öffnete die Balkontür und trat ins Freie. Wolken verdunkelten die Sonne. Vom Musikpavillon drang Gesang herauf: »Ick heff mol en Hamborger Veermaster sehn«. Hatte sein Club-Kamerad Hans Albers sich wieder das Mikrofon gegriffen? Es klang fast so. Der blonde Hans, Stummfilm-Star, war erst kürzlich dem *Club von Helgoland* beigetreten. Kinder kreischten, als Carl ihnen vom Balkon aus zuwinkte: »Grinner, Grinner, alter Spinner!«, und rannten johlend davon. Auch Wibke war unter ihnen, mit einem rosa Schleifchen im Haar. Kleiner Blondschopf mit wasserblauen Augen wie ihre Mutter.

Wie alt war Peerkes Tochter jetzt, fünf? Grinner, so nannten ihn die Rotzlöffel, Grübler. Ja, er war ständig mit den Gedanken bei »seiner« Mumie. Aber »alter« Spinner? Er war nur zehn Jahre älter als Wibkes Mutter, dreiunddreißig.

Garland verließ den Balkon, nahm sein Sakko von der Garderobe und ging hinüber zum Konversationshaus. Eine leichte Brise kühlte ihm die Stirn. Er fühlte sich fiebrig in letzter Zeit, hatte oft starke Kopfschmerzen und fand keinen Schlaf. Erneut waren die roten Flecken auf seinem Körper aufgetreten. Er spritzte sich wieder Salvarsan, das heilende Arsen. Vielleicht war Dr. Aaron Grünbach an der Theke im großen Salon? Carl war ihm beim letzten Club-Treffen im Bristol in Berlin begegnet, als es darum ging, Spendengelder für Helgoland aufzutreiben. Er konversierte meistens über sich und meistens zu viel. Carl brauchte Chemikalien von ihm. Grünbach war ein guter Arzt, aber anstrengend.

Garland blieb in der Tür zum großen Salon stehen und schaute sich um. Emil Jannings, ein weiteres prominentes Mitglied des Clubs, trank an der Theke einen Whisky. Dr. Grünbach saß bei einer Männerrunde im hinteren Teil. Einige der Herren rauchten Zigarren und diskutierten. Wahrscheinlich ging es wieder über die politische Lage in Deutschland und dass die Marxisten immer aggressiver würden. Oder sie brüsteten sich, dass sie aus Helgoland nach dem Krieg ein florierendes Seebad gemacht hatten. Ein Dauerthema. Besonders Dr. Aaron Grünbach tat sich damit hervor, dieser Renommist. Geldadel mit Doktortitel und immer korrekt gekleidet im Stresemann. Carl sah, dass Grünbach ihn entdeckt hatte, aufstand und auf ihn zukam.

»Arbeiten Sie immer noch an Ihrer Unsterblichkeit, Graf Garland?« Grünbach sah ihn herausfordernd an.

»Nein, lieber Dr. Grünbach, heute fröne ich nicht dieser Leidenschaft. Ich brauche erst die neuen Chemikalien, vielleicht klappt es dann, wer weiß.«

Sie schüttelten einander die Hände. Grünbachs Händedruck war lasch geworden, er hatte die Fünfzig weit überschritten. Oder war er bereits sechzig?

»Am Nachmittag wird das Denkmal für Jacob Andresen Siemens enthüllt. Ich habe den Kies für den Platz gestiftet und einige Holzbänke zum Verweilen. In Schleiflack weiß. Also, ich lass mir dieses Ereignis nicht entgehen. Und Sie?«

»Mich interessieren eher die alten Ausgrabungen von Siemens am Moderberg«, entgegnete Carl.

»Ich weiß, ich weiß. Sie sind eben Historiker mit Leib und Seele. Waren Sie das nicht auch mit der Analyse der Gräber? Der Grabdeckel war aus Gips vom Wittekliff, soweit ich mich erinnere?«

Carl nickte. Grünbach fuhr fort:

»Aber ein Denkmal, mein Lieber, bekommt Siemens nicht für sein Buddeln am Moderberg, sondern als Gründer des Seebades Helgoland!«

Ein Denkmal, das wünschte Carl sich auch. Er setzte sich an die Bar, die Jannings gerade verließ. »Na, schon die Koffer für Hollywood gepackt, Jannings?«, rief Grünbach ihm nach.

Der winkte nur ab und ging.

Ein vierschrötiger Mann, dieser Schauspieler, dachte Carl, kleine Schweinsaugen, hohe Stirn, an dessen Ecken sich die Haare bereits zurückziehen. Er war neidisch auf Jannings Erfolg. Jetzt auch noch Hollywood! Er bestellte zwei Cognacs.

»Haben Sie ihn mal auf der Bühne gesehen?«, fragte Dr. Grünbach. »Sie leben doch in Berlin, oder?«

»Ja. Vor zwei Jahren als Richter Adam im *Zerbrochenen Krug*. Am *Königlichen Schauspielhaus*. Ein wunderbarer Charakter!«

»Auf Ihr Wohl, Graf Garland!«

Sie prosteten sich zu.

Grünbach redete und redete. Er redete über den Krieg, die zerstörten und ausgeplünderten Häuser auf Helgoland und den Wiederaufbau durch finanzielle Mittel ihrer Club-Mitglieder. Carl kannte die ganze Litanei, schaute interessiert, hörte aber nicht zu. Warum nur ertrug er diesen Menschen? Er redete viel zu viel und viel zu laut. Seine Kopfschmerzen verstärkten sich von Minute zu Minute. Zwischendurch sagte er: »Jaja«, oder »Natürlich.«

»Aber reden wir von was Netterem, Graf Garland. Haben Sie schon die neuen, zweirädrigen Badekarren auf der Düne gesehen? Allerliebst. Ich habe mir bereits einen Karren reservieren lassen.«

»Nicht zu glauben! Sie wollen ins Wasser, Dr. Grünbach? Oder eher Ihre Frau Gemahlin?«

»Nein, nein. Elisabeth findet das frivol. Obgleich sie sich ein Badekleid zugelegt hat, sogar kniefrei. Aber ich, ich kann ja mal im Meer untertauchen. Vorsichtig. Es dient ja so der Stärkung des Körpers! Aller Körperteile.«

Er zwinkerte.

Genug der Konversation. Carl kam zur Sache. Er fragte Dr. Grünbach nach den Ingredienzien, die er ihm für seine »Labsal« besorgen sollte: 75 Liter destilliertes Wasser, 120 Liter Glyzerin, 55 kg Kaliumazetat und Chlorchinin als Desinfektionsmittel, Zinksulfat und Salizylsäure. Erleichtert hörte Carl, dass Dr. Grünbach alle Zutaten bereits bestellt hatte.

»Verraten Sie niemandem mein Rezept, Dr. Grünbach. Es soll einen Körper vor dem Verfall schützen«, sagte er. Und mir den Weltruhm bringen, dachte er.

»Ein Verjüngungsmittel? Labsal für die Seele. Die Damen werden es Ihnen danken.«

»Zur Konservierung der Jugend, ja.«

»Sie sind Deutschlands Zukunft, junger Freund. Weiter so!«

Juni 1926
Carl lag auf seinem weißen Laken. Peerke cremte ihm die roten Stellen auf seinem Rücken mit Quecksilber-Salbe ein. Die Arznei reizte ihre Augen. Sie tränten und waren ganz rot, als habe sie geweint. Carl schlug vor, für die Behandlung seiner Flecken eine Krankenschwester vom Hospital kommen zu lassen.

»Nein! Keine Schwester! Sie waren immer gut zu uns, Graf Garland. Ich fühle mich geehrt, dass ich Ihnen helfen darf.«

Im Bad hatte Carl Desinfektionsmittel bereitgestellt, damit Peerke sich nach jeder Einreibung die Hände reinigen konnte. Sie drehte ihn auf den Rücken und lächelte ihn an. Dann cremte sie die Flecken auf seiner Brust ein.

»Ihre Tochter ruft mir Grinner hinterher.«

»Das meint sie nicht so, Graf Garland.«

»Sie braucht Schliff! Den klaren Blick, die kindliche Unschuld wird sie schon bald verlieren.«

»Ich werde ihr zeigen, was gut und böse ist, Graf Garland. Manchmal wünsche ich mir, dass sie ewig fünf bleibt«, sagte Peerke versonnen. Er nickte.

Juli 1926
»Es riecht nach Fisch. Ich mag nichts essen«, brüllte Carl aus dem Schlafgemach.

»Wenn Sie den Hummer sehen – Sie werden staunen, wie fett der ist. Ganz im Gegenteil zu Ihnen. Sie sind so mager geworden. Oh, verzeihen Sie! Aber ich mache mir Sorgen, nur noch Haut und Knochen sind Sie.«

Carl zog seine Leibwäsche und seinen grünseidenen Morgenmantel an und setzte sich im Salon an den Tisch am

Fenster. Kleine Schälchen mit verschiedenen Soßen standen auf dem Tisch. In einer Vase steckte Phlox in zartem Rosa und Blau.

Peerke kam mit einem leuchtend roten Hummer, angerichtet auf grünen Salatblättern, aus der Küche zurück. Carl legte sich die Serviette auf den Schoß und Peerke drückte ihm das Hummerbesteck in die Hand. »Sie müssen zu Kräften kommen, Graf Garland!«

Er versuchte die Hummerscheren aufzubrechen, es gelang ihm nicht, so schwach war er. Besonders der rechte Arm. Er feuerte das Besteck auf den Tisch und schrie Peerke an: »Ich habe gesagt, ich habe keinen Appetit!«

Er stand abrupt auf. Sie drängte ihn sanft zurück auf den Stuhl.

»Sie müssen wieder essen, Graf Garland. Was sollen wir ohne Sie machen, Wibke und ich?«

Sie verließ den Raum und kam mit einer großen Zange wieder.

»Was ist das?«, fragte er unwirsch.

»Eine Rohrzange. Das ist das beste Werkzeug, glauben Sie mir. Damit knacke ich jeden Hummer auf.«

Carl blickte sie nachdenklich an, dann lächelte er schwach und sagte: »Köstlich! Wirklich deliziös.« Und nach einigen Bissen: »Wie geht es Ihrer kleinen Tochter? Hustet sie noch? Coryfin-Bonbons werden ihr helfen!«

»Sie verwöhnen meine Tochter zu sehr, Graf Garland.«

Er holte eine Dose mit Bonbons von seinem Sekretär und sie sagte lächelnd: »Coryfin-Bonbons schützen jederzeit vor Katarrh, Husten, Heiserkeit!«

August 1926
In der Nacht kam ein Sturm auf. Carl schlug um sich im Schlaf. Er kämpfte gegen Bakterien und scheuchte sie über die Insel zur *Langen Anna*, zum Nordhorn, zum *Nathurn*. In Höhlen und Spalten heulte es jämmerlich. Alle Geister schienen erwacht zu sein, um ihn zu jagen. Sein spärliches

Haar zerrte an seinem Kopf, die Haut schlabberte und lechzte nach seinen Knochen, sein Mund gierte nach seinem eigenen Körper. Er versuchte zu schreien.

Gegen Morgen saß er aufrecht im Bett, die Lippen noch immer wie zum Schrei geöffnet, das Nachthemd nass vom Schweiß. Er wollte Peerke rufen, die in der Küche hantierte. Aber kein Ton kam aus seinem Mund. Nicht ein Einziger.

September 1926
Graf von Garland erholte sich nur langsam von dem Anfall. Die Schübe folgten in immer kürzeren Abständen. Er fühlte sich eingemauert in sich selbst bei vollem Verstand. Noch hatten die Bakterien nicht seine Knochen angegriffen, Gelenke und Organe. Oder doch? Sein linkes Bein lahmte neuerdings. Sprechen konnte er nach wie vor nicht. Wenn er Peerke oder einem Besucher etwas mitteilen wollte, schrieb er es auf. Einen Block und einen Stift trug er stets bei sich. Wie vermisste er die Konversation im Club! Wenn die Erreger bis ins Gehirn vordrangen –, daran mochte er nicht denken. Zeit war für ihn kostbar geworden.

Carl verließ kaum noch das Haus, saß meistens in eine Decke gehüllt am Fenster und sah den Wolken zu, wie sie sich veränderten, neu bildeten, sich zu Figuren zusammenschlossen. Er hatte die Augen halb geschlossen und öffnete sie auch nicht, als Peerke klopfte und ins Zimmer trat.

»Können Sie mich verstehen, Graf Garland?«, fragte Peerke. »Die Lieferung von Dr. Grünbach ist angekommen.«

Er nickte, riss sich vom Anblick der Wolken los und schrieb auf seinen Block:

Stellen Sie alles ins Badezimmer. Desinfizieren Sie die Kacheln mit Alkohol und Antiseptika, ebenso das Linoleum auf dem Fußboden und den Tisch. Dann verschließen Sie mein Badezimmer und betreten es nie mehr.

»Warum nicht, Graf Garland?«

Er schrieb langsam, es fiel ihm schwer. Seine Hand zitterte.
Ich möchte Sie schützen.
»Die roten Flecken sind fast abgeheilt! Sie haben kein Fieber mehr, Sie sind kräftiger geworden!«
Ich habe ein Testament für Sie hinterlegt. Im Sekretär.
»Fühlen Sie sich so elend, Graf Garland? Soll ich Ihnen das Salvarsan spritzen?«
Er schüttelte den Kopf, humpelte zur Tür und öffnete sie, als Zeichen, dass sie gehen sollte.
Mein Lebenswerk steht vor der Vollendung, schrieb er.
»Die Einbalsamierung Ihrer Leiche mit Ihrem Labsal?«
Er schlug die Tür hinter ihr zu.

Noch bevor er seine Sprache verloren hatte, hatte er Peerkes Tochter »gezähmt«. Mit Schokolade hatte er Wibke in seine Wohnung gelockt. Zuerst war sie schüchtern gewesen, kam nur, wenn ihre Mutter dabei war. Carl drängelte nicht und blieb gleichmäßig freundlich zu ihr. »Du hast recht, ich bin ein Grinner«, hatte er zu ihr gesagt.

Da hatte sie ihn zum ersten Mal angelächelt. Inzwischen kam sie regelmäßig vor dem Schlafengehen, um sich Schokolade und andere Süßigkeiten bei ihm abzuholen. Ein braves Mädchen. Sie sollte so bleiben, wie sie ist. Peerke wollte das auch, das hatte sie selbst gesagt.

Später am Nachmittag zog er sich Gummihandschuhe an, deckte den Tisch im Badezimmer mit weißem Leinen ab und legte das Spritzbesteck darauf. Dann bereitete er sechs Liter Lösung für die Einspritzung in die Aorta vor. 3 Teile Formalin, 2 Teile Alkohol, 2 Teile Glyzerin, 1 Teil Zinkchlorid und 10 Teile destilliertes Wasser.

»Das wird reichen«, sagte er sich.

Er suchte in seinen Notizen nach der Rezeptur für die Gummiwanne und füllte dann auch diese. Darin musste der Leichnam eine Woche liegen.

»Erst spritzen, dann in die Wanne.«

Die Arbeit hatte ihn erschöpft. Er verbrannte die Zettel mit den Rezepturen in einer Schale. Dann löste er Salvarsan in destilliertem Wasser auf, spritzte sich subkutan und legte sich aufs Sofa. Ihm fielen die Augen zu.

Plötzlich schreckte er hoch. Er hörte Wibke auf der Treppe trippeln. Tanzend und singend kam sie zu ihm. »Mutti ist einkaufen«, sagte sie und setzte sich auf das Sofa. Sie hatte ihre Scheu gänzlich verloren. Er lächelte sie an, streichelte über ihr Haar mit dem rosa Schleifchen. Sie brach sich einen Riegel von der Schokolade auf dem Tisch ab und lutschte selig. Wie immer bekleckerte sie dabei ihren kleinen Mund. Wie süß sie aussah! Sie streckte ihm das Gesicht entgegen, damit er ihren Schokoladenmund mit einem Taschentuch abtupfen konnte. Er nahm das Kissen, das er bereitgelegt hatte, bedeckte damit ihr Gesicht und drückte sie runter auf das Sofa. Zuerst sanft. Sie hielt es für ein Spiel. Dann fester, immer fester. Sie strampelte.

Die Tür wurde aufgerissen. Peerke stand da wie angewurzelt, leichenblass. Sie sah das rosa Schleifchen hervorlugen. Außer sich vor Entsetzen stürzte sie sich auf Carl, befreite ihre Tochter und schleuderte ihn vom Sofa. Sie nahm Wibke auf den Arm, herzte und küsste sie. Wibke schnappte nach Luft und seufzte tief.

Peerke floh mit ihr die Stiegen runter, rannte aus dem Haus und brachte sie in Sicherheit zu ihrer Nachbarin. Weg, nur weg von dem Monster. Als Wibke auf dem Fußboden mit der Katze spielte, erhob sich Peerke. Wut stieg in ihr hoch, tödliche Wut.

Carl saß immer noch zusammengekauert auf dem Boden, als Peerke vor ihm stand. Seine Augen glotzten sie an, weit aufgerissen im zerrütteten Gesicht. Die mageren Arme und knochigen Finger hielt er schützend vor sich.

»Sie Scheusal! Sie absolutes Scheusal!« Sie prügelte auf ihn ein. Er wehrte sich nicht. Sein Blick irrte an ihr vorbei.

»Sie wollten sie umbringen, von Anfang an! Mit Ihrer Labsal! Deshalb die vielen Chemikalien. Meine Tochter! Sie Ungeheuer! Ich hatte Ihnen vertraut! Ihnen vertraut!«

Als sie endlich aufhörte, sah er ihr plötzlich direkt in die Augen. Er fing an zu schreien. Sein Körper wurde von heftigen Armbewegungen geschüttelt. Dann brach er in lautes Gelächter aus.

Peerke erschauderte. Ihre Augen verdunkelten sich, als sie die Ampullen auf dem Tisch sah. Langsam erhob sie sich, entdeckte Gummihandschuhe und zog sie an, füllte ein Glas mit destilliertem Wasser und reichte Carl die Schachtel mit dem Salvarsan. Dann nahm sie die Rohrzange vom Tisch am Fenster.

»Ich knacke damit jeden einzelnen Ihrer schäbigen Knochen auf. Bei lebendigem Leib. Oder …!«

Er nahm eine Ampulle, brach sie auf und schüttete das Salvarsan ins Glas.

»Weiter! Die Restlichen auch!«

Er tat es, eine Ampulle nach der anderen. Langsam. Mit seinen zittrigen, dürren Fingern.

»Und jetzt spritzen Sie das Zeug direkt in Ihre Vene!«

Sie band ihm den linken Oberarm ab.

»Oder soll ich es tun?«

Als er zögerte, nahm sie ihm die Spritze aus der Hand. Ihre Pupillen verengten sich. Mit eiskalten Augen sah sie auf ihn runter. Sie legte die Kanüle an und spritzte die Flüssigkeit hinein. Dann setzte sie sich auf einen Stuhl, atmete kaum und wartete vollkommen regungslos, bis sie ganz sicher war, dass sie alles getan hatte. Erst danach stand sie auf und verließ das Haus.

Es war ein so schöner Sommerabend! Die Tagesausflügler hatten die Insel wieder verlassen. Die *Börteboote* lagen verankert im Hafen. Die Dampfer fuhren die Gäste aufs Festland, umkreist von kreischenden Möwen.

Die Preußische Criminalordnung sah vor, dass der Physikus des Hospitals Carl Graf von Garlands Leichnam öffnete. Er stellte eindeutig Selbstmord durch eine Überdosis Arsen fest. Fremdeinwirkung schloss er aus, Hämatome am

Körper schob er auf die epileptischen Anfälle. Die Syphilis wurde aus Pietät verschwiegen. Epilepsie klang besser auf dem Totenschein. Nach einer Woche gab die Polizei den Leichnam frei.

Dr. Grünbach verlas eine Trauerrede, die Graf Garland selbst verfasst und im Club hinterlegt hatte.

Meine Freunde!
Seid nicht traurig, dass mein Leben so kurz war. Es brauchte eben nur 33 Jahre, bis mein Genie den Durchbruch schaffte. Stoßt an auf meinen Erfolg.

Ich habe in einer Höhle ein Steinkistengrab aus der Bronzezeit entdeckt mit der mumifizierten Leiche eines Kindes. Neben dem Mädchen liegen folgende Grabbeigaben: ein Bronze-Dolch, rechts und links goldene Spiralringe. Die Mumie ist in ausgezeichnetem Zustand. Ich schreibe das dem Mikroklima in der Höhle zu. Die Einzige, die den Zugang zu dieser Höhle kennt, ist die Helgoländerin Peerke Stiller. Ich lege das Schicksal dieses bedeutenden Fundes in ihre Hände. Möge sie weise damit umgehen.
Carl Graf von Garland, Helgoland im September 1926

Historischer Hintergrund

Grön is dat Land,	*Grün ist das Land,*
rot is de Kant,	*rot ist die Kant,*
witt is de Sand.	*weiß ist der Sand.*
Dat sünd de Farven	*Das sind die Farben*
vun't hillige Land.	*von Helgoland.*

Deutschland hat nur eine einzige Hochseeinsel: Helgoland. 70 Kilometer vom Festland entfernt hebt sich der rote Buntsandsteinfelsen steil aus der Nordsee.

*Die Insel hatte viele Herren:
1773-1814 Dänemark
1807-1890 Großbritannien
1890-1945 Deutsches Reich
seit 1952 BRD (Landkreis Pinneberg im Land Schleswig-Holstein)*

1826 gründete Jacob Andresen Siemens das Seebad Helgoland. 100 Jahre später setzten die Helgoländer ihm dafür ein Denkmal. Weniger bekannt ist, dass er 1845 bei Grabungen sogenannten Steinkistengräber mit männlichen Knochen fand. Der Wissenschaftler Otto Olshausen grub 1893 erneut ein Steinkistengrab am Moderberg aus, ein weiteres Zeugnis früher Besiedelung der Insel. Wer lag in der Kiste aus behauenen Steinplatten der Bronzezeit ca. 2000 Jahre vor Christus? Eine seltene Bestattungsform, als bronzene Beigaben Dolch und Ziernadel. Der Tote muss es zu Lebzeiten zu Reichtum gebracht haben. Das Steinkistengrab steht heute als Exponat 145 im Lichthof des Neuen Museums in Berlin-Mitte, ein Nachbau seit August 2014 im Museum Helgoland.

Auskünfte: Jörg Andres, Museumsleiter, www.museum-helgoland.de

*1919-1921 Eine britische Kommission überwacht die Demilitarisierung.
1925-1938 gab es den Club von Helgoland. Nach der Satzung war »Der Zweck des Clubs ... die Förderung Helgolands als Seebad und die Pflege der Geselligkeit auf Helgoland.«*

Biografien

Mischa Bach und Arnd Federspiel
Arnd Federspiel und Mischa Bach, beide Mitglieder im Syndikat, wohnen in Essen und treffen sich einmal die Woche zum gemeinschaftlichen Morden und Entsorgen der Opfer, wenn sie nicht Gespräche über Filme, Bücher, Theater etc. von beidem abhalten. Trotzdem kommen dabei glücklicherweise ab und zu auch Drehbücher oder Geschichten wie »Der Unhold von Rungholt« heraus.
www.krimilexikon.de/feder.htm und https://mischabach.wordpress.com/

Anja Balschun
geboren 1966, erzielte mit der Veröffentlichung von Kurzgeschichten, von denen einige mit Preisen bedacht wurden, erste Schreiberfolge. Danach wagte sie sich an das Verfassen von Krimis. Bei ihrem ersten Roman wurde sie engagiert von ihrer Mörderischen Schwester und Mentorin Regine Kölpin unterstützt. Seither wurden folgende Kriminalromane aus ihrer Feder im Kontrast-Verlag in Pfalzfeld veröffentlicht: »Nonnen (m)orden anders!«, »Flaschenkinder«, »Dunkelgeld«, »Statt-Theater«. Anja Balschun lebt und arbeitet in ihrer Heimatstadt Koblenz.

Evelyn Barenbrügge
1958 in Münster geboren. Nach der Ausbildung zur Bauzeichnerin und dem Studium der Bautechnik am Westfalentechnikum Dortmund arbeitete sie von 1998 bis 2006 als freie Journalistin und Fotografin beim Verlag Lensing-Wolff in Dortmund. Evelyn Barenbrügge absolvierte ein dreijähriges Schreibstudium an der Akademie für Fernstudien in Hamburg und veröffentlichte seit 2008 mehrere Kurzgeschichten in verschiedenen Anthologien. Im Frühjahr 2015 erschien ihr

zweiter Roman »Tayfun«, in dessen Mittelpunkt ein Zigeunerjunge steht.
www.evelyn-barenbruegge.de

Dieter Beckmann
geboren 1966, Schriftsteller, Musiker und Sozialpädagoge. Die ersten Erzählungen verfasste er mit 17 Jahren. Es folgten Gedichte und Kurzgeschichten. Sein Studium finanzierte er als Musiker, gründete die Band Beckmann und veröffentlichte zwei Alben. 2002 komponierte und produzierte er die Kinderhörspielreihe Joao und schrieb nebenbei weiter Kurzgeschichten. 2005 organisierte er im Rahmen der Jugendhilfe Mittelalterlager in Kooperation mit Living- History Vereinen. Er lebte mit Kindern authentisch das Mittelalter nach, eine Erfahrung, die ihn historische Geschichten schreiben ließ. Neben Kurzgeschichten in Anthologien sind mittlerweile drei historische Romane von Dieter Beckmann erschienen. Er ist verheiratet, hat vier Kinder und lebt in Arnsberg.

Ulrike Bliefert
geboren 1951. Sie studierte Germanistik, Anglistik, Theaterwissenschaften und Schauspiel. Sie arbeitet als Bühnen- TV- und Filmschauspielerin (u.a. »Tatort«), Hörbuch- und Hörspielsprecherin (u.a. »Radio- Tatort«). 2006 beendete sie ihre Tätigkeit als Drehbuchautorin (u.a. »Tatort«) und schreibt seitdem ausschließlich Prosa. Sie ist verheiratet mit ihrem Schauspielkollegen Laszlo I. Kish (u.a. »Tatort«-Kommissar) und lebt abwechselnd in Berlin und einem kleinen Dorf in Mecklenburg.

Philipp Bobrowski
gehört nicht zu denen, die schon im Kinderbettchen wussten, dass sie einmal Schriftsteller werden wollen. Bis zu seiner ersten selbst geschriebenen Geschichte sollte es sogar noch eine ganze Weile dauern. Bis dahin hat er sich unter

anderem im Musizieren versucht, ein kleines bisschen Theater gespielt, mit Freunden rumgehangen, Leute zum Tanzen gebracht und mehr oder weniger studiert. Dann endlich versuchte er sich an Kurzgeschichten und Gedichten, schließlich auch an seinem ersten Roman, der 2008 unter dem Titel »Das Lächeln der Kriegerin« veröffentlicht wurde. Er publizierte bisher zwei weitere Romane unter dem Namen Ben Philipp und ist außerdem als freier Lektor unterwegs.

Monika Buttler
Journalistin und Autorin, Magistra der Literaturwissenschaft, Germanistik und Philosophie, war viele Jahre lang als Wohnredakteurin tätig. Seit 2001 Kriminalautorin. Kriminalromane: »Herzraub«, »Abendfrieden«, »Dunkelzeit«, »Mord unter dem Halbmond«. Über 30 Kurzkrimis, Erzählband »Manchmal hilft nur Mord«. Hörbuch/Hörspiel: »Ladykiller in Eppendorf«. Autobiografie »Das Hitler-Ei«. Nominiert für den »International Short Story Competition«-Preis, erster Preis im Literaturwettbewerb »Dorstener Lesezeichen«. Monika Buttler lebt mit ihrem Mann in Hamburg.
www.monikabuttler.de

Gitta Edelmann
stammt aus Baden, hat in Brasilien, Schottland und an verschiedenen Orten in Deutschland gelebt, doch hat sie eine besondere Schwäche für die Nordsee und ihre Inseln, der sie – wie hier – nur zu gerne nachgibt. Sie schreibt Kurzkrimis und Minigeschichten, hat eine Reihe von England-Krimis begonnen, einen Kinder-Weihnachtskrimi beendet und leitet Seminare für Kreatives Schreiben. Gitta Edelmann ist Mitglied bei den Mörderischen Schwestern e.V., im Syndikat, im Bödecker-Kreis und Vorstandsmitglied des Landesverbands NRW des Verbands deutscher Schriftsteller VS.

Anne Grießer
studierte Ethnologie und Germanistik, bevor sie auf die schiefe Bahn geriet. Nach einigen Ausflügen ins seriöse Berufsleben schreibt sie heute hauptsächlich über Mord und Totschlag. Als Autorin (Kurzgeschichte, Roman, Hörspiel, Theater), Herausgeberin und Krimi-Entertainerin schwingt sie in Freiburg die Feder und so manches blutige Theaterrequisit. Sie ist Mitglied bei den Mörderischen Schwestern und im Syndikat. Zuletzt erschienen ihr historischer Roman »Das Heilige Blut« und im Wellhöfer Verlag der Freiburg-Krimi »Die tote Spur«.
www.anne-griesser.de

Hannelore Höfkes
wurde 1962 in Aurich (Sandhorst) geboren. Sie ist verheiratet, zweifache Mutter und lebte ihre kreative Phase viele Jahre im eigenen Kostümverleih, in Wiesmoor/Großefehn aus. Obwohl sie bereits im zarten Alter von zwölf Jahren zur Papiermörderin mutierte, begrenzte sich das Schreiben im Erwachsenenalter auf Gedichte. Erst die Schreibwerkstatt unter der Leitung von Regine Kölpin brachte die Tinte in ihrer Feder zum Fließen. Seitdem bekennt sie sich zur Serientäterin für blutige, nachdenkliche und lustige Kurzkrimis. Letzte Publikation in Muscheln, Möwen, Morde (KBV) und Kurztexte in zwei Wellhöfer-Anthologien.

Christian Jaschinski
lebt und arbeitet als Lehrer, Autor und Musiker in Lemgo. Er teilt sich seinen Geburtstag (nicht das Jahr!) mit Jimi Hendrix, was allerdings nicht zu Kollisionen führt, weil ersterer Geburtstagfeiern hasst und diversen Tasteninstrumenten zugetan ist, letzterer hingegen diesseitigen Banalitäten längst entsagt hat und zudem frisurentechnisch völlig anders aufgestellt war. Neben Krimis in Lang- und Kurzform schreibt er Comedy-Literatur, verfasst verständliche (!)

Studienbücher und gibt zwei Fachbuchreihen heraus. Er organisiert einen Autorenstammtisch für Autorinnen und Autoren in Lippe/OWL.
www.christianjaschinski.de

Regine Kölpin (Herausgeberin)
hat zahlreiche Romane und Kurztexte (unter Regine Fiedler für Kinder und Jugendliche) publiziert und gibt auch Anthologien heraus. Regine Kölpin leitet Schreibwerkstätten in der Jugend- und Erwachsenenbildung und inszeniert historische Stadtführungen mit Lesungen an den Originalschauplätzen. Mehrfache Auszeichnungen, wie u.a. den Jahrespreis der Ostfriesischen Autoren 2002 und 2005, nominiert für den Kärntner Krimipreis 2008, 1.Platz E.G.O.N. 2009, Stipendium Tatort Töwerland 2010 ; Auszeichnung zur Starken Frau Frieslands 2011 und nominiert für den Quo vadis Kurzgeschichtenpreis 2011. Sie ist 1964 in Oberhausen geboren und lebt mit ihrer großen Familie in Friesland an der Nordseeküste.
www.regine-koelpin.de

Anja Marschall
lebt als Krimiautorin und Journalistin im Westen von Schleswig-Holstein. Seit 2012 veröffentlicht sie Krimis, wobei ihr historisches Erstlingswerk »Fortunas Schatten« für den HOMER-Literaturpreis nominiert wurde. Sie erfand das amüsante, britische Ermittlerpärchen Kate & Luna, von denen seit 2013 bereits zwei Fälle erschienen. 2011 initiierte sie den NordMordAward, Schleswig-Holsteins ersten Krimipreis. Sie ist Mitglied im Syndikat sowie bei den Mörderischen Schwestern e. V., wo sie seit 2013 Vizepräsidentin ist.

Mirjam Phillips
ist gebürtige Bremerin und zog nach dem Abitur nach Großbritannien, wo sie Hispanistik und Amerikanistik studierte.

Nach einjähriger Lehrtätigkeit in Madrid setzte sie ihr Studium in England fort und arbeitete neun Jahre lang als Dozentin an einer Hochschule in Cambridge. Seit ihrer Rückkehr nach Bremen unterrichtet sie Englisch und Spanisch am Gymnasium. Sie hat zwei erwachsene Kinder und lebt in Bremen. Mirjam Phillips schreibt Kurzgeschichten, Gedichte und Liedertexte und wurde 2013 mit ihrer Geschichte »Zahn der Zeit« für den NordMordAward nominiert.

Sabine Prilop
wurde 1960 in Göttingen geboren. Nach einer kaufmännischen Ausbildung studierte sie Literaturwissenschaft und Philosophie in Göttingen. Sie lebt als Schriftstellerin und Journalistin in Göttingen und ist stellvertretende Landesvorsitzende des Verbandes deutscher Schriftsteller in Niedersachsen und Bremen. Verantwortliche Redakteurin der literarischen VS-Mitgliederzeitschrift »KulturNetz«. Verheiratet ist die Autorin mit Helmut Prilop. Sie hat eine erwachsene Tochter, Yvonne Isabel. Die Autorin hat zahlreiche Bücher veröffentlicht, darunter Kriminalromane, Lyrikbände, Sachbücher und Anthologien.

Heidi Ramlow
arbeitete drei Jahrzehnte lang als Drehbuchautorin und Regisseurin für Erfolgsserien in ARD und ZDF: »Verkehrsgericht«, »Ehen vor Gericht«, »Streit um Drei«. Seit 2009 schreibt und veröffentlicht sie Kurz-Krimis, 2011 die Kriminalkomödie »Blutroter Waschgang«, 2013 Gedichte, Fotos, Kurz-Geschichten.
Sie ist Mitglied im Schriftstellerverband, der Gesellschaft für Neue Literatur, dem Syndikat und bei den Mörderischen Schwestern.

Sabine Reins
ist in Düsseldorf geboren. Journalistin und Autorin. Magistra Artium (M.A.) der Publizistik, Germanistik und Ita-

lienisch. Erste blutige Erfahrungen im Schreiben sammelte sie in der Regenbogenpresse, es folgte ein mehrjähriger Ausflug in den Tageszeitungsjournalismus. Heute textet und unterrichtet sie in ihrem Kommunikationsbüro in Osnabrück. Sie ist Mitglied der Mörderischen Schwestern, Herausgeberin und Autorin einiger krimineller Kurzgeschichten.
www.kommunikation-os.de

Claudia Schmid
lebt seit über zwanzig Jahren in Mannheim. Sie hat Germanistik und BWL mit Abschluss Magister Artium studiert. Sie schreibt historische Romane, Kriminalromane und Reiseführer. Darüber hinaus hat sie über zwanzig Kurzgeschichten veröffentlicht, für die sie mehrere literarische Preise erhielt. 2016 wird ein weiterer historischer Roman aus ihrer Feder erscheinen. Ihre bevorzugte Epoche für historische Texte ist das Zeitalter der Reformation.
www.ClaudiaSchmid.de

Andreas Schmidt
ist verheiratet und Vater von drei Kindern. Er lebt und arbeitet mit seiner Familie in Wuppertal. Die Leidenschaft für das Schreiben entdeckte er als Jugendlicher. 1999 gab er mit »In Satans Namen« sein Krimi-Debüt. 2002 gelang ihm mit »Das Schwebebahn-Komplott« der Durchbruch. Inzwischen sind sieben Wuppertal-Krimis, eine Anthologie sowie ein Thriller erschienen. Seit 2008 ist er hauptberuflich als Autor sowie als Freier Redakteur tätig. Seine Hauptfigur, Kommissar Ulbricht, ermittelt inzwischen auch erfolgreich im Weserbergland und an der Nordseeküste.
www.andreasschmidt.org

Wolfgang Schüler
arbeitet als Rechtsanwalt, Schriftsteller und Journalist. Er verfasste u.a. die erste deutschsprachige Edgar-Wallace-Bio-

grafie und das Handbuch zur »Kriminalliteratur – Im Banne des Grauens«. Er hat bislang vier Sherlock-Holmes-Romane (auch als Hörbücher erhältlich bzw. in Vorbereitung), sowie mehrere Sherlock-Holmes-Geschichten in diversen Anthologien veröffentlicht. Wolfgang Schüler ist Mitglied in der Deutschen Sherlock Holmes Gesellschaft (DSHG); im Syndikat, der Autorengruppe deutschsprachiger Kriminalliteratur in der BRD, Österreich und der Schweiz; sowie im Literaturverein FürWort.

Ella Theiss
lebt in der Nähe von Darmstadt. Sie hat Germanistik und Sozialwissenschaften studiert und gut zwanzig Jahre lang als Redakteurin und Texterin gearbeitet. Seit 2006 schreibt sie Romane und Erzählungen. Mit ihrem historischen Krimi »Die Spucke des Teufels« belegte sie Platz 2 beim Gerhard-Beier-Preis 2010. Für ihre Erzählungen erhielt sie den 2. Freiburger Krimipreis 2013 und den QuoVadis-Kurzgeschichtenpreis 2013.
www.ellatheiss.de

Angelika Waitschies
wurde 1954 in Hamburg geboren und lebt heute in Schleswig-Holstein. Nach der Ausbildung zur Fremdsprachenkorrespondentin begann sie 1972 ihre berufliche Tätigkeit beim NDR in Hamburg, wo sie seitdem arbeitet. In den vergangenen Jahren wurden mehrere Kurzgeschichten von ihr veröffentlicht, sie arbeitet ebenfalls als Herausgeberin. Unter ihrem Pseudonym Angelika Svensson schreibt die Autorin eine Kiel-Krimi-Reihe für den Droemer Knaur Verlag, deren erster Roman »Kiellinie« im April 2014 erschien. Der zweite folgt im Frühjahr 2015.
www.angelika-waitschies.de / www.angelika-svensson.de

Jennifer B. Wind
geboren 1973 in Leoben; wohnt mit ihrer Familie bei Wien. Die ehemalige Flugbegleiterin schreibt Romane, Drehbücher und Kurztexte. Zahlreiche Kurzgeschichten, Ratekrimis, Rezensionen und Gedichte wurden in Literaturzeitschriften, Zeitungen, Anthologien und Magazinen veröffentlicht. Ihre Texte wurden bereits mit mehreren Preisen ausgezeichnet. Ihr Debütroman »Als Gott schlief« stand vier Monate lang in den Top 10 Krimi/Thriller E-Book Bestsellerliste bei Thalia in Österreich, Deutschland und der Schweiz und wurde für den Wiener Kriminachwuchspreis nominiert.
www.jennifer-b-wind.com

Möwenschrei und Meuchelmorde
Regine Kölpin (Hrsg.)

Wie eine Kette liegen sie vor der Küste aufgereiht, die Inseln Wangerooge, Spiekeroog, Langeoog, Baltrum, Norderney, Juist und Borkum. Verbindet sie aber auch eine Kette mörderischer und rätselhafter Verbrechen, die sich in vergangenen Zeiten zugetragen haben? Spannend, humorvoll und tiefgründig entführen namhafte Autoren den Leser in die kriminelle Vergangenheit der Ostfriesischen Inseln.

Begeben Sie sich auf eine packende Zeitreise!

320 Seiten, Euro 9,95

www.wellhoefer-verlag.de

Tod in den Dünen
von Bettina von Cossel

Ganz Juist steckt im Cluedo-Fieber. Beim bevorstehenden Festival dreht sich alles um das bekannte Mörder-Ratespiel. Könnte es deshalb sein, dass Buddel Hansen sich den Toten nur eingebildet hat, den er nachts in einem Hotel gesehen haben will? Krimiautor Leo Marquart lässt die Sache keine Ruhe. Ist es wirklich Zufall, dass die Hotelgäste eine merkwürdige Ähnlichkeit zu den sechs Verdächtigen aus dem Cluedo-Spiel haben? Und wo ist der verschwundene Tote?

Leo Marquarts erster Fall

200 Seiten, Euro 9,80

www.wellhoefer-verlag.de

Todesspiel auf Juist
von Bettina von Cossel

Jens Heilmann ist nicht der Einzige, der auf Juist gefährliche Spielchen spielt, und wer ist die Tote in seinem Keller? Während die Feriengäste ahnungslos in der Sommersonne Sandburgen bauen, zieht sich bereits die Schlinge um den Hals des nächsten Opfers zu – ausgerechnet eine Bekannte von Krimiautor Leo Marquart und seiner patenten Haushälterin.
Zum Missfallen von Hauptkommissar Janssen begeben sich die beiden auf Mörderjagd ...

Leo Marquarts zweiter Fall

224 Seiten, Euro 9,80

www.wellhoefer-verlag.de

Totkäppchen
von Bettina von Cossel

Eigentlich sollen die Kriminalhauptkommissare Nick Grimm und Lily Jäger auf Juist einem Rauschgifthändler auf die Schliche kommen, doch plötzlich liegt eine Tote am Goldfischteich. Ausgerechnet "Rotkäppchen", die Frau mit der roten Kapuzenjacke von der Fähre. Als Grimm & Jäger in der Vergangenheit der Toten graben, erwartet sie ein zwanzig Jahre alter Mordfall. Da schlägt der böse Wolf ein zweites Mal zu.

192 Seiten, Euro 9,80

www.wellhoefer-verlag.de

Distelsterben
von Cosima Bellersen Quirini

Die junge Kommissarin Nanni Peters ist überglücklich.
In wenigen Tagen will sie auf Langeoog mit ihrem Verlobten Hendrik vor den Traualtar treten! Doch kaum angekommen, findet Nannis Hündin bei der gemeinsamen Joggingrunde im Wäldchen eine Tote – und schon ist es vorbei mit den romantischen Hochzeitsvorbereitungen.

Mit Originalrezepten aus den Langeooger Küchen der Strandhalle und des Seekrugs.

256 Seiten, Euro 9,80

www.wellhoefer-verlag.de

Im Morden was Neues
Alexa Stein (Hrsg.)

Dachten auch Sie, der Norden sei eine leicht unterkühlte und hanseatisch zurückhaltende Region? Dann sollten Sie den Norden von seiner mörderischen Seite kennenlernen. Flaches, von Deichen gesäumtes Land, die stürmische Nord- und Ostsee, alte Hansestädte wie Bremen oder Hamburg, das Ammerland mit seiner inspirierenden Weite, die Messestadt Hannover ... alles Orte, die wie geschaffen sind für die Aktivitäten der Mörderischen Schwestern.

230 Seiten, Euro 11,90

www.wellhoefer-verlag.de